Ensaios sobre filosofia
francesa contemporânea

Ensaios sobre filosofia francesa contemporânea

Débora Morato Pinto, Hélio Salles Gentil
Marcus Sacrini A. Ferraz e Paulo Jonas de Lima Piva (orgs.)

Copyright © 2009 Débora Morato Pinto, Hélio Salles Gentil,
Marcus Sacrini A. Ferraz e Paulo Jonas de Lima Piva

Edição: Joana Monteleone
Editora Assistente: Marília Chaves
Projeto gráfico e diagramação: Pedro Henrique de Oliveira
Assistentes de produção: Vinícius G. M. dos Santos
Vitor Rodrigo Donofrio Arruda
Capa: Marília Chaves
Revisão: Flávia Yacubian

CIP-BRASIL. CATALOGAÇÃO-NA-FONTE
SINDICATO NACIONAL DOS EDITORES DE LIVROS, RJ

E52

Ensaios sobre filosofia francesa contemporânea / Débora Morato
Pinto... [et al.]. - São Paulo: Alameda, 2009.
308p.

Inclui bibliografia
ISBN 978-85-7939-007-4

1. Filosofia francesa - Século XX. I. Pinto, Débora Cristina Morato.

09-4504.   CDD: 194
                  CDU: 1(44)

31.08.09   04.09.09   014840

ALAMEDA CASA EDITORIAL
Rua Conselheiro Ramalho, 694, Bela Vista
CEP 01325-000 São Paulo SP
Tel. (11) 3012-2400
www.alamedaeditorial.com.br

SUMÁRIO

Bergson

Bergson e as teorias do conhecimento biologicamente orientadas do século XIX
Daniel Siqueira Pereira — 09

Totalização, expressão e liberdade segundo Bergson
Débora Morato Pinto — 29

Do papel do corpo como limitador da vida do espírito com vistas à ação: notas sobre o dualismo de Bergson
Maria Adriana Camargo Capello — 71

Vida e o estudo da vida na filosofia de Bergson: algumas considerações
Silene Torres Marques — 97

Merleau-Ponty

O corpo como temporalidade: uma introdução
Alex de Campos Moura — 115

Percepção e cinema em Merleau-Ponty
Claudinei Aparecido de Freitas da Silva — 123

Percepção e experiência do mundo: um diálogo entre Merleau-Ponty e Alberto Caeiro
Daniel Paulo de Souza — 143

A pintura e o fundamental da cultura: algumas revelações 157
da pintura em *O Olho e o Espírito* de Merleau-Ponty
Gisele Batista Candido

Merleau-Ponty entre percepção e fé perceptiva 177
Marcus Sacrini A. Ferraz

Sartre

Intencionalidade e a cisão ontológica 189
do Para-si e do Em-si em Sartre
Michelle Weltman

Consciência e conhecimento na fenomenologia de Sartre 207
Simeão Donizeti Sass

Os descaminhos da liberdade – Sartre e o impossível 229
romance da autenticidade
Thana Mara de Souza

Ricouer, Onfray, Camus, Foucault

Figurações da subjetividade pela literatura: perspectivas 247
a partir da hermenêutica de Paul Ricoeur
Hélio Salles Gentil

Ateísmo e liberdade em Michel Onfray 261
Paulo Jonas de Lima Piva

Revolta, revolução e nostalgia de unidade em Albert 281
Camus
Rita Paiva

Foucault: tempo mascarado e em explosão 295
Yolanda Gloria Gamboa Muñoz

Bergson

Bergson e as teorias do conhecimento biologicamente orientadas do século XIX

Daniel Siqueira Pereira[1]

Através do presente ensaio pretendemos lembrar que se torna impossível um estudo frutífero do pensamento de Bergson ou um verdadeiro entendimento de sua filosofia da natureza, sem levar em consideração sua epistemologia biologicamente orientada.

Desde *Matéria e Memória* (1896), Bergson sentia-se impelido a tratar do problema da vida. Fiel ao seu método, o qual pretendia ser complementar aos levantamentos de pesquisa da ciência, acumulou durante onze anos uma considerável documentação que abarcava a posição de todos os conhecimentos científicos de sua época relativos ao tema que pretendia desenvolver. Por outro lado, Bergson não se deteve num domínio puramente teórico; passou meses estudando os hábitos e costumes das formigas e abelhas, que acabariam por se tornar um exemplo muito explorado por ele. Tudo isso resultou em seu livro *A Evolução Criadora* (1907) que fez com que Bergson se tornasse, seguramente, o filósofo mais influente da primeira metade do século XX. Essa mesma obra levou-o a receber, vinte anos mais

---

1   Mestre em Filosofia pela Uerj.

10 ENSAIOS SOBRE FILOSOFIA FRANCESA CONTEMPORÂNEA

tarde, o prêmio Nobel de literatura. Desde as primeiras páginas, impressiona a maneira com que Bergson, resumindo seu itinerário anterior, expande para as dimensões do universo as intuições que havia exposto nos *Ensaios* e em *Matéria e Memória*. Nossa vida interior já se apresentava, então, como multiplicidade qualitativa, duração e liberdade.[2] Graças à memória, cada estado de ânimo avançando na rota do tempo se infla continuamente com a duração que recolhe e faz, nas palavras de Bergson, bola de neve consigo mesmo. Assim, nossa personalidade surge, cresce e amadurece sem cessar. Cada um de nossos momentos é algo novo e imprevisível que se acrescenta, não só ao que estava antes, mas também à lembrança do que esse nos deixou. Nosssa vida interior é, portanto, criação contínua. Bergson passa então a aplicar todas essas características à vida em todas as suas formas: assim como a consciência, o organismo é algo que dura. E duração significa invenção, criação de formas, elaboração contínua do absolutamente novo.[3] Em poucas palavras, para Bergson o universo evolui. Apesar de não ser totalmente aceita naquela época, a ideia de evolução não era um dogma para Bergson. Foi a partir dos exames dos dados científicos que ele foi levado a admitir, pouco a pouco, a hipótese da evolução como a mais verdadeira. Esses mesmos exames sugeriram a ele a forma original de seu evolucionismo. A ideia de impulso vital (élan vital) então surge como uma expressão da realidade criadora do tempo. Nesse sentido, ao contrário das muitas acusações que recebeu, o

---

2   Para os leitores mais atentos, talvez não pareça nada claro o vínculo que acabo de estabelecer entre vida interior e liberdade. Terão toda razão em assumir tal estranheza; mas não desenvolvemos o tema da liberdade aqui por não se tratar especificamente do objeto deste artigo. Contudo, resumidamente, é certo que o conceito de liberdade (tratado com primazia por Bergson em seus *Ensaios*) está intimamente ligado e assentado sobre a natureza do tempo, pensado enquanto duração. Tanto quanto maior seja o intervalo temporal que se estabelece entre a precepção e a possível reação de um dado organismo sobre um evento no mundo, tanto maior será o seu grau de liberdade.

3   Cf. H. Bergson, A *Evolução Criadora*, todo o primeiro capítulo.

conceito de impulso vital não se trata de um mito, mas pretende ser uma maneira de explorar os limites da experiência, o tanto quanto possível, especulando intuitivamente sobre a origem da vida. Segundo Bergson, o impulso vital é a própria duração, enquanto consciência, que penetra a matéria e a organiza realizando nesta o mundo orgânico. Tal impulso conserva-se nas linhas evolutivas entre as quais se divide e é a causa profunda das variações, pelo menos daquelas que se transmitem regularmente, que se adicionam e que criam novas espécies. Portanto, é a resistência da matéria bruta que termina por impelir o impulso vital a dividir-se em espécies divergentes. Todo o drama da evolução, para Bergson, se dá nesta luta do impulso vital com a matéria.

Sabemos que o conceito de impulso vital é bastante problemático, principalmente tendo em consideração as discussões científicas de hoje. Contudo, não é nosso objetivo discutir especificamente sobre esse conceito aqui. Apenas o fizemos aparecer no texto para mostrar a relevância que o entrelaçamento da natureza do tempo, tal como entendida por Bergson, possui com a necessidade de se pensar a evolução da vida. Ademais, na medida em que o tema da evolução surge, tanto para a ciência quanto para a filosofia, também surgia a necessidade de se pensar a forma pela qual o ajuste cognitivo do homem se aplicava ao seu meio. Mais precisamente, na medida em que a questão da sobrevivência do homem era colocada em função de uma evolução através do tempo, tornava-se fundamental se pensar como a estrutura cognitiva do homem se formava, se ordenava e tornava-o capaz de evoluir, isto é, capaz de perpetuar-se através do tempo no domínio do espaço que o cerca. Nesse sentido, veremos que qualquer filosofia que pretendesse uma apreensão do Real deveria estar munida de uma teoria do conhecimento orientada biologicamente.

Após a primeira metade do século XIX passa então a ser razoável considerar não só a evolução com relação ao organismo físico do homem, mas também às suas estruturas psicológicas,

12 ENSAIOS SOBRE FILOSOFIA FRANCESA CONTEMPORÂNEA

incluindo aquelas usualmente designadas pelas palavras razão e pensamento. Um dos primeiros pensadores a colocar tais considerações em jogo foi o evolucionista inglês Herbert Spencer (1820-1903). Mesmo antes da publicação de *A Origem das Espécies* (1859) de Darwin, Spencer já havia aplicado o método evolutivo e genético na primeira edição dos seus *Princípios de Psicologia* (1855). A descoberta da filosofia de Spencer por Bergson após sua entrada para a École Normale Supérieure (1878) é de fundamental importância para a constituição de seu pensamento. A intenção de Bergson no começo de sua vida acadêmica era a de ampliar o sistema de Spencer em alguns detalhes sem alterar sua estrutura essencial. O ponto comum entre Spencer e Bergson é a visão de que a teoria da vida e a teoria do conhecimento são inseparáveis. Em outras palavras, de que nenhuma teoria do conhecimento pode ser adequada sem relacionar a gênese das formas cognitivas ao todo do processo evolutivo da vida.

> Penetrando essa concepção de toda superfluidez e reduzindo ela a sua mais abstrata forma, nós vemos que Vida é definível como o ajuste contínuo de relações internas às relações externas. E quando nós então definimos isto, descobrimos que vida física e psíquica são igualmente compreendidas por essa definição. Nós percebemos que isso que nós chamamos Inteligência, mostra-se quando as relações externas às quais as internas estão ajustadas, começam a ser numerosas, complexas e remotas no tempo ou espaço; que todo avanço na Inteligência essencialmente consiste no estabelecimento de mais variados, mais completos e mais evoluídos ajustes; e que mesmo as mais altas realizações da ciência são resolvíveis em relações mentais de coexistência e sequência, tão exatamente coordenadas quanto se

possam registrar com certas relações de coexistência e sequência que ocorrem externamente.[4]

Tal era a visão de um ganho evolutivo cognitivo da vida no mundo sustentada por Spencer, e com a qual Bergson estava de acordo. Contudo, houve um momento na vida de Bergson em que ele se deu conta de que havia uma falha no sistema de Spencer.

Mas, subjetivamente, eu não posso me impedir de atribuir uma grande importância à mudança sobrevinda na minha maneira de pensar durante os dois anos que seguiram minha saída da École Normale, de 1881 à 1883. Eu tinha ficado totalmente imbuído, até então, de teorias mecanicistas às quais eu havia sido conduzido de bom grado pela leitura de Herbert Spencer, o filósofo ao qual eu aderia há pouco quase sem reserva. Minha intenção era de me consagrar ao que chamávamos então a "filosofia das ciências" e é nesta meta que eu havia empreendido, desde minha saída da École Normale, o exame de algumas das noções científicas fundamentais. Foi necessária a análise da noção de tempo, tal como ela intervém em mecânica ou em física, que subverteria todas minhas ideias. [...] Eu resumi no *Ensaio sobre os Dados Imediatos da Consciência* [...] as considerações sobre o tempo científico que determinam minha orientação filosófica e às quais se reatam todas as reflexões que eu pude fazer desde então.[5]

Em *A Evolução Criadora*, Bergson mostra claramente uma ruptura com o pensamento de Spencer, ruptura esta que já era

---

4   Spencer, Herbert, *First Principles*, p. 84.

5   Bergson, Henri, Carta à William James de 09 de maio de 1908, *Mélanges*, p. 765-6.

14 ENSAIOS SOBRE FILOSOFIA FRANCESA CONTEMPORÂNEA

apresentada desde sua tese de doutorado (1889). A ruptura com o pensamento de Spencer deve-se ao fato de que, na tentativa de completar o sistema desse último, Bergson foi levado a se deparar com o que parecia ser um erro substancial. Bergson acreditava que Spencer não havia podido aprofundar os últimos desenvolvimentos da mecânica em seus *Primeiros Princípios* (1862) e que esse fato demonstrava uma certa fragilidade. Aprofundando-se nas últimas ideias da mecânica, Bergson pretendia reforçar o sistema desenvolvido por Spencer e deixá-lo mais sólido. Foi essa empreitada que conduziu Bergson à ideia de tempo e que o alertou para aquilo que realmente fazia desmoronar o sistema de Spencer. Segundo Bergson, o tempo real parecia não desempenhar qualquer papel nesse sistema.

> Que a ciência positiva se houvesse desinteressado dessa duração, nada de mais natural, pensávamos: sua função talvez seja precisamente a de compor para nós um mundo no qual possamos, para a comodidade da ação, escamotear os efeitos do tempo. Mas como compreender que a filosofia de Spencer, doutrina de evolução, feita para seguir o real em sua mobilidade, seu progresso, sua maturação interior, possa ter fechado os olhos àquilo que é a própria mudança?[6]

A característica geral assim como as características específicas da epistemologia de Spencer são determinadas por sua visão concernente à natureza da vida e ao seu desenvolvimento. Para Spencer, o que nós chamamos de "verdade" e "erro" na escala humana pode ser definido em termos comportamentais como a presença ou a falta de ajuste ao meio e que, a este respeito, a

---

6 Bergson, Henri, *O Pensamento e o Movente*, p. 6.

situação humana é meramente o último e culminante estágio do processo evolutivo geral. Para os pensadores do final do século XIX era simplesmente natural acreditar que não só o ajustamento do intelecto humano ao seu meio era incomparavelmente mais vasto do que o dos animais e mesmo do homem primitivo, mas como é também coextensivo ao todo da realidade espaço-temporal. Em outras palavras, o ajustamento das faculdades cognitivas à ordem objetiva das coisas é completo na espécie humana, onde o desenvolvimento dessas faculdades não apenas culmina, mas cessa. O professor Milic Capek[7] nos mostra como, a partir do senso comum, ainda hoje supõe-se que a evolução da razão humana já está completada e que a ciência mecanicista do século XIX representa o último estágio do processo adaptativo pelo qual a mente humana gradativamente ajustou-se à estrutura da realidade.[8] Nesse sentido, a estrutura da razão humana tal qual exibida na física clássica, em particular na mecânica newtoniana e na geometria euclidiana, é uma réplica adequada da ordem objetiva da natureza na mente humana. Tal estrutura da razão humana não é nada a não ser um sistema de hábitos estabelecido e fortalecido pela pressão contínua da ordem objetiva das coisas pelas quais, durante longos períodos geológicos, a mente humana moldou-se na presente forma.

---

7   Milic Capek (1909-1997) nasceu na antiga Tchecoslováquia e desde 1935 era Phd em filosofia pela Charles University. Foi professor em várias universidades americanas, tendo se destacado na Boston University e no Carleton College Philosophy Faculty. Era membro integrante da Academia de Artes e Ciências da Tchecoslováquia, além de profundo conhecedor da filosofia de Bergson e autor de inúmeros artigos, periódicos e livros sobre a relação entre a filosofia e a ciência da física. Entre suas obras mais proeminentes encontram-se: *Philosophical Impact of Contemporary Physics* (1961); *Bergson and Modern Physics* (1971); *The Concepts of Space and Time* (1976); *The New Aspects of Time: Its Continuity and Novelties* (1991). Suas maiores contribuições são concernentes às implicações filosóficas da teoria da relatividade e da mecânica quântica, e à filosofia do tempo.

8   Cf. M. Capek, *Bergson and Modern Physics*. Dordrecht: D. Reidel Publishing Company, 1971, p.10.

16 Ensaios sobre filosofia francesa contemporânea

Deste ponto de vista, Kant não estava errado quando acreditou que a geometria euclidiana e a mecânica newtoniana permaneceriam para sempre válidas e irrefutáveis por qualquer experiência futura. Mas isso se deve não ao caráter *a priori* da geometria euclidiana e da mecânica newtoniana; ambas permanecerão válidas não porque elas precedem a experiência, como Kant erroneamente acreditou, mas porque elas eram ambas implantadas em nossas mentes pela experiência. De acordo com Spencer, tal experiência não deve ser entendida num sentido ontogenético individual, mas como uma experiência de toda espécie. Neste sentido, o conceito de *a priori* pode ser mantido desde que seja redefinido. Não há dúvida de que nós nascemos com certas disposições intelectuais, as quais meramente esperam por um estímulo externo para serem totalmente desdobradas. Mas aquilo que seria *a priori* para um indivíduo, é um *a posteriori* para todas as espécies.[9] Nesse sentido, um *a priori* do indivíduo é meramente uma abreviação designando a experiência condensada de incontáveis gerações precedentes. Nas palavras de Capek, "então, o que é chamado por Kant de estrutura transcendental da mente humana é meramente um produto final de um processo gradativo de ajuste à ordem objetiva da natureza".[10]

---

9 Em seus *Princípios de Psicologia*, Spencer desenvolve exaustivamente as relações cognitivas entre indivíduos e espécies. Suas conclusões são de que devemos pensar nossa estrutura cognitiva mais em termos de humanidade, enquanto uma espécie que evoluiu, do que em termos do indivíduo homem. É nesse sentido que utilizo a expressão de um *a priori do indivíduo* em contraposição a um *a posteriori das espécies*. Cf. H. Spencer, *The Principles of Psychology*, London: Longman, Brown, Green, and Longmans, 1855, p. 526: "Posto que esteja evidente que sequências reflexas e instintivas não sejam determinadas pelas experiências do organismo *individual* que as manifestam, ainda permanece a hipótese de que elas sejam determinadas pelas experiências da *raça* dos organismos formando suas descendências, as quais pela infinita repetição em incontáveis gerações sucessivas estabeleceram essas sequências enquanto relações orgânicas".

10 Capek, Milic, *Bergson and Modern Physics*, p.11-2.

Os animais que ignorassem a eficácia dos ajustes euclidianos para atuar no mundo, ou que ignorassem as associações de causa e efeito, teriam sido automaticamente eliminados por mau ajustamento biológico. O triunfo da geometria euclidiana e do princípio de causalidade era considerado pelos evolucionistas positivistas como uma instância especial do princípio de sobrevivência mais ajustável. Como o universo consiste de massas se movendo de acordo com as leis de Newton no infinito espaço euclidiano, nada mais natural que a figura final do universo dentro da mente humana seja de caráter newtoniano e euclidiano.

Podemos então afirmar que tanto Kant, em cujo sistema a evolução é ausente, como Spencer e o positivismo em geral foram levados à conclusão de que a evolução já está completada. Neste sentido, podemos dizer que a epistemologia evolucionista do século XIX era tão dogmática quanto o racionalismo do século XVIII. É contra isto que Bergson se opôs. Para ele a evolução era incessante, inesgotável jorro de novidade e o tempo é que desempenhava esse papel criador.

Contudo, o que deve prevalecer aqui é o ponto de vista em comum de Bergson e Spencer sobre uma epistemologia biologicamente orientada. Podemos afirmar que tal visão de mundo impulsionou Bergson, ainda que criticamente. Veremos a seguir o ponto de vista de Bergson que o levará à reforma da teoria biológica do conhecimento.

Devemos então agora nos perguntar: em que sentido e em que grau podemos afirmar que a epistemologia de Bergson foi além da teoria biológica do conhecimento clássica? Assim como Spencer e outros pensadores que possuíam uma epistemologia biologicamente orientada (tais como Helmholtz, Mach e Poincaré)[11], Bergson admite

---

11 Hermann Von Helmholtz (1821-1894) foi médico e físico alemão. Muito influencia-do pelas obras de Fichte e Kant, desenvolveu um profundo interesse pelas ciências

a visão de que a forma presente do intelecto humano é um resultado da evolutiva e gradual adaptação do organismo psicofísico humano à ordem da natureza. Porém, para Bergson, essa adaptação não está completa e a ordem objetiva da natureza não é representada de forma completamente adequada e sem distorção na presente forma newtoniana-euclidiana do intelecto humano. Se a tese de Bergson com relação a esta questão difere radicalmente da de Spencer, Helmholtz, Mach e Poincaré, creditamos isto à hipótese de que ele fez um uso mais consistente da teoria biológica do conhecimento da qual ele extraiu consequências que seus predecessores falharam em fazer.

De acordo com Bergson, a forma do intelecto newtoniana-euclidiana, ou antes, laplaceana-euclidiana, não representa adequadamente a natureza em sua integridade, mas meramente a parte dela que é de vital importância para o organismo humano. A natureza para Bergson é diversificada em estratos que, enquanto não são separados por fronteiras precisas, ainda são suficientemente heterogêneas. É precisamente sua heterogeneidade que os previne de serem todos "inteligíveis" no mesmo sentido, pelo menos tanto quanto nós definimos "inteligibilidade" no sentido estrito da ciência física clássica.[12] É claro que a zona de aplicabilidade da forma de

---

naturais, tendo sido considerado uma das personalidades mais importantes do mundo científico no século XIX. Ernst Mach (1838-1916) foi físico e filósofo. Nascido em Turas na Áustria, possuía um empirismo aliado à necessidade da análise lógica da estrutura das teorias científicas. É considerado um dos maiores precursores do positivismo lógico. Jules Henri Poincaré (1854-1912) foi filósofo e matemático francês. Assim como Mach, interessou-se pelo caráter lógico e formal das teorias das ciências físicas, tendo sido destes três o mais próximo do espírito da física moderna e de seu conteúdo concreto. Todos esses três pensadores desenvolveram teorias do conhecimento orientadas biologicamente. Contudo, não há lugar aqui para mostrar em detalhes os pormenores de suas teorias que faziam com que ficassem mais próximos do espírito de Spencer do que do de Bergson.

12 Segundo Capek, o conceito do que é inteligibilidade no sentido clássico é o que Reichenbach apropriadamente chamou de "o mundo de médias dimensões" localizado

intelecto clássico, não importando o quanto grande seja, é ainda limitada. Ela não se estende nem abaixo ou acima dos limites da média dimensão.

Aristóteles observou que a filosofia começa com a admiração. O motivo pelo qual a capacidade de admirar-se é tão eminentemente deficiente neste caso particular é provavelmente devido ao fato de que um profundo abismo ainda separa as especulações epistemológicas (exclusivamente preocupadas com as abstrações da metodologia ou com irrelevantes jogos linguísticos) de problemas concretos que emergem em ciências concretas. Segundo Capek, a única explicação plausível para o problema citado é dada pela reformulação da teoria biológica do conhecimento. Ele assim a resume:

> A limitada aplicabilidade dos modos clássicos do pensamento (i.e. newtoniano-euclidiano) se deve ao fato de que eles mesmos são produtos do ajustamento evolutivo a um limitado segmento da realidade; consequentemente, quando pelo processo de extrapolação nós tentamos aplicá-los fora da zona à qual eles são ajustados, sua inadequação se torna óbvia – e tanto assim quanto se puserem mais afastados para além dos limites que eles são aplicados.[13]

Podemos então afirmar que embora haja correlação geral entre as relações internas e externas de um organismo, essa correlação está longe de ser completa, mesmo quando a percepção humana é considerada. Em outras palavras, nenhuma relação objetiva cujo

---

entre o microcosmos e o megacosmos, ou seja, entre a zona de eventos atômicos e o universo como um todo. Para saber mais ver H. Reichenbach, *Atom and Cosmos*, p. 38, 237, 288; e M. Capek, "The Development of Reichenbach's Epistemology", *The Review of Metephysics* XI (1957) 42-67.

13 Capek, Milic, *Bergson and Modern Physics*, p. 31.

significado prático é negligenciável produz qualquer repercussão conscientemente registrada no organismo. Podemos enumerar várias situações neste sentido. Por exemplo, a visão não apenas ignora a quantidade total de luz vinda dos corpos que estão muito distantes ou que são muito pequenos, mas por conta de sua própria estrutura não responde a certas ondas eletromagnéticas como os raios infravermelhos, ultravioletas e os chamados raios X. As várias cores registradas por nossa visão correspondem a uma estreita porção do imenso espectro eletromagnético que nos circunda. Nossa audição também não registra ondas ultrassônicas, como também a pele de um ser humano normal é insensível às minúsculas variações na pressão do ar, embora essas mesmas variações sofram a reação na pele de pessoas cegas. Também os nossos sentidos de paladar e olfato são muito limitados em comparação com os mesmos sentidos de outras espécies. Devemos ter em vista que os órgãos sensórios dos outros animais são tão seletivos quanto os dos humanos, embora o sejam de maneiras diferentes.

Segundo Bergson, a causa dessa característica seletiva tanto da percepção humana quanto das outras espécies pode ser encontrada no primeiro capítulo de *Matéria e Memória*, sendo completada mais tarde por um bom número de passagens de *A Evolução Criadora*. Nesse último, a análise da percepção sensória, que antes estava apenas voltada para o organismo humano, foi alargada para um amplo cenário evolutivo ao ser destacada a natureza seletiva da percepção animal em geral. A posição de Bergson não é original nem surpreendente. Ela já vinha de certa forma antecipada por Spencer e outros antecessores. O que é original e surpreendente são as consequências epistemológicas que Bergson extraiu dela. A posição de Bergson basicamente coloca que a natureza seletiva da percepção humana e animal é determinada pela teleologia geral do organismo.[14] É de importância vital para todo ser vivo que as características do seu meio que tenham uma determinação sobre sua sobrevivência e bem-estar sejam sinalizadas. Por outro lado, é econômico para o organismo que outras características não sejam registradas, isto é, características do mesmo meio que tenham nenhuma significância ou alguma que seja negligenciável para esse organismo. Podemos aqui colocar momentaneamente de lado a questão acerca da adequação de uma explicação mecanicista a esse problema, uma vez que a existência das características teleológicas não pode ser posta em dúvida qualquer que seja a explicação genética aceita sobre elas. Contudo, é claro que a resposta a essa questão torna severa a separação entre Bergson, Spencer e todo o mecanicismo em geral.

Ao lermos algumas passagens importantes de *Matéria e Memória*, nós temos que levar em conta que todas as considerações físicas, biológicas e psicológicas são expressas por Bergson, através de um discurso que podemos chamar de um solipsismo metodológico. À primeira vista tal discurso parece estar num estranho contraste com a terminologia do realismo crítico presente, principalmente, no que se refere ao primeiro capítulo. No entanto, o emprego deste recurso foi propositadamente escolhido para prevenir possíveis acusações de realismo ingênuo. Então, em *Matéria e Memória*, o corpo e o cérebro são tomados como imagens cujo caráter privilegiado na percepção individual é mostrado por sua comparação com outras imagens, ou seja, as imagens dos corpos físicos que constituem o mundo externo.

> De fato, observo que a dimensão, a forma, a própria cor
> dos objetos exteriores se modificam conforme meu corpo

---

14 O termo *teleológico* deve ser entendido aqui apenas como um adjetivo que designa as características observadas dos receptores sensórios no homem e nos animais.

se aproxima ou se afasta deles, que a força dos odores, a intensidade dos sons aumentam e diminuem com a distância, enfim, que essa própria distância representa sobretudo a medida na qual os corpos circundantes são assegurados, de algum modo, contra a ação imediata de meu corpo. À medida que meu horizonte se alarga, as imagens que me cercam parecem desenhar-se sobre um fundo mais uniforme e tornar-se indiferentes para mim. Quanto mais contraio esse horizonte, tanto mais os objetos que ele circunscreve se escalonam distintamente de acordo com a maior ou menor facilidade de meu corpo para tocá-los e movê-los. Eles devolvem portanto a meu corpo, como faria um espelho, sua influência eventual; ordenam-se conforme os poderes crescentes e decrescentes de meu corpo. Os objetos que cercam meu corpo refletem a ação possível de meu corpo sobre eles.[15]

Podemos ver que Bergson fecha essa citação acentuando a característica recíproca da relação entre organismo e meio. Por um lado, a distância decrescente significa uma maior possibilidade de ação de nosso corpo sobre o meio. Mas por outro lado, ela indica também uma intensificação da ação dos objetos do meio sobre o organismo, mesmo que apenas nas áreas sensitivas específicas dessas superfícies conhecidas como "órgãos sensórios". Não é uma novidade saber que a percepção em geral depende da distância que um objeto mantém de nossos órgãos sensórios. Com efeito, os detalhes do objeto percebido, quer sejam eles a cor e o formato para os olhos, quer sejam eles a estrutura sonora para nossos ouvidos, variam gradativamente conforme a distância que se encontram de nós até que eles se retraiam em simples e sutis qualidades percebidas. É assim que, por exemplo, a percepção de uma estrela cadente na noite reduz-se a sensação de um simples risco luminoso no

---

15 Bergson, Henri, *Matéria e Memória*, p. 15.

céu.[16] Da mesma forma, o zumbido de um mosquito durante a noite pode ser alto o suficiente para nos tirar de nosso sono.

Mas a influência de um objeto e sua correspondente percepção não depende exclusivamente de sua distância. Existem uma infinidade de micro-organismos que vivem sobre nossa pele que, mesmo tão próximos de nós, não podem ser vistos a olho nu. Obviamente que objetos que sejam demasiadamente pequenos têm tão pouco efeito sobre o nosso corpo quanto objetos que se encontram muito distantes de nós. Segundo Capek, isso se segue de uma bem conhecida lei da psicofísica, isto é, que "todas influências físicas devem ganhar um certo grau de intensidade, o então chamado 'limiar de excitação', para que seja registrado fisiologicamente e psicologicamente".[17]

Portanto, toda influência física que se encontre abaixo desse limiar estará fadado à ignorância de nossos sentidos mais básicos. Mas tanto faz saber se a ineficácia do estímulo é devido à pequeneza do objeto ou à sua distância. O mais importante epistemologicamente é saber que não somente regiões distantes do universo, mas que também todo universo microfísico está além dos limites da percepção humana espontânea. E isso se encaixa plenamente à característica biológica da percepção, ou seja, de que geralmente aquilo que está muito distante ou que seja muito pequeno para um organismo não tem qualquer significado prático imediato para ele. Ter tal percepção constituiria um luxo para o

---

16 Normalmente será dito que a observação de um fenômeno dessa natureza suscitará uma sensação mais complexa do que esta, tal como a percepção da beleza. Mas é claro que aqui estamos tratando de uma imagem ainda não psicologizada, trata-se de um primeiro estágio do sistema sensório motor anterior aos afetos. Em seus estudos, Deleuze define bem os diversos estágios e tipos de subjetividade que envolvem o ato de perceber algo conforme são teorizados em *Matéria e Memória*.

17 Capek, Milic, *Bergson and Modern Physics*, p. 34.

organismo, enquanto não tê-la não traz qualquer desvantagem biológica séria para ele.

É bem verdade que a ciência clássica já estava ciente das limitações da percepção humana. Mas o problema para Bergson residia na crença de que a evolução de nossa capacidade cognitiva a havia ajustado de forma total e definitiva à realidade do universo. Para Bergson, toda a evolução, e especialmente a nossa, está ligada à questão do tempo tomando-o como o próprio fundamento da vida. Neste sentido, ele procurou mostrar que não há adequação perfeita entre nossos sentidos e o universo que nos cerca, que a evolução continua ainda hoje no homem e em todas as demais espécies; que até o próprio universo evolui e que, portanto, nem mesmo há uma realidade do universo inteiramente dada a um entendimento que a abarque totalmente.

Contudo, ao destacarmos aqui a importância da epistemologia biologicamente orientada de Bergson para o entendimento de sua teoria da duração, devemos agora indicar aquilo que ganha profunda relevância em toda esta análise. Ao mostrarmos como a relação das distâncias dos objetos de nosso universo circundante, bem como a importância de suas dimensões estão presentes para nossa percepção sensória do universo, uma outra variante vem se juntar a essas. É que a extensão espacial de nossa percepção sensória vem acompanhada concomitantemente com o aumento de nossa compreensão imaginativa e conceitual de eventos cada vez mais e mais distantes no tempo. Ambos os processos são inseparáveis um do outro. Nas palavras de Bergson:

> Através da visão, através da audição, ele se relaciona com um número cada vez maior de coisas, ele sofre influências cada vez mais longínquas; e, quer esses objetos lhe prometam uma vantagem, quer o ameacem com um perigo, promessas e perigos recuam seu prazo.

A parte de independência de que um ser vivo dispõe, ou, como diremos, a zona de indeterminação que cerca sua atividade, permite portanto avaliar *a priori* a quantidade e a distância das coisas com as quais ele está em relação. Qualquer que seja essa relação, qualquer que seja portanto a natureza íntima da percepção, pode-se afirmar que a amplitude da percepção mede exatamente a indeterminação da ação consecutiva, e consequentemente enunciar esta lei: a percepção dispõe do espaço na exata proporção em que a ação dispõe de tempo.[18]

O que Bergson está dizendo é que para toda ação sofrida há uma reação. Nos organismos vivos isso significa dizer que para toda percepção sensória há uma resposta do organismo, que é desenvolvida em ação ou simplesmente soterrada sob alguma forma de afeto. E o mais importante é que entre a percepção e a ação se coloca um tempo. É claro que esse tempo vai variar de acordo com o desenvolvimento de cada sistema sensório-motor dado evolutivamente num organismo. Quanto mais complexo for o sistema sensório-motor do organismo em questão, tanto maior será o tempo possível de resposta, como também maiores serão as possibilidades e variações de resposta. É por isso que o homem se diferencia fundamentalmente das outras espécies, isto é, pois nele, em função de toda complexidade de seu sistema nervoso, existem os mais altos graus da liberdade.[19] Essa definição dada por Bergson também é fundamental para que entendamos que nossa compreensão imaginativa e conceitual de amplas sequências de eventos depende do desenvolvimento da memória, do raciocínio e imaginação antecipatórios, sem os quais nenhuma ação planejada, não importando o quão rudimentar ela seja, é possível. Portanto

---

18 Capek, Milic, *Bergson and Modern Physics*, p. 34.

19 Cf. H. Bergson, *A Evolução Criadora*, todo cap. 2.

26 ENSAIOS SOBRE FILOSOFIA FRANCESA CONTEMPORÂNEA

a zona de realidade que o homem percebe e para a qual ele reage, ambas em imaginação e ação cresceram continuamente tanto no espaço quanto no tempo, e ainda continuam evoluindo.

Assim, em *A Evolução Criadora* Bergson ampliou para toda a vida as consequências que ele pôde extrair de suas teses desenvolvidas em *Matéria e Memória*. Em outras palavras, de que o problema da vida deve ser colocado em função não somente do espaço que nos cerca, como a ciência bem o faz, mas fundamentalmente deve se colocar como uma tarefa para a filosofia em função do tempo real, isto é, de sua duração.

Bibliografia

BERGSON, H. *A Evolução Criadora*. Trad. de Bento Prado Neto. 1ª ed. São Paulo: Martins Fontes, 2005.

_____. *Ensaio Sobre os Dados Imediatos da Consciência*. Trad. de João da Silva Gama. Lisboa: Edições 70, 1988.

_____. *Introdução à Metafísica* in Col. Os Pensadores. Trad. de Franklin Leopoldo e Silva. 1ª ed. São Paulo: Abril Cultural, 1974.

_____. *Matéria e Memória*. Trad. de Paulo Neves. 2ª ed. São Paulo: Martins Fontes, 1999.

_____. *Mélanges*. Textes publiés et annotés par André Robinet. Paris: PUF, 1972.

_____. *O Pensamento e o Movente*. Trad. de Bento Prado Neto. 1ª ed. São Paulo: Martins Fontes, 2006.

BLACKBURN, S. *Dicionário Oxford de Filosofia*. Rio de Janeiro: Jorge Zahar Editor, 1997.

CAPEK, M. *Bergson and Modern Physics*. Dordrecht: D. Reidel Publishing Company, 1971.

_____. "The Development of Reichenbach's Epistemology", *The Review of Metaphysics* XI (1957) p. 42-67.

DELEUZE, G. *Bergsonismo*. Trad. de Luis Orlandi. São Paulo: Editora 34, 1999.

GOULD, S.J. *Darwin e os Grandes Enigmas da Vida*. São Paulo: Martins Fontes, 1999.

JANKÉLÉVITCH, V. *Henri Bergson*. 1ª ed. Paris: Quadrige/PUF, 1989.

REICHENBACH, H. *Atom and Cosmos: the world of modern physics*. London: G. Allen & Unwin, 1932.

SINGER, Ch. *A Short History of Scientific Ideas to 1900*. London: Oxford Univ. Press, 1977.

SPENCER, H. *First Principles*. 2ª ed. London: Williams And Norgate, 1867.

_____. *Principles of Psychology*. London: Longman, Brown, Green, and Longmans, 1855.

Totalização, expressão e liberdade segundo Bergson

Débora Morato Pinto[1*]

> *La philosophie ne peut être qu'un effort pour se fondre à nouveau dans le tout.*[2]

> *O ser aparece mais como algo que 'envolve' a consciência filosófica, do que como objeto à sua frente.*[3]

1) O problema da liberdade e a confusão entre espaço e tempo

O estudo da interioridade psicológica no *Ensaio sobre os Dados Imediatos da Consciência* é o ponto de partida de um amplo estudo da experiência consciente cujo ápice será a compreensão da vida e do real em sua totalidade como Consciência originária. Na

---

1   Doutora em Filosofia pela USP e professora da UFSCAR.

2   Bergson, *L'Évolution Créatrice*, p. 193.

3   Prado Jr., *Presença e Campo Transcendental*, p. 165.

obra *A Evolução Criadora*, o livro em que a metafísica bergsoniana propriamente dita se completa, encontramos a afirmação capital de que a vida é de essência psicológica, o seu movimento identifica-se à progressão do passado em direção ao futuro. A hipótese ali desenvolvida parte da imagem de um impulso único, o "elã vital", do qual a vida se originaria: uma interpenetração de tendências múltiplas cujo movimento de dissociação criaria as linhas divergentes da evolução.

As espécies seriam, nesse contexto, pontos de parada e soluções originais encontradas por esse movimento em seu embate contra a matéria. Para continuar, o movimento faria pausas. O modo pelo qual as tendências se desenvolveriam pode ser comparado ao movimento de autoconstituição de uma multiplicidade indistinta e qualitativa, justamente o que se descreve e interpreta no estudo da consciência interna na primeira obra de Bergson. Prado Jr. resume de modo magistral o significado desse desenrolar psicológico: pensar a vida como duração é "pensá-la como um processo cujo presente é irredutível ao passado que o precede, que é uma dilatação ou enriquecimento desse passado... pensar a vida como processo de uma crescente coesão que se origina do próprio processo vital",[4] isto é, coesão que não vem do exterior, de um ato sintético transcendente. O processo vital passa a ser pensado como interioridade ou interiorização, "movimento de uma constante totalização de suas quase-partes", a vida é então definida como "ato contínuo de autocriação e de interiorização também contínua de suas expressões".[5]

---

4 Prado Jr., p.183.

5 A tese de *Presença e Campo Transcendental* nos oferece uma ressignificação da noção de interioridade, fazedo dela a pedra de toque da noção de duração: a interioridade é a própria relação entre a duração e suas dimensões ou momentos, entre as etapas de uma progressão contínua. Ela é *Presença (junto a) si* que, ao ser representada, se desnaturaliza em concepção associacionista, justaposição de partes exteriores entre

O horizonte comum a Bergson e aos cientistas da evolução é a ideia de movimento evolutivo; a diferença capital está naquilo que podemos chamar as "causas profundas" e o sentido da evolução. Se a vida *evolui* e deposita em seu movimento evolutivo as espécies, as formas de vida assim criadas representam, a uma só vez, pontos de parada de um movimento que as atravessa e condições efetivas para que esse movimento continue o seu progresso. O movimento se efetiva contra obstáculos que se lhe apresentam: da conjugação entre vida e matéria, tendências de direção opostas, surgem os vegetais, os animais, o homem em sua especificidade. Nessa medida, as espécies surgem como soluções diante de obstáculos ao movimento criador que, para continuar, inventa entes cuja tendência opõe-se à sua.

A vida estaciona para não parar, detém-se para poder continuar, utiliza a matéria para dela libertar-se. O seu fazer-se é então criação do feito ao mesmo tempo em que o ultrapassa: compreender qual é a essência desse movimento e de suas criações significou para Bergson partir das expressões visíveis da evolução e atingir o movimento invisível e irrepresentável que é o próprio evoluir – partir da representação da vida para encontrar a sua duração. Ao fazê-lo, o filósofo delineou as condições gerais de uma passagem que funda o conhecimento verdadeiro e efetivo da realidade, uma nova metafísica: sair das representações espaciais e encontrar as determinações temporais de diversos campos de fenômenos. Sair do âmbito do feito, do representado e do resultado em direção ao fazer-se, ao produzir, ao agir, procurado uma visão do fazer-se que pudesse inserir-se na compreensão do feito e ampliá-la. Ocorre que a apreensão do fazer-se tem sua primeira instância de compreensão na vida interior, a multiplicidade dos estados de consciência a partir da qual a ideia de duração é delineada.

---

si. A intuição bergsoniana é, nessa perspectiva, o processo de investigação em que a Presença é recuperada e se torna consciência de si.

Isso significa que o exame dos dados da consciência e de seu modo de ser próprio apresenta-se desde o início em sua relevância capital. Ele nos oferece o sentido da noção de existência, à luz da qual outros campos ou dimensões do real serão pensados em sua existência própria. A filosofia de Bergson tem como itinerário uma reflexão sobre a filosofia da natureza diretamente despertada pelo estudo do evolucionismo que se dirige ao estudo da consciência como o campo em que a temporalidade, expulsa do terreno da ciência, é redescoberta em sua essência e permite então o desenvolvimento de uma nova metafísica. Se ele partiu e chegou a Spencer,[6] refazendo o evolucionismo, é porque viu na obra do primeiro os sinais de uma teoria revolucionária e original, mas rapidamente encontrou em seu trajeto o núcleo de um raciocínio duro que mais impedia do que contribuía para a compreensão da evolução, modo de pensar que viria a ser considerado o fundamento da racionalidade ocidental. É de extrema relevância atentar para esse fato: a mesma teoria que se insinuava como caminho para a verdade, resolvendo impasses que o século XIX enfrentava por todos os lados, é aquela cujo exame permitiu ao filósofo perceber o centro e a origem das dificuldades que o impeliram à reflexão.

A teoria da evolução acenava com a possibilidade de dar conta da transformação, marca dos fenômenos vitais e cerne das querelas na biologia – não há espécies fixas caídas do céu, mas sim transformação umas nas outras dirigida pela adaptação ao meio, este era o mote da revolução evolucionista – mas, ao aprofundar-se no seu estudo, Bergson pôde encontrar um ponto de resistência que comprometia o sistema de Spencer e assim afundava a teoria nas suas pretensões mais fundamentais, justamente um certa concepção

---

6 Naquilo que podemos interpretar como uma espécie de autobiografia intelectual, as duas Introduções ao livro *La Pensée et le Mouvant* nas quais seus pressupostos metodológicos são explicitados em vistas de esclarecimento, encontramos a referência a Spencer abrindo e fechando suas considerações.

do tempo que a sustentava.[7] Superar a concepção artificial do tempo como meio homogêneo e reencontrar a verdade do tempo como duração define a tarefa filosófica a partir de então.

O encontro com a duração real é o centro da primeira obra de Bergson, dedicada ao estudo da consciência interna, a presença pura do sujeito a si mesmo. Esse estudo contém as direções essenciais da crítica do entendimento e seus conceitos, algumas em germe, outras já desenvolvidas, uma vez que estabelece a relação entre inteligência e espaço, mostra o espaço como forma do entendimento, ao mesmo tempo em que faz aparecer à reflexão filosófica a região da experiência que não pode ser espacializada, ou que remete a uma presença, acessível ao contato humano, cujas manifestações se insurgem contra a espacialização. Isso significa que o percurso do *Ensaio* opera uma diferenciação entre espaço e duração, num procedimento teórico que é retomado em novas bases em cada um dos livros posteriores, e nos faz ver que o método da intuição tem como uma de suas etapas primordiais estabelecer diferenças de natureza ali onde se crê apenas notar diferenças de grau.

A confusão entre o que se determina como espacial imediatamente e aquilo que só se desdobra no espaço por simbolização ou desnaturação está na origem do modo como a noção de liberdade foi problematizada pela tradição filosófica em suas mais diversas manifestações. A liberdade é o problema filosófico que o *Ensaio* pretende resolver, um problema compartilhado pela metafísica e pela psicologia. Ocorre que

---

7 O começo da filosofia de Bergson é um evento intelectual várias vezes descrito por ele como a (re)descoberta do tempo real: "foi a análise da noção de tempo que perturbou e transformou todas as minhas ideias", um "evento notável" logo tomado como "ponto de partida que o levou a rejeitar tudo o que aceitara até aquele momento" e ao qual se vinculam tudo o que ele pensou depois, justamente a constatação de que o tempo real escapa às matemáticas, e portanto ao raciocínio intelectual em geral, que tem na matemática o seu ápice.

34 ENSAIOS SOBRE FILOSOFIA FRANCESA CONTEMPORÂNEA

a tematização da liberdade na história produziu de si mesma uma contaminação na posição desse "problema", sobretudo devido à confusão entre espaço e duração, uma contaminação à qual está ligada sua total impossibilidade de ser resolvido. O trabalho de Bergson dissolve o modo tradicional de colocação do dilema explicitado entre as alternativas do "determinismo" e dos defensores do "livre-arbítrio". A dissolução da posição tradicional do problema é a um só tempo reposição e, em certo sentido, solução, pois significa simplesmente retomar contato com dados da experiência e encontrar os fundamentos desses dados, no caso aqui retomar contato com *o fato de que somos livres*.

Estamos diante da noção de falsos problemas, uma das mais originais noções da filosofia bergsoniana. Não se trata apenas, na desconstrução de uma metafísica desde sempre equivocada, de procurar novas soluções ou boas soluções: trata-se de repensar o modo como as questões foram formuladas, passo que Deleuze considera mesmo uma das três regras nucleares da intuição como método. Os falsos problemas surgem das construções conceituais que interferem, operando como mediações, no nosso contato com os dados. Bergson propõe "uma desconstrução metódica das ilusões do senso comum, da ciência e da filosofia, graças ao retorno ao imediato".[8] Uma das características marcantes dos falsos problemas é o fato de que seus objetos são mistos mal analisados, em que "são arbitrariamente agrupadas coisas que diferem em natureza".[9] É o caso, por exemplo, da mistura entre quantidade e qualidade no conceito de "intensidade", das noções de lembrança e percepção no caso do estudo do "reconhecimento", espaço e duração no conceito de tempo-homogêneo etc. O problema está em não conseguirmos distinguir nessas representações os dois

---

8   Viellard-Baron, p. 31.

9   Deleuze, *Bergsonismo*, p. 10.

elementos reais que a compõem e que são tendências dadas como puras presenças (duração e extensão).

Assim, a primeira regra do método, "reconciliar verdade e criação no nível dos problemas" está imbricada com a segunda: dissociar as representações para "lutar contra a ilusão, reencontrar as verdadeiras diferenças de natureza ou as articulações do real".[10] Há uma dimensão crítica do trabalho filosófico, que em Bergson significa sobretudo a inteligência trabalhando contra suas tendências naturais, que ganha força em tal dissociação, pois ela mostra nos conceitos e teorias científicas uma confusão de base que invade o conhecimento em geral. Deleuze põe em foco as famosas análises dissociativas de fenômenos e de conceitos, o processo de purificação da experiência que dissolve confusões como a que faz do tempo uma variável da física, desconsiderando o tempo real; ou a imprudência de uma certa psicologia que estabelece apenas uma diferença de grau entre lembrança e percepção, desprezando sua efetiva diferença de natureza e assim errando ao descrever os processos humanos de cognição.

É importante ressaltar, nesse amplo contexto de mistos dissociados, a distinção capital que o *Ensaio* promove: trata-se de separar na experiência interna um conteúdo em duração de uma forma espacial que lhe é imposta e que encaminha um tratamento dos fenômenos temporais como coisas desdobradas no espaço. A ciência toma a forma pelo conteúdo, construindo uma imagem, base do estudo da experiência imediata ou direta, dos estados mentais como fragmentos, objetos delimitados, coisas espaciais e assim

---

10 *Idem* p. 14. Bergson faz isto todo o tempo de sua filosofia, mas talvez o capítulo I de *Matéria e Memória* seja o exemplo mais perfeito desta regra aplicada minuciosamente. Bergson tem assim uma "obsessão pelo puro", que se explicita nesse vigoroso trabalho de análise dissociativa que marca suas obras. Neste media, a intuição como método é um método de divisão.

36 ENSAIOS SOBRE FILOSOFIA FRANCESA CONTEMPORÂNEA

menosprezando aquilo que lhes é essencial – sua manifestação como interpenetração de momentos interiores uns aos outros. Mais que isso, compreender a manifestação da experiência interna cuja imagem remonta à de uma melodia, estabelecendo uma relação dinâmica entre uma totalidade que se forma e as partes que se delimitam à luz dessa totalização, significa redescobrir a liberdade própria a um eu profundo e sua possibilidade de expressão no real. Ainda que essa possibilidade só encontre seu fundamento quando o estudo da matéria a redescreve como duração,[11] resolvendo o impasse do dualismo homem/natureza, a análise da presença interna expõe em toda a sua plenitude o caráter essencial dos atos livres. A liberdade surge referida internamente à duração, à consciência profunda liberta dos mecanismos artificiais de espacialização.

Isso significa que a discussão do problema da liberdade promovida por Bergson articula, como ocorre em todas as explicitações de seu método, um movimento crítico ou polêmico que é condição indispensável à intuição da duração, isto é, ao acesso, levado à plena consciência de si, a uma presença pré-discursiva que ilumina os fatos relativos aos atos livres. É importante ressaltar uma das maiores dificuldades que a imbricação interna entre os momentos negativo e positivo do método intuitivo apresenta: não se trata de uma precedência cronológica ou lógica entre a desconstrução de conceitos e o acesso ao real, mas sim de um processo em que uma presença não representada ilumina o caminho da crítica. A análise crítica, por sua vez, possibilita a delimitação propriamente filosófica dessa

---

11 Em *Matéria e Memória*, quando procura dar conta do problema do dualismo e assim dissolver o impasse artificial entre uma concepção de liberdade humana e o determinismo da natureza, Bergson reitera a efetividade da ação livre: o espírito é capaz de imprimir aos movimentos materiais uma inflexão nova, indeterminada, diferente, isto é, imprimir-lhe a própria liberdade. Assim, a liberdade primeiramente desvelada na interioridade do eu em seu modo de ser próprio, reencontra na inserção no mundo pelos processos de percepção e representação a sua condição de efetividade.

presença do ser que a guia. Nessa medida, as análises das noções de grandeza intensiva, de tempo homogêneo e do determinismo físico e psicológico estão relacionadas de modo quase circular com as descrições da experiência que lhes dão sentido. A experiência é sempre o critério do trabalho racional ou intelectual-discursivo, cujo principal objetivo é sempre colocar-se em questão, testar suas representações, afastá-las à medida que se revelam artificiais, não implicadas na manifestação direta dos fenômenos aos quais se pretende aplicá-las. É nesse sentido que a intuição não é apenas método "empírico", "não é um retorno às coisas mesmas, mas um trabalho ativo da inteligência sobre si mesma".[12]

A temporalidade do conteúdo da experiência torna-se acessível à consciência filosófica pelas análises críticas, os processos de diferenciação que recuperam a manifestação direta da experiência dela afastando elementos cuja origem é externa ao seu fazer-se imediato. A solução do problema da liberdade delineia-se, portanto, na dissolução dos dilemas que uma certa filosofia colocou, cujo ponto de partida é justamente um pensamento da experiência à luz de pressupostos gerados pela subjetividade prática.[13] A verdadeira teoria é para Bergson uma conversão da consciência que volta a ser si mesma e se transforma em consciência intuitiva: a discussão polêmica configura uma trabalho da inteligência contra si mesma que é "introdução ao mostrar".[14] O que se mostra no estudo da liberdade mediante a depuração da experiência

---

12 During, 2003, p. 863.

13 O modo como a praxis determina uma certa representação do real, que a ciência e a filosofia da tradição nada fizeram além de prolongar, é objeto de um profundo estudo em *Matéria e Memória*, que vê na percepção um recorte da continuidade extensa e o início de uma construção imaginária e necessária à vida – a transformação da matéria como totalidade em corpos separados e distintos.

14 Prado Jr., p. 63.

38 ENSAIOS SOBRE FILOSOFIA FRANCESA CONTEMPORÂNEA

e de seus dados é a sua Presença,[15] uma presença que é interioridade e interiorização e cujos momentos se prolongam ao se diferenciar. O eu que age de modo a expressar a sua duração, isto é, a totalidade de sua vida interior em constante abertura ao mundo, age livremente. O *Ensaio* nos proporciona assim o acesso a uma multiplicidade qualitativa à luz da qual a liberdade deixa de ser um problema.

A duração é em sua primeira apresentação definida como a *forma* assumida pelos nossos estados de consciência mediante uma determinada atitude que procura sair do *modus operandi* natural à ação e, como vimos, à inteligência. Essa atitude tem uma explicitação no percurso de Bergson quando ele elabora a teoria das multiplicidades: a apreensão de uma verdadeira sucessão pode ocorrer na medida em que tomamos contato com nossos estados internos sem a interferência dos procedimentos de exteriorização – isto é, sem a mistura dos objetos exteriores e de sua forma natural de apreensão, o espaço. O encontro com a duração é preparado, nesse âmbito, por um estudo das sensações, sentimentos, esforço, estados internos, ou seja, pela busca de sua verdadeira natureza através da compreensão de sua intensidade e de sua multiplicidade concretas.

2) A intensidade do vivido como heterogeneidade em progressão – recuperação do qualitativo.

Ao delinear brevemente o conceito de intensidade, Bergson enfatiza que a negação de que as intensidades sejam "superponíveis" é autorizada pela própria definição do termo no âmbito de seu uso pela ciência. Com efeito, o termo é utilizado de modo que a "quantidade intensiva não comporta a medida". Parte-se de uma noção de

---

15 Segundo a análise acima mencionada, a filosofia de Bergson como ontologia da presença.

quantidade não mensurável e assimila-se tal noção de intensidade a uma grandeza: existe nessa assimilação um círculo vicioso e na definição de uma "quantidade inextensiva" uma contradição. Se o número é maior do que outro porque contém o outro, tese cujo fundamento se estabelece na teoria das multiplicidades, ao dizer que uma sensação é maior do que a outra a ciência está afirmando sub-repticiamente que ela contém a outra – ao mesmo tempo em que já havia admitido estar tratando de algo "não extenso", que não comporta a medida. O senso comum se pronuncia sem provas, porque não tem necessidade delas. Porém, eis o que é essencial, a passagem para a ciência exigiria problematizar a expressão "maior" e tentar provar a medida, mas o braço da psicologia que culmina na tentativa de uma *psicofísica* admite o ponto de partida do senso comum e tenta medir, isto é, parte do pressuposto que tenta provar. Mais explicitamente, a concepção de grandeza intensiva, que depois será erigida em lei matemática pela psicofísica, supõe esta relação: ao dizer que uma alegria é maior do que a outra, a ciência afirma inevitavelmente que, para atingir a segunda, deve-se passar necessariamente pela primeira. O círculo vicioso institui-se na medida em que só podemos comparar quantidades estabelecendo uma série crescente, aquela que se submete à relação continente/conteúdo, único expediente que permitiria explicar com precisão em qual sentido um estado consciente qualquer é maior do que o outro.

Há continuidade de pressupostos entre a representação comum da vida do espírito e a sua manipulação pela ciência[16] e, sobretudo, à sua teorização filosófica, todos esses processos nada fazendo senão

---

16 A psicofísica pretende medir os sentimentos partindo do pressuposto de que eles são mensuráveis sem examinar a sua "espacialidade", isto é, sem verificar ou discutir a atribuição da relação continente conteúdo – querem provar a medida supondo a medida. O senso comum afirma a sensação mais ou menos intensa, a ciência e o pensamento filosófico transformam esta relação em lei quantitativa, a lei de seriação, sem questionar o pressuposto.

40 ENSAIOS SOBRE FILOSOFIA FRANCESA CONTEMPORÂNEA

confirmar e justificar a concepção da vida psicológica como coisa material, atômica e composta de elementos quantificáveis; em suma, a concepção elementarista e associacionista. Não há nem ruptura, nem crítica, nem questionamento algum ao se passar "da rua ao laboratório", mesmo que seja desse modo que a ciência pensa sua atividade – seu "rigor" significaria romper com a atitude ingênua. Mas Bergson nos oferece uma demonstração cabal da ilusão aqui operando, ao colocar à prova "essa suposição filosófica da prática científica" e mostrar que a hipótese de base nos dois casos é a mesma: "toda a novidade introduzida na passagem de um nível ao outro consiste no aparato instrumental; não há uma mudança de perspectiva".[17]

O exame da manifestação direta dos estados internos tem então objetivos explícitos: verificar em que medida essa aplicação da grandeza tem legitimidade, mostrar quais são os aspectos que induzem, a despeito da impossibilidade que será demonstrada, a tentativa recorrente de realizar essa aplicação. Entretanto, a constatação mais importante não está em nenhuma dessas intenções: ela será a própria experiência dos sentimentos vividos e compreendidos em sua manifestação direta. A consciência procura entender como se dá sua experiência interna, ela examina um objeto reflexivamente procurando ver como ele se efetiva sem que seja inserido em categorias previamente aplicadas, sem que a noção de grandeza espacial seja imposta à sua manifestação por uma inclinação natural.

---

17 Prado Jr., p. 74. Ainda importa ressaltar, a respeito dessa tese de base, que existem duas tentativas para justificar a assimilação e salvar a "grandeza intensiva": recorrer às causas exteriores dos estados mentais e levar em consideração o seu o substrato corporal ou cerebral, esse sim extenso. Assim, a reflexão da nova ciência está sempre em relação com a incontornável questão da causalidade entre excitação física ou fisiológica e sua manifestação psicológica e, mais profundamente, com a delimitação do tipo de fenômeno e de ser próprio às sensações, questão que atravessa o século XX.

Se o que importa, em primeiro lugar, é avaliar a pertinência de uma ideia, examinando se pode ser tomada como significado de uma experiência, a boa estratégia é concentrar-se na dimensão da experiência mais afastada possível dos elementos que facilitariam essa significação, justamente os sintomas e ações do corpo que naturalmente vinculam os estados mentais aos objetos do mundo. Fica claro que é mais promissor procurar os estados bem interiores à nossa vida, os sentimentos profundos essencialmente distantes do fator que mais influencia a imagem espacial do vivido, a percepção de um objeto exterior em movimento. A profundidade que se nota em diferentes tipos de estados psicológicos é marca de definição na sua relação intrínseca com a subjetividade – a experiência profunda é mais "subjetiva" que a superficial, já que nos revela um campo de vivências quase independente dos objetos. A purificação da experiência com finalidades críticas é então "interiorização e aprofundamento".[18] Encontramos, nesse contexto, os sentimentos profundos como estados privilegiados do ponto de vista crítico, os quais revelarão, à medida que são examinados, que seu privilégio se estende bem mais longe: seu alcance não é apenas a crítica da ciência e do senso comum, mas amplia-se para o poder de revelar a dimensão metafísica do sujeito.

Procurar a forma pura da intensificação de um sentimento pode ser mais simples e esclarecedor, portanto, se concentrarmos inicialmente esse exame na interioridade mais plena, na profundidade do sujeito.[19] Surgem assim os exemplos descritivos.

---

18 Ainda segundo a análise de *Presença e Campo Transcendental* sobre esse momento da filosofia de Bergson.

19 Uma vez que nossa consciência tem, nas palavras de Worms, uma "realidade diferenciada e intensiva", sua ilusão fundamental e geral também toma uma forma diferenciada e intensiva. Isso traz consequências para a tentativa de descrever a experiência consciente, exigindo que essa descrição se dê por diferenciação, por contraste com o espacializável: "longe de poderem ser descritos diretamente, os dados mais imediatos

42 ENSAIOS SOBRE FILOSOFIA FRANCESA CONTEMPORÂNEA

Um "desejo fraco" fielmente compreendido consiste no fato de que ele se mostra, de início ou em seu grau mais baixo, aparentemente isolado do resto da vida interior; quando o sentimos intenso, forte, "maior", isso significa que ele invade o resto de nossos estados mentais, que qualquer estímulo que incorporamos será tingido pela cor do desejo, que penetra "pouco a pouco um grande número de elementos psíquicos". Temos uma qualidade que se expande, que toma o resto do que sentimos, que resulta na aparente mudança de nosso ponto de vista sobre tudo.

Por que não se trata de uma grandeza? Porque nada nos autorizou a traduzir essa coloração progressiva por uma imagem de superposição de conteúdos e continentes, de justaposição de unidades idênticas, de unidades que podem ser contadas. O que nos ocorreu é uma mudança no *modo de sentir tudo*, como no caso de uma paixão profunda, figura final do suposto aumento de intensidade do desejo. Há uma mudança no sentimento, sentida como nova impressão motivada por objetos que anteriormente provocavam impressões diferentes – estamos imersos numa "nova infância", o que indica que tudo nos parece novo. Até então, tratamos com uma mudança de qualidade que, entretanto, se relaciona com uma certa ideia de múltiplo, essa invasão progressiva do todo que é de fato "uma mudança de qualidade, mais que de grandeza".[20]

Interessa notar que o próximo estado de consciência profundo, a alegria, recebe uma descrição diferente da que acabamos de retomar: aqui, nem a imagem do isolamento inicial pode ser incorporada. A alegria profunda no mais baixo grau "assemelha-se bastante a uma orientação de nossos estados de consciência no sentido do

---

só podem ser descritos em seu contraste ele próprio variável, ou sua resistência à espacialização"(Worms, 2004, p. 59); se há "fenomenologia" em Bergson, só pode ser intensiva e crítica.

20 Bergson, *Oeuvres* p. 10.

futuro". O *tom* da alegria está delineado, é a atração para o futuro, abertura ao que virá. A sua intensificação é descrita a seguir por uma imagem em direta relação com a anterior: se estamos atraídos pelo futuro, aquilo que nos ocorre no presente, ideias e sensações, tornam-se mais leves e mais rápidas, já que a alegria as orienta para frente, assim como nossos movimentos nos custam menos esforço. Finalmente, a "alegria extrema" acaba por transformar essa leveza, rapidez e facilidade em "uma indefinível qualidade, comparável a um calor ou uma luz, e tão nova que, em certos momentos, retornando-nos sobre nós mesmos, experimentamos como que um espanto de ser".[21] Orientação para o futuro, leveza e facilidade nas sensações e movimentos, indefinível qualidade (luz e calor, metáforas solares) que encaminha um "espanto" porque surge marcada por uma novidade intensa. São, quaisquer que sejam as interpretações possíveis de cada uma delas, diferentes figuras sucessivas ou "formas características" (mudanças qualitativas, portanto) da alegria, e a possibilidade de delimitar uma unidade idêntica a si atravessando a experiência já foi completamente descartada.

Cabe observar, entretanto, que essa sucessão qualitativa implica uma invasão progressiva da totalidade: nessa medida, ela traz em si uma tendência a ser interpretada como intensidade crescente de um só e mesmo sentimento, mas somente se quisermos estabelecer divisões e intervalos entre as figuras, procedimento inerente à representação prática do real e contra o qual a performance teórica tem que se defender continuamente. A invasão progressiva do todo permite que a intensificação dos sentimentos possa ser identificada a uma totalização. Ainda encontramos aqui, anunciada, a relação com a temporalidade como fundo último da significação: futuro, leveza, luz e calor (metáforas ligadas muito

---

21 *Idem*, p.11.

evidentemente à ideia de vida), espanto de ser (pelo retorno a nós, o espanto como nosso próprio ser), na alegria; passado, peso, empobrecimento (obscurecimento), fechamento do futuro (morte): aniquilamento e nada, na tristeza.

Bergson anuncia o resultado desses exames: a imagem da intensidade purificada de elementos externos e extensos se reduz "uma certa qualidade ou nuance de que se colore uma massa mais ou menos considerável de estados psicológicos, ou se preferirmos, do maior ou menor número de estados simples que penetram a emoção fundamental".[22] Ainda que intuitivamente, percebemos que a chave da contraposição entre intensidade pura e grandeza (ou seja, da sua diferenciação) é uma outra relação, agora entre unidade e multiplicidade, relação que não pode ser identificada à de unidade idêntica a si que se acrescenta a si, condição da quantidade.

Mais explicitamente, é possível detectar "fases" no movimento de transformação que ocorre conosco à medida que uma paixão muda de intensidade, mas estas etapas sucessivas não são diferenças de grau ou unidades de medida que se acrescentam, elas simplesmente correspondem a modificações qualitativas da "massa" de nossos estados psicológicos, uma mudança na tonalidade de vários estados psíquicos; isto é, o suposto aumento de um sentimento revela-se pouco a pouco uma diferença na multiplicidade de estados psicológicos. O problema reside justamente no fato de que essa percepção de uma transformação progressiva nos estados internos, fruto da paixão intensa, é interpretada pela consciência prática ou reflexiva, isto é, a consciência figurada pela inteligência, que processa a vivência da transformação segundo o seu modo de funcionamento: em suma, pela sua repugnância natural em relação a qualquer representação

---

22 *Idem*, p. 9. A presença do vocabulário da quantidade chama a atenção e impõe a reflexão sobre os pontos centrais dessa imagem: "qualidade" ou "nuance", "emoção fundamental", a que se contrapõem "massa de estados" e "número de estados simples".

dinâmica. A inteligência prática interpretará então este dinamismo segundo a sua capacidade, espacializando e numerando.

A qualidade ou mudança qualitativa é desse modo interpretada em termos de quantidade, como se um único e definido sentimento atravessasse todo o resto do mundo mental, que permaneceria o mesmo resto; assim, este sentimento "cresce", "aumenta": a alusão aqui é à necessidade de um meio vazio e homogêneo para a unidade distinta. Podemos nos apoiar ainda na análise de Worms sobre esta passagem em todos os sentidos complexa, de difícil interpretação e fundamental: ela anuncia uma concepção geral da vida psicológica, que Bergson só desenvolve em *Matéria e Memória*. A questão aqui é que se pode dizer, aleatoriamente, que uma "massa de estados" é composta ou penetrada de uma multidão, multiplicidade de estados; há uma multiplicidade que é unificada, porque é colorida, muda de qualidade, de cor; a unificação vem pelo fato de que os vários estados se colorem, tomam um novo aspecto que os aproxima, os torna semelhantes. A qualidade é então caracterizada pela massa de estados que aí se discerne; portanto, não é mais a identidade de uma relação externa que se estabelece entre multiplicidade e unidade, mas sim a identidade de um "ato interno de unificação...": a unidade não se deve apenas à multiplicidade, mas ao contrário à unificação dessa multiplicidade numa unidade que não é o seu resultado ou a sua adição, e que não pode ser dividida em elementos[23]. Só há qualidade perceptível, o próprio sentimento enquanto tal, na medida em que uma multiplicidade de estados

---

23 Assim, é pela transformação global, pela variação de conjunto de um sujeito que se experimenta a variação de intensidade de um estado, e a mudança de intensidade faz aparecer cada vez mais um sujeito; a intensidade se verifica pela difusão sensível de uma qualidade, até sobre as impressões objetivas. Aqui seguimos os valiosos esclarecimentos de Worms: Bergson estabelece de cara uma equivalência entre a unidade de uma qualidade e uma certa multiplicidade, parecendo haver aqui uma perfeita reversibilidade entre a atribuição de uma qualidade a uma multiplicidade (ainda numérica em aparência) ou a atribuição de uma multiplicidade a uma qualidade;

(confusa ou conjuntamente percebidos) se aglutina por receber um certo *tom* – constitui assim a própria unidade do sentimento na medida em que são "invadidos". Por outro lado, só sentimos a intensidade da qualidade (que é modificação progressiva ou ao menos modificação em torno de uma "tônica dominante") na medida em que essa multiplicidade de estados psíquicos tingidos continua a se formar, ou talvez "crescer", na medida em que mais estados se misturam a essa determinada aglutinação – só assim a emoção pode ser dita "intensa".

Mas o centro desse encontro com a manifestação direta dos estados de consciência reside no exame dos sentimentos profundos, que nos oferecem os exemplos mais "tocantes" de uma "intervenção progressiva de elementos novos visíveis na emoção fundamental". A experiência estética revela ao sujeito um contato com o objeto em que a separação ou a distância entre eles se dissipa. Ao examinar sua própria experiência do sentimento da graça, o eu pode compreendê-la como movimento de diferenciação qualitativa, progresso que se expressa em figuras dominantes cuja relação é interna. A descrição do sentimento tal como ele aparece à consciência em sua constituição traz à tona uma multiplicidade em formação, um múltiplo como totalidade em progresso, isto é, uma experiência em que momentos distintos uns dos outros se sucedem na medida em que são interiores uns aos outros – são diferentes sem serem exteriores entre si.

A figura final, no caso do gracioso, é justamente a superação imaginária da separação entre aquele que vê e aquilo que vê,[24] o

---

"é esta reversibilidade que fará a pura intensidade"(Worms, *Deux sens de la vie*, p. 50); o múltiplo modifica a própria qualidade.

24 Uma análise mais detalhada da descrição fenomenológica do sentimento do gracioso, retomada da análise de Prado Jr. sobre esse trecho capital do *Ensaio*, pode se encontrada em Pinto, D.C.M. "O tempo e seus momentos interiores". In *Analytica* – Revista de Filosofia, vol. 9, n. 2, Rio de Janeiro: UFRJ, 2005.

espectador de um bailado e o movimento executado, *como se* o objeto se constituísse pelo sujeito e esse tivesse um conhecimento total e absoluto do objeto em formação. Um conhecimento de dentro, interior ao objeto, uma espécie de "penetração imaginária".[25] A arte proporciona aos homens uma experiência cujo significado filosófico é reiteradamente afirmado por Bergson. O sentimento estético ilustra aqui uma experiência cuja explicitação anuncia um conhecimento, o mesmo que Bergson postulará como metafísico, de dentro e não de fora, conhecimento interior e absoluto. A mesma reflexão efetuada em relação ao gracioso, será ampliada para o belo "em geral". Basta sublinhar que Bergson definirá o "objetivo da arte" como uma atuação em nossa personalidade cujo efeito "sensível" é o de uma "docilidade perfeita", um estado em que podemos realizar a ideia sugerida pela obra ou artista, ou em que podemos efetivamente simpatizar com o sentimento exprimido. Para sustentar essa perspectiva, ele procura apontar os procedimentos pelos quais o sentimento do belo se produz, e os termos a reter aqui são *o ritmo* (fundamental na poesia, por exemplo, além da música), *a sugestão* e *a simpatia*. A sugestão é o que podemos contrapor à relação de causa e efeito, e será fundamental nas reflexões de Bergson sobre a linguagem e a arte em geral. Ele insiste sobre o

---

25 À consideração externa do objeto (ou mediada pela forma da exterioridade) própria ao conhecimento analítico, Bergson contrapõe uma consideração do objeto sem a finalidade da comparação, um olhar que procura captar o objeto no que ele tem de único e singular, e que só poderia se efetivar como intuição. A visão direta do objeto, coincidência ou simpatia, significa a apreensão de seu efetivar-se no tempo, do seu desenrolar-se. Isso impede que a relação estabelecida entre sujeito e objeto na intuição possa ser definida como mera fusão, já que um momento do devir remete necessariamente à sua continuação, a temporalidade de um objeto a ser conhecido é sempre a relação entre seus momentos interiores uns aos outros – a captação intuitiva de uma dimensão qualquer do real, a experiência efetiva apreendida de dentro é sempre a de uma relação interna entre suas fases distintas e heterogêneas. Assim, a visão interior aproxima-se da relação expressiva cujo papel na experiência é, para Merleau-Ponty, totalmente desprezado pela investigação do *Ensaio*.

efeito psicológico do ritmo sobre o sujeito, o que se completa com a ideia de que é preciso sair de alguma maneira do universo da *praxis* para entrar em contato com os sentimentos profundos. Assim, o "adormecer" aqui é relevante e vencer as resistências da atenção e da vida social é a condição para que um certo "conteúdo sentimental" seja sugerido ou comunicado.

O percurso de análise da intensidade se efetiva entre dois extremos da vida psicológica, os sentimentos profundos e as sensações simples, aquelas que estão na "ponta" da vida psíquica e apresentam-se diretamente ligadas às causas físicas (e assim ao espaço exterior). Entre estes extremos, encontramos estados eminentemente mistos, tais como o esforço muscular, as emoções violentas, estados nos quais a mistura atinge seu mais alto grau de complexidade: profundidade psicológica e superfície psicológica. A mistura neles é mais evidente porque o corpo do sujeito exercerá papel preponderante na sua experiência. O resultado da discussão de cada tipo de estado é sempre o mesmo: uma vivência progressiva e qualitativa que não corresponde a um crescimento quantitativo, isto é, estabelecido em termos de continente e conteúdo.

A complexidade crescente do que sentimos não é, pois, mero aumento de quantidade, é uma maneira mais organizada ou completa de arranjo ou conjunção de "elementos". Cabe acrescentar aqui, a título de alusão, alguma consequências filosóficas dessa passagem. Como ele mesmo explicita em *O Pensamento e o Movente*, Bergson considera que existem dois adversários maiores no campo da articulação entre psicologia e filosofia, o associacionismo (que propõe uma descrição da vida mental em termos de associação de elementos discretos e exteriores uns aos outros) e o kantismo que lhe dá sustentação ao determinar o tempo como forma pura da sensibilidade, meio da justaposição. O seguimento do *Ensaio* aprofunda a relação entre uma concepção da experiência como associação de "estados-coisas" e uma definição do tempo como forma vazia e homogênea, condição da sucessão pensada como justaposição.

Em *Matéria e Memória*, momento da obra em que a crítica ao associacionismo é de fato levado a termo, toda a argumentação se encaminha para a apreensão da lembrança pura, o virtual, inconsciente ou o passado enquanto tal, isto é, a conservação latente das lembranças – ou antes da lembrança pura, que será pensada como totalidade. A teoria positiva sobre o passado se constrói, como é regra na filosofia de Bergson, pela superação do obstáculo associacionista, ou seja, só pode ocorrer se abandonamos o ponto de vista da coisa (a lembrança feita) e adotamos o ponto de vista do fazer-se (do "virar coisa", talvez). A atitude filosófica permite que nos voltemos para a apreensão da "continuidade de devir" ao invés de substituí-la por uma "multiplicidade descontínua de elementos inertes e justapostos".[26] Ora, o que acompanhamos nas descrições dos estados em heterogeneidade contínua é a própria *experiência da continuidade*.

O percurso do *Ensaio* procura encontrar a colocação adequada do problema da liberdade, colocação que depende de um novo acesso aos fatos de consciência e da sua interpretação filosófica liberada de quadros categoriais inadequados. Assim, a argumentação dos capítulos anteriores ao terceiro, aquele em que efetivamente o problema é abordado, prepara o terreno ao apresentar uma espécie de "princípio filosófico bergsoniano", que está sendo construído – justamente a constatação que o trabalho do senso comum e seu refinamento no campo da ciência estão fundados na tendência natural da inteligência que é a "espacialização". Esse processo acaba por transformar, por conta da comodidade prática (que responde às exigência vitais e sociais), a experiência vivida em "coisa", "fato", "quadro" ou "extensão", numa operação intrínseca ao agir

---

26 *Oeuvres*, p. 148.

humano que se torna fonte dos equívocos teóricos quando aplicada à tentativa de apreensão do real, o conhecimento especulativo. No caso da liberdade, um fato que vivenciamos sempre, sua abordagem filosófica a determina como problema – o estudo que a filosofia realiza sobre a liberdade padece da confusão inerente à inteligência, a espacialização do que não é extenso.

O exame da multiplicidade dos estados de consciência é um dos primeiros patamares da crítica bergsoniana ao pensamento conceitual, na medida em que mostra o afastamento entre a consciência e a sua própria duração presente no procedimento da inteligência que a leva a colocar os problemas filosóficos em termos insolúveis. O problema clássico da liberdade, mostra o *Ensaio*, está intoxicado por esse afastamento, na medida em que "a uma possível leitura direta da liberdade, a uma familiaridade primitiva com ela, substituiu-se a leitura indireta e uma distância vivida. Entre a consciência e ela mesma introduziu-se o aluvião depositado pelo pensamento conceitual".[27] Podemos dizer que o procedimento empregado por Bergson para solucionar o problema da liberdade se resume a dissociar criticamente a noção de tempo homogêneo para desqualificar a posição do problema da liberdade decorrente da adoção deste conceito. O tempo homogêneo é espaço: portanto, o erro na abordagem metafísica da liberdade reside na sua exteriorização ou na sua apreensão através de "instrumentos espacializadores", apreensão que nega a liberdade tratando-a como coisa material. Corrigir o erro significa, no caso da liberdade, devolvê-la ao campo onde ela se dá imediatamente à consciência, significa interiorizá-la: "estabelece-se, assim, o projeto da crítica. Ela deve apresentar-se como interiorização".[28]

---

27 Prado Jr., p. 70.

28 *Idem*, p. 75.

O tempo homogêneo é o *aluvião* que separa a liberdade da consciência, e superá-lo significa recuperar a liberdade para a consciência. Essa recuperação demanda uma inversão, como bem observa Jankélévitch: "a inversão bergsoniana fundamental é a que desvia o espírito do domínio da exterioridade e o volta para o interno: a instância suprema e única jurisdição do filósofo é a experiência interna".[29] Vejamos como a crítica do tempo homogêneo ressignifica as descrições analisadas e permite encontrarmos a definição do ato livre como expressão de um eu fundamental cuja essência é sua própria história.

3) A multiplicidade interna como coesão e interpenetração — a *durée*.

As descrições dos estados de consciência não se nos apresentam ainda como a duração em sua plenitude, não podem ser identificadas à própria *durée*. Elas a anunciam, na medida em que expressam um "brotar" dos sentimentos em sua temporalidade própria. Elas abrem o olhar filosófico a uma dimensão do psicológico, da vivência interior cujo sentido ainda será explorado. Procuro ressaltar aqui que a passagem do primeiro ao segundo capítulo do *Ensaio* promove a recuperação do qualitativo (a heterogeneidade contínua em progressão) como índice de uma realidade incontornável. Já no *Ensaio*, pelo confronto entre as duas multiplicidades presentes em nossa experiência, Bergson no mostra que tudo o que responde pela conservação, coesão e continuidade nos efeitos sensíveis é uma relação dinâmica cuja manifestação nesse momento se encontra situada na profundidade da consciência. Já aqui, nossa substância é nossa história. Trata-se da interpenetração que é totalização em

---

29 V. Jankélévitch, *Bergson*, Félix Alcan, Paris, 1931, p. 36-7.

curso, uma referência dos momentos ou "partes" em formação umas às outras – relação que Bento Prado chamou de Presença (junto a) si. Se encontramos na profundidade dos nossos estados uma pura heterogeneidade, ela mostra ser relação entre si de suas próprias diferenças, isto é, as tendências internamente imbricadas cujo desenvolvimento como progressão nos dá a imagem da forma pura do tempo.

Mais que isso, as descrições nos oferecem uma expressão da experiência que escapa à grandeza intensiva uma vez que tal conceito inclui a operação de quantificação. Encontramos uma imagem do múltiplo, uma variação qualitativa que deve então ser submetida à reflexão para que se determine o seu estatuto, sua irredutibilidade à forma objetivante, ao ato de constituição objetiva. É preciso verificar se a multiplicidade encontrada nas descrições equivale ou corresponde em alguma dimensão ao modelo do processo de constituição objetiva, que é dado pela descrição da formação do número, a multiplicidade quantitativa ou distinta. E a força das demonstrações de Bergson nesse trajeto reside precisamente no modo como ele explicita a diferença irredutível entre ambas, assim como explora as consequências dessa diferenciação.

A multiplicidade numérica é um processo cuja base exige a visão no espaço. Contar significa extrair dos particulares uma unidade homogênea, sua generalidade, e produzir uma justaposição de tais unidades que só podem se distinguir por sua posição num meio vazio e homogêneo. Contar é espacializar e exige a capacidade intelectual de justapor partes exteriormente recíprocas. Trata-se da construção da multiplicidade distinta, base de todo processo de objetivação, delimitação de corpos, estabelecimento de relações e mesmo da nomeação – o espaço é meio para a linguagem e para a lógica. Ocorre que todos os fenômenos descritos na análise da intensidade se apresentaram refratários a essa forma espacial. Na verdade, sua manifestação é a de um fenômeno oposto à exteriorização em partes nítidas e composição de todos por adição dessas partes.

Ao passar à diferenciação entre as duas formas da multiplicidade, Bergson retoma a relação com a totalidade que se forma como paradigma da qualidade. Assim, a intuição da duração aqui se efetiva pela conversão do olhar, pela modificação do modo de ver os estados de consciência, isto é, pela apreensão dos sentimentos ou sensações como qualidade e não mais desdobrados no espaço. A consciência abandona algo da sua tendência a exteriorizar-se e recupera um aparecer de seus estados numa outra forma que a da justaposição: tudo se joga no modo como ela relembra um efeito sensível, um conteúdo de sua sensibilidade. Os exemplos de badaladas do sino e golpes de martelo explicitam esse aspecto qualitativo num fenômeno em que repetição e a identidade seriam a marca fundamental. Ocorre que, nessa aparente homogeneidade, a totalidade em que as unidades se articulam ou se organizam dá o tom e revela a interpenetração na base da apreensão sensível. Todo o capítulo opera por contraposição, por diferenciação, por distinção de dois modos de perceber o conteúdo da sensibilidade – um em que há projeção no meio homogêneo, outro em que há apreensão do próprio produzir-se desse efeito.

A duração concreta do eu consiste na progressão contínua de estados que é *totalização em ato*. Sua representação fiel se dá no momento em que a consciência é capaz de lembrar de seus estados sem separá-los e justapô-los, numa palavra, em tomá-los como coisas no espaço. Ao lembrarmos de nossos estados por esse esforço a representação obtida é análoga à imagem de uma frase melódica, em que heterogeneidade e solidariedade, multiplicidade e unidade coexistem. A relação entre a totalidade em formação e suas fases é dinâmica: a cada nota que se acrescenta, a melodia se modifica sem, entretanto, se desintegrar. A totalização significa uma continuidade indivisível e por isso o percurso do *Ensaio* pode

54 ENSAIOS SOBRE FILOSOFIA FRANCESA CONTEMPORÂNEA

ser dito descoberta da substancialidade[30] do eu: "a experiência estava ao alcance de todos; e aqueles que quiseram fazê-la não tiveram dificuldade em se representar a substancialidade do eu como sua duração mesma. É, dizíamos nós, *a continuidade indivisível e indestrutível de uma melodia* em que o passado entra no presente e forma com ele um todo indiviso, o qual permanece indiviso e mesmo indivisível a despeito daquilo que a ele se acrescente ou mesmo graças a isso".[31] A coesão do todo indiviso é a forma da sucessão pura, a duração em sua definição no coração do *Ensaio*: forma que nossos estados de consciência assumem quando nosso eu se deixa viver,[32] isto é, abdica de representar sua própria experiência através do esquema da espacialização.

A definição da forma pura é importante: encontramos um primeiro "conceito" ou "ideia" bergsonianos e o sujeito dessa "definição" é uma "forma assumida pelos estados de consciência". A ideia corresponde então à forma dada na experiência, obtida mediante uma atitude especial, o deixar-se viver. O eu pode abandonar um esquema representativo, o da separação ou distinção entre o estado presente e os anteriores: ele age nesse sentido e isso se identifica a deixar-se viver. Ao assim procedermos, atingimos a concepção da sucessão pura, sem distinção, a do todo cuja separação em partes *tranchées* só pode ser feita por um pensamento

---

30 Bergson não abandona os termos ligados à substância, mas trata de modificar o seu sentido: aqui e em outras passagens, a "substância" nada mais é do que conservação, persistência no ser. Haveria bastante interesse em fazer a contraposição entre os sentidos do termo nas metafísicas da tradição – infelizmente não é o caso aqui.

31 *Oeuvres*, p. 1312.

32 Trata-se da definição da *durée* mais citada e comentada pela literatura de comentadores, talvez a mais precisa no sentido bergsoniano. Reproduzimos aqui a citação toda no original: "La durée toute pure est la forme que prend la sucession de nos états de conscience quand notre moi se laisse vivre, quand il s'abstient d'établir une séparation entre l'état présent et les états antérieurs"(*Oeuvres*, p. 67).

capaz de abstrair, isto é, separar pela espacialização.[33] Temos uma organização íntima de elementos que são cada um representativo do todo.

Em contraposição a essa imagem, a consciência reflexiva "obcecada pelo espaço" introduz a separação em partes ou a imagem de "coisas" na apreensão da sucessão. Está aqui a origem da concepção associacionista (cujo fundo é o empirismo) da experiência: nós justapomos os estados de consciência de maneira a apercebê-los[34] não mais uns nos outros, mas uns ao lado dos outros e "a sucessão toma para nós a forma de uma linha contínua ou de uma série cujas partes se tocam sem se penetrar".[35] Em oposição à forma assumida pelos estados de consciência na abstração da exterioridade, a projeção da vivência interior no meio externo impõe uma nova forma à sucessão – ela a *deforma*. Essa representação, cuja artificialidade é o que Bergson demonstrou, exige a simultaneidade dos estados anteriores ao atual: apercepção, num só instante, do antes e do depois. Mais que isso, Bergson estabelece aqui uma oposição entre a interpenetração do psíquico e a impenetrabilidade do físico, oposição que somente se esclarecerá na sua metafísica da matéria, quanto ele demonstra que a impenetrabilidade é propriedade lógica e não corresponde à verdade da matéria.

A representação da experiência como justaposição de partes dá lugar, através desse trajeto, à compreensão da experiência como interpenetração, ao retorno da consciência à sua interioridade

---

33 Aqui é preciso ter cuidado com a diferença no uso do termo "abstrair": se o vigoroso esforço de abstração que a consciência efetiva para voltar-se a si mesma era a interiorização e a purificação, a abstração aqui é a própria ação da inteligência estrito senso: separar, fixar e dividir em partes um objeto. A base do raciocínio conceitual está aqui, pois ele reside na capacidade de isolar características comuns e afastar as particularidades e singularidades para generalizar.

34 Literalmente "les apercevoir".

35 *Oeuvres*, p. 68.

profunda, ao eu como uma força cujos estados se penetram. A coesão e a substancialidade são dadas desde que sejamos capazes de isolar os estados de consciência da sua representação simbólica como coisas, reencontrando um sentimento no que ele é propriamente. Os sentimentos são em perpétuo devir, e é como tal que eles nos aparecem se os consideramos "no tempo-qualidade", isto é, na duração em que eles se produzem. A imagem da melodia tem sobretudo a função de mostrar que a estrutura do tempo-qualidade é a da indissociabilidade entre todo e partes, é a da totalização em que um elemento ou momento novo se produz sobre o fundo do que o antecede, modificando esse conjunto e nele se integrando. A intuição diretriz do *Ensaio* é a apreensão dessa relação, a própria compreensão do tempo como um "plano em que o todo se re-encontra, se re-presenta, se re-percute em cada parte"[36]. O eu faz parte desse todo que ele mesmo vivencia ou presencia, está nele integrado e participa então de uma solidariedade que permite compreender a interioridade psicológica se fazendo, pela participação do eu no processo e pela visão que ela obtém do processo. A consciência está em presença do ser que se integra, mas ele a ultrapassa.

A estrutura ou forma em que a *durée* é revelada remete à sua gênese, o ato de conservação em si. Já no *Ensaio*, a configuração desse ato surge explicitamente quando Bergson trata do fenômeno capital ao trabalho da metafísica: o movimento. A exploração da redescoberta do tempo ao longo da obra de Bergson se efetiva como recuperação da experiência como totalização e como ato que responde pela conservação.[37] Além disso, se a duração em sua forma

---

36 Marquet, 2004, p. 78.

37 Não se trata de retomar essa dimensão da análise, que é tema profundamente explorado por Worms em seus textos. Ver capítulo I de *Bergson Les Deux Sens de la Vie* e, sobretudo, *A Concepção Bergsoniana do Tempo* (conforme referências bibliográficas).

própria é revelada como essa totalização dinâmica, ela é consciência no sentido mais clássico do termo: seu aparecer está inscrito em sua essência, porque ela é relação. Assim, o mesmo se dá na sua dimensão de ato – no *Ensaio,* o ato mental que é mobilidade do movimento; em *Matéria e Memória* o ato da consciência imediata e da percepção que se estende no mundo; em *A Evolução Criadora,* o ato de tensão e criação que se inverte na origem da matéria. Na primeira formulação do ato mental que é o autor da síntese, no *Ensaio,* ele se revela como síntese imanente, um "ato se fazendo" e que é em si mesmo reflexivo, como ressalta Worms num texto capital: "um ato que reflexivamente se faz a si, e por isso "aparece" a si, é ato e consciência do ato indissociavelmente, algo é feito; o fazer-se é fazendo-se porque é um contínuo, um ato que se faz e se percebe que se faz à medida que se faz: "no 'se fazendo de Bergson, o gerúndio e o reflexivo são inseparáveis".[38]

O que vale para a duração dos estados de consciência apreendidos pela análise do *Ensaio* reaparece em outros momentos da obra de Bergson: o desenrolar de nossa vida é a organização do que se passa conosco com uma totalidade anteriormente formada, a do conjunto de todos os estados pelos quais passamos, nossas vivências, ideias, os fatos de nossa vida que vão se conservando. O mesmo tipo de conjunto que o filósofo cita ao definir a duração como forma assumida pelos nossos estados mediante uma atitude do eu é o que se forma pela conservação em si do passado, e a memória como história pessoal é uma totalidade organizada e continuamente se organizando.

A compreensão da temporalidade do conteúdo da consciência torna-se possível por esse contato imerso numa *démarche* crítica e, enquanto relação solidária a uma totalidade que se re-percute em suas partes, a consciência da duração é o mostrar-se da duração

---

38 Worms, 2004c, p. 136.

58 ENSAIOS SOBRE FILOSOFIA FRANCESA CONTEMPORÂNEA

da consciência. Daí a consciência, de início subjetividade prática que recorta o mundo por suas necessidades converter-se em atriz e espectadora da temporalidade em ato, passando de consciência no sentido inicial à intuição, processo de conhecimento direto e absoluto do real.[39] A "outra metafísica" de Bergson, que terá como consequência o que Montebello bem descreve como determinação não substancial do ser, apreensão de sua "verdade absoluta no fato mesmo que o ser é relação",[40] encontra aqui sua etapa inicial, momento inaugural da teoria que retoma a vida psicológica como ligação dinâmica. Esse encontro é retomada do eu, é o próprio eu que surge à medida que a ideia de duração vai sendo delimitada. O eu profundo e fundamental é o autor e o espectador sem o qual não há conservação nem mobilidade, interpenetração e ato, isto é, não há existência.

A imagem da melodia pela qual Bergson pode sugerir o modo de ser duracional se redimensiona nas obras posteriores, mas suas características essenciais são retomadas e proporcionam as principais conclusões do estudo do dualismo e da metafísica da vida. Em *Matière et Mémoire*, Bergson nos oferece a descrição filosófica da experiência em seu sentido completo: como ação no mundo do corpo, recorte de objetos materiais e contração de vibrações numa totalidade indivisa, a subjetividade prática tem ali esclarecida sua origem e o modo como estrutura o mundo.

Mas também ali somos conduzidos ao âmago da duração como memória, seja a totalidade de uma vida individual cujos momentos se conservam em si e se expressam no caráter, seja a consciência imediata que se identifica ao próprio ato de conservação, que liga o

---

39 Isto é, nesse movimento teórico que é uma conversão que Bento Prado descreve como "introdução ao mostrar". Passamos da representação da interioridade psicológica à sua pura *presença*.

40 Montebello, 2003, p. 10.

passado ao futuro no presente fugaz de um fazer-se. A totalidade da memória é conjunto de nossas lembranças, de tudo o que vivemos e que se integra e se modifica a cada momento da vida – a bola de neve que incomoda vários leitores de Bergson.[41] A totalidade da matéria, sabemos, será compreendida como consciência neutralizada, a duração no ritmo mais distendido que é ainda, entretanto, inter-relação contínua entre seus momentos. A análise metafísica da matéria tem como principal resultado a superação da representação dos corpos distintos e a compreensão da totalidade material como continuidade indivisa.

Cabe ainda observar que é justamente essa representação de corpos distintos, cuja origem é a ação vital (tematizada em termos de relação entre imagens no famoso capítulo inicial de *Matéria e Memória*) que se impõe à consciência filosófica e ao trabalho científico quando ambos se voltam à interioridade psicológica. Há uma transposição da noção de corpo delimitado (que não é nem inteiramente fiel ao universo material, apenas está de acordo com a sua tendência) ao campo dos fatos psicológicos, o que por si só indica a importância do estudo da subjetividade prática como corpo no mundo que funda o estudo da memória e da matéria, do corpo e do espírito na análise do dualismo. Ao criticar e afastar a representação espacializada da matéria e do psiquismo, Bergson nos oferece uma nova metafísica cuja intuição central é a de que o real, em qualquer um de seus níveis de efetivação, é sempre uma continuidade indivisa, um todo em formação, um ato de formação.

---

41 Em uma importante nota apresentada na terceira parte da *Fenomenologia da Percep-ção*, Merleau-Ponty aponta na metáfora da bola de neve uma inconsistência na teoria bergsoniana do tempo: o filósofo que quis reformular a ideia de tempo teria caído no mesmo equívoco da tradução, construir "tempo com o presente conservado"(Merleau-Ponty, 1994, p. 622, nota 3).

4) A substância como durée e a liberdade como sua expressão

O conjunto organizado de momentos em interpenetração é o que sustenta a continuidade da experiência, a conservação, portanto, a sua "substancialidade" ou o seu "perseverar" na existência. A solidariedade das partes, sua unidade, é o dado relevante e ela responde pela verdadeira sucessão – que exige o espectador consciente. Há um em si dos estados que se interpenetram, na medida em que eles não são constituídos pela consciência, tal como é o caso da experiência retomada na fenomenologia de Husserl. Os momentos da consciência não são remetidos a uma subjetividade transcendental, eles ultrapassam esse esquema, uma forma *a priori*, mas só podem ser compreendidos como um em-si no seu aparecer para a consciência, numa espécie de "modo de doação". A duração, escreve Bergson, é o tempo "percebido como indivisível".[42]

As análises empreendidas por Bergson terminam por oferecer um critério de distinção entre uma representação simbólica da duração e sua realidade cuja expressão se dá de modo aproximativo por imagens – a melodia é aqui a protagonista. Os exemplos submetidos à dissociação permitem assim encontrar na experiência interior o que se apresenta como duração real. O tempo homogêneo revelando-se como mistura e construção, como conceito misto de duração ou multiplicidade heterogênea em sucessão e de exteriorização ou espacialização, faz surgir no âmbito da análise a conservação dos estados interiores, cuja forma é a interpenetração de momentos heterogêneos, forma pura da duração. Mas a análise do número também esclareceu algo não menos importante: que a exteriorização ou espacialização dessa heterogeneidade pura é uma possibilidade inscrita no coração da *durée*, que nossa consciência

---

42 Bergson, *Mélanges*, 1972, p. 907.

pode representar uma série de termos idênticos justamente porque seus estados em interpenetração subjazem ao contato instantâneo com objetos exteriores e dão condições para que um novo termo percebido venha organizar-se com a massa ou totalidade em formação e assim "a adição desse termo provoca uma nova organização do conjunto".[43]

É nesse sentido que Bergson pode dizer que a representação simbólica da duração como tempo homogêneo nos é natural, o exemplo da formação do número tomando assim um papel paradigmático para o estudo da consciência: numa sequência de números, isto é, numa série de termos idênticos, cada termo "toma para nós um duplo aspecto", idêntico a si mesmo se nos ativermos à identidade do objeto exterior, e específico se nos concentrarmos na mudança qualitativa que ele sugere ao conjunto ao qual passa a incorporar-se. O conjunto que lhe dá sentido é a totalidade que se forma nesse processo, no efetivar-se da formação do número total que opera por organização, cuja lei interna ou síntese se dá nos estados internos em interpenetração. Assim, nossa vida psicológica superficial se desenvolve num meio homogêneo, uma forma da representação que lhe cabe adequadamente.

O alcance do percurso até aqui percorrido indica a renovação da discussão da liberdade à luz da interioridade redescoberta, da profundidade de um eu cuja superficialidade constitui sua condição de sobrevivência. Nesse sentido, as duas faces da vida psicológica, eu profundo e eu superficial, diferenciam-se e dão lugar a duas formas distintas da duração, a dois modos opostos de representação, cujos conteúdos se afastam e quase que se excluem reciprocamente. Ocorre que esse dois eus são um só, ou se unem em uma singularidade individual, um ser humano que vive, trabalha e está inserido no mundo da matéria e da socialização, constituindo

---

43 Bergson, *Oeuvres*, 1991, p. 92.

62 ENSAIOS SOBRE FILOSOFIA FRANCESA CONTEMPORÂNEA

e aperfeiçoando uma representação espacial dos fenômenos. O eu da ação, contudo, não é raso, sua profundidade (que é sua própria substancialidade) foi compreendida como dimensão essencialmente qualitativa. O eu profundo ou interior, "aquele que sente e se apaixona, que delibera e decide", só pode ser descrito como uma "força cujos estados e modificações se penetram intimamente, e sofrem uma alteração profunda uma vez que se os separa uns dos outros para desdobrá-los no espaço".[44] A duração se apresenta então como qualidade à consciência imediata e o processo de dissociação analítica que ora se efetiva e se conclui identifica-se ao método operando para reconquistar o imediato, para procurar na experiência consciente a dimensão que, antes oculta, revela o aparecer imediato da duração, a progressão ou interpenetração que faz da passagem uma conservação, uma substância. A forma pura da duração é sucessão de estados heterogêneos implicados ou imbricados uns nos outros, e essa forma se conserva na consciência ou como consciência desde que a consciência não dê lugar a uma representação simbólica "tirada da extensão".

O que foi então distinguido? Bergson mesmo nos esclarece: duas formas da multiplicidade, dois aspectos da vida consciente, duas apreciações bem diferentes da duração, em que uma delas, a que responde pela sua realidade, está sempre "au-dessous de". O eu superficial é a sombra do eu profundo projetada no espaço homogêneo, sombra com a qual nos contentamos natural e normalmente, Bergson retomando aqui a metáfora platônica numa alusão relevante. O produzir efetivo dos estados conscientes e a sua projeção pela imaginação ou inteligência configuram duas formas da experiência, eis o fundamental. Tomar uma dessas formas como real, como verdade da experiência, é o divisor de águas entre as diversas formulações da filosofia. O associacionismo é a aquela cuja

---

44 Bergson, *Oeuvres*, p. 83.

contribuição à ciência foi predominante, mas que, filosoficamente, cometeu o equívoco mais comprometedor. O que Bergson mostrou foi justamente que essa representação é imaginária, que deforma conteúdo da experiência consciente e assim nos oferece uma representação infiel da mesma. Ocorre que o associacionismo condiciona uma concepção estritamente ligada ao problema metafísico da liberdade – o determinismo.

O capítulo final do *Ensaio sobre os dados imediatos da consciência* consiste num amplo estudo crítico do determinismo, da polêmica artificial que essa concepção mantém com os defensores do livre-arbítrio e de sua importância no contexto da ciência e do estudo da matéria. Discutir criticamente o determinismo significa tocar no pano de fundo geral da ciência do XIX – o mecanicismo e a tentativa de extensão das leis mecânicas a todos os fenômenos, inclusive ao campo dos fatos psicológicos. Sem entrarmos no detalhe dessa discussão, por si só um tratado metafísico, podemos apenas explicitar o vínculo direto entre a redefinição bergsoniana da liberdade, que se contrapõe ao determinismo, e a teoria das multiplicidades, justamente o momento em que a concepção associacionista teve seu lugar e sua inadequação estabelecidos.

O determinismo psicológico nada mais é senão a afirmação de que os estados de consciência se determinam uns aos outros pela associação, de que nossos atos resultam do jogo de forças entre os elementos da consciência e de sua determinação por atração e repulsão. Tratamos com um jogo em que as causas mecânicas são os agentes e a linguagem vai aparecendo como uma das instâncias de maior responsabilidade por essa representação. De fato, se não há propriamente uma teoria da linguagem em Bergson, as considerações sobre os seus limites e o seu papel estruturante na metafísica que o filósofo quer criticar não deixam que desconsideremos o papel fundamental da reflexão sobre os limites da discursividade. A linguagem congela o sentido e materializa

64 ENSAIOS SOBRE FILOSOFIA FRANCESA CONTEMPORÂNEA

o pensamento para atender às urgências da ação, da adaptação, cumprindo sua função enquanto "produto da inteligência concebida como faculdade instrumental".[45] A linguagem é natural ao homem e surge concomitantemente ao desenvolvimento da nossa espécie: "cada palavra de nossa língua é efetivamente convencional, mas a linguagem não é uma convenção, é tão natural ao homem falar quanto andar".[46] O caráter convencional das palavras nos mostra que, em sua origem, a linguagem envolve uma mobilidade de significados, uma oscilação que vai se diluindo à medida do desenvolvimento da inteligência e da ciência, movimento que visa uma fixação dos significados: "a linguagem se desenvolve à medida que se efetiva a intencionalidade pragmática e a sociabilidade – ela envolve necessariamente uma tendência à fixidez dos significados".[47] A linguagem serve à fixação e delimitação de objetos estáveis, eis o que interessa aqui, e seu papel na ciência psicológica assim como na metafísica é o nó que a filosofia de Bergson deverá desatar.

Ao esvaziar nossos atos de seu "elemento qualitativo" – isto é, agora sabemos, de sua conotação pessoal porque seu fundo é uma totalização em ato, uma história de vivências que se constrói como *durée* – a representação associacionista não faz senão seguir as indicações da linguagem, ferramenta intelectual por excelência. Se o sentimento pode ser dito um "ser que vive, que se desenvolve, que muda sem parar";[48] se nossas ideias têm contextura concreta enquanto coloração comum a todas as outras (a totalidade de nosso pensar), em contrapartida, sua nomeação impõe a sentimentos e ideias uma forma banal, aquilo que, no perfume de uma rosa, não é mais pessoal – Bergson não poderia ser mais preciso ao explicitar

---

45 Silva, F.L., 1994, p. 9.

46 Bergson, *Oeuvres*, 1320.

47 Silva, F.L, p. 11.

48 *Oeuvres*, p. 107.

essa atitude, numa frase em que muitos momentos da história da filosofia poderiam estar compreendidos: "sob essa condição somente, pudemos dar um nome à rosa e a seu perfume". Ao tentar expressar os estados de consciência por palavras, acabamos por considerar deles somente o que é "objetivo", pertencente ao domínio comum, esquecendo-nos, por exemplo, de que cada uma de nossas ideias "vive à maneira de uma célula num organismo: tudo o que modifica o estado geral do eu a modifica".[49]

Em sua conferência *Introdução à Metafísica*, Bergson acrescenta algumas indicações sugestivas a respeito do problema da simbolização, da incomensurabilidade entre a linguagem e o singular (assim como entre linguagem e heterogêneo). Uma narrativa sobre uma pessoa, tal como uma personagem de romance, somente pode nos fornecer sobre ela *pontos de vista*. Todos os traços descritos, que só podem fazer com que se a conheça por comparações a pessoas já conhecidas, são portanto *signos* pelos quais "a exprimimos mais ou menos simbolicamente".[50] Símbolos e pontos de vista só fazem conhecer da pessoa aquilo que tem em comum com os outros e não lhe pertence propriamente. O que lhe é próprio constitui a sua essência, não pode ser percebido de fora, pois é por definição interior; o que lhe é próprio também não pode ser expresso por símbolos, pois é incomensurável com qualquer outra coisa.

A simbolização, ainda que indicativamente, diferencia-se da noção de expressão tal como ela surge na filosofia de Bergson. Com efeito, nessa mesma conferência, ao retomar alguns resultados do

---

49 *Idem*, p. 89. Bergson confere algum valor a essa representação associacionista dos sentimentos ou ideias, mas apenas no âmbito da superficialidade do eu que é, entretanto, de maior relevância prática e compõe de fato uma dimensão de nossa experiência consciente. Haveria como discutir essa pertinência e mostrar como a psicologia ainda poderia, em alguma medida, tirar proveito desse modo de pensar o psicológico. Não é nossa intenção aqui entrar nesse pormenor.

50 Introduction à la métaphyisque, *Oeuvres*, p. 1394.

66   Ensaios sobre filosofia francesa contemporânea

Ensaio, o filósofo enfatiza que um estado psicológico, na medida em que pertence a uma pessoa, reflete o conjunto de uma personalidade. Assim, por seu pertencimento, ele reflete a totalidade à qual pertence e da qual ele não se separa totalmente, inteiramente. Ele traz em si uma marca desse pertencimento, que Bergson está chamando de "refletir" ou mesmo "expressar".

Há, portanto, um sentido de "expressar" que impõe conter o todo, apresentar na sua própria presença a marca do pertencimento. A relação de pertencimento no caso da vida psicológica, o fazer parte, significa mais que tudo esse incluir o pertencimento em si, apresentá-lo na sua própria "apresentação". A psicologia, em seu esforço de análise para proceder como ciência, acaba justamente por dividir essa totalidade em elementos independentes, retirando partes ou momentos da individualidade para inseri-los num esquema comum, num nome ou num conceito. A via para a psicologia científica se apresentou sempre como a representação associacionista, justamente porque ela é a concepção natural à inteligência discursiva.

Essa referência à linguagem atesta a notável consistência do percurso de conjunto do *Ensaio*, cuja unidade é formulada desde o seu prefácio. Bergson abre a obra pela famosa afirmação de que "Nós nos exprimimos necessariamente por palavras, e nós pensamos o mais frequentemente no espaço", e a continuação explica exatamente o que se configura como erro capital da metafísica. A linguagem procura separar as coisas como objetos exteriores entre si no meio homogêneo, estabelecendo distinções nítidas tais como as que percebemos entre os objetos materiais. Aquilo que é útil à prática, assimilação do contínuo e heterogêneo ao descontínuo e homogêneo, vicia e compromete a teoria, implicando uma confusão originária entre a extensão ou o espaço e a duração. Essa confusão responde pela má formulação dos problemas em filosofia. O falso problema da liberdade tem sua origem na confusão entre extenso e inextenso que se explicita na concepção do tempo homogêneo e na representação associacionista da vida do espírito, como vimos. Se a confusão foi desfeita e seus elementos esclarecidos pela teoria das multiplicidades, o problema se dissolveu.

É assim que a teoria das multiplicidades aparece como fundamento da compreensão da liberdade. Se a filosofia abre mão da tendência racional em separar o eu em estados independentes (isto é, abrir mão de generalizar e substituir a experiência concreta por uma concepção artificial), ela reencontra o eu profundo cujas ações são livres desde que se efetivem em continuidade com ele. A liberdade não aparece mais como problema desde que a consciência filosófica perceba a "correlação íntima entre a faculdade de conceber um meio homogêneo e a de pensar por ideias gerais".[51] A superação da tentativa de reconstruir o eu através de partes destacadas se efetiva no momento em que restituímos os estados ao eu a que pertencem, numa integração que lhes devolve sua coloração especial, sua essência. Um único estado reflete então a vida individual em que ele mesmo vive e o conhecimento de uma pessoa pode ser atingido se soubermos bem escolher um de seus estados, no qual ela pode estar inteiramente: "a manifestação exterior desse estado interno será precisamente o que se denomina um ato livre, uma vez que somente o eu será o seu autor, uma vez que essa manifestação exprimirá o eu inteiro".[52] A ação livre é aquela que se liga de modo mais intenso à personalidade do eu, à sua história, à totalidade em formação que ele é, em suma, ao eu profundo ou fundamental. Dado que essa relação pode se dar em graus distintos, a liberdade não é absoluta, terá intensidades distintas conforme a tensão maior ou menor dessa ligação.

O eu profundo é a *durée*, a sucessão contínua de suas mudanças, a integração incessante de seus estados. A multiplicidade qualitativa e indistinta, ilustrada pela melodia, é o eu em sua profundidade,

---

51 *Oeuvres*, p. 108.

52 *Idem*, p. 109.

68 ENSAIOS SOBRE FILOSOFIA FRANCESA CONTEMPORÂNEA

cujas ações podem ou não se efetivar em ligação concreta consigo. As ações assim realizadas terão com o eu a mesma semelhança que uma obra de arte tem com seu autor, justamente o produto de uma atividade que não se submete ao finalismo prático e se liberta do jogo da exteriorização. É claro, ainda nos adverte Bergson, que por sua definição mesma já sabemos que os atos livres são extremamente raros. Não sabemos ainda, e essa é uma das tarefas herdadas pela obra seguinte, quais são as condições do mundo que dão sustento a esses atos – se os atos livres são imprevisíveis e criadores, aspectos que a analogia com a arte nos permite considerar, o mundo material deve ter alguma possibilidade de indeterminação, sem o que o ato livre seria uma definição pairando no ar. Os atos de que somos efetivamente autores têm efetividade no mundo? Somente uma concepção de matéria pode responder a essa questão, e o problema do dualismo se apresenta como o próximo desafio a enfrentar. Por ora, entretanto, ao descobrir e comunicar a duração como verdade do eu profundo, Bergson foi capaz de mostrar, pela relação entre totalização e expressão, que "agir livremente é retomar posse de si, é colocar-se na pura duração".

Bibliografia

BERGSON, H. *Oeuvres*. Éd. du Centenaire. Paris: PUF, 1991.

_____. *Essai sur les données immédiates de la conscience*. Col. Quadrige, édition critique sous la direction de F. Worms. Paris:PUF, 2007.

DELEUZE, G. *Bergsonisme*. Paris: PUF, 2004 (col. Quadrige).

DURING, E. "Presénce et répétition: Bergson chez les phénoménologues". *Critique*, LIX (678), nov 2003, p. 848-64.

JANKÉLÉVITCH, V. *Bergson*. Paris: Felix Alcan, 1031.

MARQUET, J-F. *Durée bergsonienne et temporalité*. In: *Bergson, la durée et la nature*. Viellard-Baron (Ed.), Paris: PUF, 2004.

MERLEAU-PONTY, M. *Fenomenologia da Percepção*. Trad. Carlos Alberto R. de Moura. São Paulo: Martins Fontes, 1994.

MONTEBELLO, P. *L'autre métaphysique*. *Essai sur Ravaisson, Tarde, Nietzsche et Bergson*. Paris: Desclée de Brouwer, 2003.

PRADO Jr., B. *Presença e Campo Transcendental – Consciência e Negatividade na Filosofia de Bergson*. São Paulo: Edusp, 1989.

SILVA, F.L. *Bergson, Intuição e Discurso Filosófico*. São Paulo: Loyola, 1994.

VIELLARD-BARON, J-L. L'intuition de la durée, expérience intérieure et fécondité doctrinale. In: *Bergson, la durée et la nature*. Paris: PUF, 2004.

WORMS, F. *Bergson: les deux sens de la vie*. Paris: PUF, 2004.

_____. (org) *Annales Bergsoniennes I*: Bergson dans le siècle. Paris: PUF, col. Epiméthée, 2002.

_____.(org.) *Annales Bergsoniennes II*. Bergson, Deleuze, la Phénoménologie. Paris: PUF, Col. Epiméthée, 2004b.

_____. A concepção bergsoniana do tempo. In: Doispontos – Revista dos Departamentos de Filosofia da Universidade Federal do Paraná e de São Carlos. Volume 1, número 1, 2004c.

_____.*Le vocabulaire de Bergson*. Paris: Ellipses, 2000.

Do papel do corpo como limitador da vida do espírito com vistas à ação: notas sobre o dualismo de Bergson

Maria Adriana Camargo Cappello

Campo de imagens

"O corpo, sempre orientado para a ação, tem por função essencial limitar, em vista da ação, a vida do espírito".[1] Com essa afirmação, que confirma seu dualismo, Bergson apresenta a conclusão geral das análises do fenômeno da percepção e da memória – desenvolvidas nos três primeiros capítulos de *Matéria e Memória* –, e inicia a exposição de suas teses sobre a natureza da matéria – no quarto capítulo do mesmo livro.

De fato, a defesa de sua hipótese de representação – ou da relação entre o corpo e o espírito, de que trata o texto –, tanto no que diz respeito à percepção quanto à memória, parte de sua crítica à noção clássica de representação, que implica uma crítica à distinção de natureza entre representação e representado e, mais especificamente, da restrição da representação à esfera da

---

1   Bergson, H., 1999, p. 199.

interioridade de um sujeito, o que resultaria, segundo Bergson, na impossibilidade mesma de sustentar o dualismo.

É fato também que, para Bergson, a consideração da representação como um estado psíquico, distinto por natureza daquilo que é representado, resultaria, a partir de uma abordagem idealista – que parte da representação para dela deduzir o representado – em um imaterialismo, uma vez que, preso às suas representações, o sujeito não precisaria, nem poderia, afirmar a realidade de uma natureza distinta da sua. O representado, enquanto realidade distinta – matéria, – independente de um sujeito de representação – espírito –, passa a ser uma hipótese resultante de um processo de alienação desse mesmo sujeito, que não se reconhece a si mesmo em suas representações. É nesse sentido que, para Bergson, a consequência metafísica da hipótese idealista é um imaterialismo, assumido ou não.

Por outro lado, sob o ponto de vista do realismo – que parte do representado para dele deduzir as representações –, acaba-se por transformar essas representações no efeito "psíquico" de ações que ocorreriam no âmbito do representado, no caso, da matéria em geral sobre um corpo em particular, mais especificamente, sobre um centro nervoso. Sendo assim, a hipótese realista não teria como escapar do próprio materialismo, uma vez que, ao assumir que a representação surge como efeito de uma ação da matéria sobre a matéria, esta mesma representação, e o psíquico que a caracteriza, surge como um epifenômeno da matéria, como "uma matéria sublimada", não havendo mais necessidade, nem possibilidade, de explicar tal representação como afecção de uma natureza distinta, a espiritual, pela matéria.

É assim que o idealismo e o realismo, justamente por partirem de uma epistemologia que distingue, desde o início, a natureza do representado da natureza da representação não são capazes de sustentar tal distinção e são levados a afirmar a tese metafísica ou da realidade do representado – realismo/materialismo –, ou da realidade da representação – idealismo/espiritualismo.

É justamente essa encruzilhada teórica que Bergson acredita poder evitar suspendendo as teses que nos desviam da experiência na sua direção. Suspensão de teses e descrição da experiência a partir de um recuo às suas condições necessárias tematizadas na caracterização de um *campo de imagens*. Com efeito, se a caracterização desse campo de imagens é, inicialmente, o resultado da suspensão da tese de que existem objetos por si, assim como da tese de que existem apenas para um sujeito, é justamente porque Bergson procura se manter naquilo que é irredutível à experiência que ele quer compreender a partir da redução às suas condições necessárias, a saber, o fato mesmo que caracteriza uma presença, a possibilidade de ser vivida e descrita em sua inteireza. Assim, Bergson acredita estar autorizado a descrever esse campo das condições originais da experiência segundo o caráter pitoresco dessa mesma experiência, porque, não descrevê-lo dessa forma é, já, assumir a tese realista das virtualidades ocultas. Daí, também, a importância do último capítulo de *Matéria e Memória*, no qual Bergson apresenta sua metafísica da matéria, pela qual ele espera defender a tese da realidade desse caráter pitoresco, evitando, portanto, qualquer inflexão no sentido da um idealismo que, para afirmar tal caráter pitoresco tivesse de roubar-lhe a existência própria, até, finalmente, poder sustentar – com o senso comum, e contra o idealismo e o realismo – que "o objeto existe em si mesmo e, de outro lado, [que] o objeto é, em si mesmo, pitoresco como nós o percebemos: é uma imagem, mas uma imagem que existe em si."[2]

E será, então, dado esse primeiro passo, assumindo esse caráter pitoresco da realidade, como condição que a constitui, e pelo qual

---

2 Bergson, H., 1999, p. 2.

74 ENSAIOS SOBRE FILOSOFIA FRANCESA CONTEMPORÂNEA

ele a chama de campo de imagens, Bergson volta à experiência efetiva e passa a descrevê-la a partir das relações estabelecidas entre aquelas imagens que, agora, distintas umas das outras, atuam umas sobre as outras, recebendo e devolvendo movimento de modo inteiramente determinado, e do intercâmbio destas com aquelas imagens, análogas ao que ele chama de corpo-próprio, que introduzem indeterminação nessas relações.

É importante notar aqui que se as imagens que introduzem indeterminação no sistema são identificadas ao corpo-próprio, a partir de uma distinção inicial entre imagens conhecidas do exterior, pela percepção, e uma dentre elas conhecida do interior, pela afecção, tais caracterizações psicológicas servem apenas de uma mediação para chegar a caracterizar a distinção entre as imagens, como tudo o que a elas se refere, em termos estritamente físicos, ou seja, em termos de movimento, impulso, relação de continente e conteúdo, etc.[3] Com efeito, a remissão à afecção, feita e imediatamente abandonada, nessas primeiras páginas de *Matéria e Memória*, nos leva justamente às condições em que a afecção surge – inicialmente, no nosso corpo; por analogia, nos demais corpos organizados; na história mesma da evolução dos corpos organizados; e na consciência individual que com eles tem nascimento –,[4] a saber, a presença de hesitação, postergação, interdição, escolha, em suma, de indeterminação.

Cabe ainda notar que é nesse processo de depuração, que procura descrever o campo da experiência, sempre em termos de imagens, para que esta descrição esteja alerta em relação às teses subjacentes e não reveladas, que Bergson, ao acreditar encontrar as

---

3 Bergson, H., 1999, p. 18, "Mas a verdade é que os movimentos da matéria são muito claros enquanto imagens, e que não cabe procurar no movimento algo além do que vemos nele (...)".

4 *Idem, ibidem*, p. 11-2.

condições originárias dessa experiência, irá enunciar suas próprias teses a respeito da natureza daquilo que é dado em experiência, sua própria metafísica.

É assim que, num primeiro movimento de recuo e avanço, que se mostrará constante, Bergson, imediatamente após suspender as teses sobre a realidade e idealidade da matéria e de apresentá-la em termos de algo passível de ser dado na experiência, ou seja, de apresentá-la em termos de presença, é levado a iniciar sua descrição do campo das imagens recorrendo às categorias de sujeito e objeto, embutidas naquilo que também poderia ser descrito como a relação entre o espetáculo das imagens e o espectador que se abre ou não para elas: "Eis-me diante de imagens, no sentido mais vago do termo, *imagens percebidas quando abro os meus sentidos, não percebidas quando os fecho.*"[5]

Movimento de avanço e recuo contínuos que se evidenciará, na sequência, justamente pelo recuo dessa relação sujeito/objeto – e das hipóteses realistas e idealistas, fundadas na precedência ou do objeto ou do sujeito – para avançar a descrição da experiência, a partir do critério da determinação, indeterminação, pelos quais se constituem um sistema centrado e outro descentrando:

> Eis um conjunto de imagens que chamo de minhas percepções do universo, e que se transforma inteiramente por pequenas variações de uma certa imagem privilegiada, meu corpo. Essa imagem ocupa o centro: por ela se regram todas as outras; a cada movimento seu, tudo se transforma, como se tivéssemos girado um caleidoscópio. Eis, de outro lado, essas mesmas imagens, mas relacionadas cada uma a si mesma; sem dúvida se influenciando entre

---

5   Bergson, H., 1999, p. 11 (grifo nosso).

si, mas de modo que o efeito reste sempre proporcional à causa: é o que eu chamo de universo.[6]

É, portanto, pela própria descrição do corpo em termos de imagens, nesse caso, de um mecanismo sensório-motor, que Bergson nega, em qualquer sistema que nos postemos, que esse corpo possa fazer surgir uma representação da matéria – imagem, esta também e, enquanto tal, de mesma natureza que o corpo. E será pela análise do fenômeno da percepção, comprovada pela análise do fenômeno da memória, que ele espera poder afirmar que a representação da matéria pressupõe uma realidade que vai além do papel exercido pelo corpo, o qual, reduzido ele mesmo ao estatuto de representado, teria sua ação limitada a de um centro de troca de influências e ações possíveis de serem detectadas nessa esfera. É, portanto, pela análise da percepção e da memória que Bergson acredita ter apontado para o estabelecimento de um outro dualismo que não aquele posto e, ao mesmo tempo, condenado, pelas teorias clássicas da representação. Um dualismo que surja, justamente, de um recuo em relação ao sujeito e objeto clássicos dessa representação, no sentido da gênese de ambos.

Entretanto, reduzido o papel do corpo a um centro de ação e negada sua capacidade de produzir representação, no contexto da metafísica da matéria, Bergson vai além e afirma que a ação então caracterizada, e da qual o corpo é núcleo, é também limitante da vida do espírito.

Retomemos então os termos em que o papel do corpo é descrito em uma e outra análise e vejamos de que forma tal limitação se exerce, e em que medida essa sua aplicabilidade ao espírito pode nos revelar algo mais sobre a relação entre ambos e a caracterização de cada um.

---

6 *Idem, ibidem*, p. 20.

Representação-percepção

No caso da percepção, uma vez que se postula que o corpo, como instrumento de ação, não pode engendrar representações, mas apenas efetuar, a partir de suas possibilidades de ação, o recorte de um conjunto de imagens em um campo de imagens dado, tal ação limitante se dá, portanto, justamente como essa seleção, esse discernimento que, como já notou Bergson, indica a atuação do espírito.[7]

> Pelo lugar que ocupa a todo instante no universo, nosso corpo marca as partes e os aspectos da matéria por nós apreciados: nossa percepção, que mede justamente nossa ação virtual sobre as coisas, limita-se, assim, aos objetos que influenciam atualmente os órgãos e preparam o movimento.[8]

Nesse sentido, a restrição do papel do corpo a um mecanismo sensório-motor que recebe influências do exterior e responde com ações, e o estabelecimento da relação entre essas ações e o discernimento, no campo de imagens, daquelas que seriam dadas na percepção, por um lado, limitam a apreensão da totalidade das imagens e, por outro, possibilitam a própria percepção consciente. Isso porque uma hipotética percepção total equivaleria àquela percepção *inconsciente* de um ponto material qualquer que, "em sua instantaneidade, é infinitamente mais vasta e completa que a nossa, uma vez que esse ponto recolhe e transmite as ações de todos os pontos do mundo material".[9] Portanto, é toda estrutura

---

7 Bergson, H., 1999, p. 35.

8 *Idem, ibidem*, p. 199.

9 Bergson, H., 1999, p. 35.

sensório-motora análoga ao que Bergson chama de corpo-próprio que possibilita o recorte, a seleção, a limitação da totalidade das imagens, as quais então se tornam representação ao se destacarem como quadros percebidos atualmente (consciência de fato) de um todo potencialmente percebível (consciência de direito). Sendo assim, se levarmos em conta que a consciência individual – aquela que efetivamente experienciamos – será constituída justamente a partir da permanência de imagens assim destacadas do todo, seremos levados a concluir que o corpo, instância a partir da qual essas imagens se destacam, limita a vida do espírito no sentido mesmo em que circunscreve a experiência fundadora da consciência humana.

Em outras palavras, se imagens são destacadas a partir da ação do corpo, é porque a ação, ou seja, a quebra das relações necessárias que ali se efetuam, assim determina. Mas a quebra dessa necessidade inerente ao campo das imagens só ocorre porque observamos a vigência de um princípio de organização que atua, inicialmente, sobre uma parte dessa matéria, o corpo, que então tem sua relação alterada com aquilo que passa a se distinguir dela, a partir dessa mesma organização. Por outro lado, esse princípio geral do qual proviria a alteração de uma ordem de interações determinada só pode gerar essa alteração que, por sua vez, resulte em destacamento de um grupo de imagens – representação – se tiver essa capacidade de alteração limitada, limite que justamente toma a forma da porção desse universo a ser alterado que irá se constituir como centro mesmo dessa alteração, ou seja, o corpo próprio. Portanto, o papel do corpo próprio revela seu caráter limitante em relação ao espírito, ao considerarmos o espírito como aquele princípio organizador – não deduzível do universo da matéria inorgânica – que se exerce na montagem de estruturas sensório-motoras com vistas à ação na medida mesma da resistência sofrida.

Isto quer dizer que, o corpo, ou a resistência à atividade organizadora que pode ser chamada de espírito, memória pura, ou élan vital, tem por resultado a pulverização de uma ação totalizante em inumeráveis ações particularizadas, de uma consciência unitária, em inúmeras consciências.

Representação-lembrança

Se assim pudemos mapear a função limitante desse centro de ação que constitui o corpo vivo a partir da descrição das condições da representação-percepção, o que podemos observar quanto à ação limitante do corpo quando se trata da representação-lembrança?

A definição dessa ação limitante, desenvolvida a partir da análise das relações entre a "memória e o cérebro" no segundo capítulo de *Matéria e Memória* (e que acabam por resultar em uma análise sobre as relações entre a "memória e o espírito", no terceiro capítulo), é resumida por Bergson da seguinte forma:

> O papel do corpo não é o de armazenar lembranças, mas simplesmente de escolher, para levar à consciência distinta, pela eficácia que ele confere a ela, a lembrança útil, aquela que completará e esclarecerá a situação presente em vista da ação final.[10]

Como mecanismo sensório-motor, se existe alguma retenção de experiências passadas – ou seja, algum tipo de memória – que possamos identificar no corpo vivo, esta só poderá se dar na forma mesma pelas quais essas ações são retidas ou executadas a partir desse mecanismo. O que, por outro lado, significa que a manutenção

---

10 Bergson, H., 1999, p. 199.

de imagens, que uma vez foram recortadas no universo das imagens – e a que também chamamos de memória –, deve se efetuar de um modo independente desse mesmo mecanismo corpóreo. A partir disso, Bergson é levado a identificar dois tipos de memória distintos e independentes que, no entanto, como a análise da percepção e do reconhecimento demonstram, estão em constante relação.

A primeira, exemplificada por Bergson como aquela capacidade de memorizar um poema, se caracterizaria como uma *ação*, ou melhor, como a decomposição de uma ação vivida (as várias leituras que se seguem ao primeiro contato com o poema em vista de sua memorização), seguida da recomposição atual dessa ação (a execução do poema memorizado), o que implica a constituição de um hábito corpóreo justamente pela repetição contínua do esforço exigido nessa recomposição; repetição que, "como todo exercício habitual do corpo, é armazenad[a] em um mecanismo que emite uma impulsão inicial em um sistema fechado de movimentos que se sucedem em uma mesma ordem e ocupam um mesmo tempo".[11] Trata-se, portanto, de uma *memória* que se caracteriza por uma disposição para agir determinada pelos mecanismos motores formados pelos movimentos que continuam as imagens que constantemente se alinham em um outro tipo de memória, constituída, então, por *representações*.

Assim, ainda levando-se em conta o poema, esse segundo tipo de memória seria exemplificado pela *lembrança* de cada uma das leituras que foram feitas tendo em vista a memorização anteriormente citada (ou seja, aquela aquisição de um hábito pela repetição de um esforço). Não se trata mais de um mecanismo de ação, e sim de um modo de conservação de *representações* relacionadas a ações passadas. Aqui, nada remete à repetição, mas, ao contrário, à conservação de experiências vividas, as quais,

---

11 Bergson, H., 1999, p. 84.

apenas por terem se dado na duração inerente a essas experiências, já se distinguem umas das outras. E não se trata mais também do aspecto motor vivido nessa experiência, mas das imagens recortadas a contar dessa atividade motora e que, imediatamente após terem sido assim distinguidas do todo, foram mantidas na esfera individual da subjetividade que tem como base esta atividade motora. Cabe observar, ainda, que tal conservação estende-se a todas as imagens, sem nenhuma indicação de seleção que pudesse remeter ao princípio de utilidade prática da memória-hábito, mas por pura necessidade natural.[12]

Temos, portanto, de um lado, uma memória-hábito, que diz respeito à determinação de ações específicas a serem realizadas por determinados corpos no sentido de sua preservação. Sendo assim, é uma memória voltada para o futuro, ou para a melhor forma de determinar esse futuro, uma vez que a predeterminação da ação existe em vista da maior eficácia de ação de um corpo vivo interessado em se perpetuar:

> nossa existência decorre entre objetos de número restrito, que passam mais ou menos frequentemente diante de nós. Cada um deles, ao mesmo tempo em que é percebido, provoca de nossa parte movimentos ao menos nascentes pelos quais nos adaptamos a eles. Esses movimentos, ao se repetirem, criam um mecanismo, passam ao estado de hábito e determinam em nós atitudes que se seguem automaticamente à percepção das coisas. Nosso sistema nervoso, dizíamos, não teria sido destinado a outro uso. Os nervos aferentes levam ao cérebro uma excitação que, depois de ter escolhido inteligentemente seu caminho, se transmite a mecanismos motores criados pela repetição. Assim se produz a reação apropriada, o equilíbrio com

---

12 Cf. Bergson, H., 1999, p. 86.

o meio, a adaptação, em uma palavra, que é o fim geral da vida.[13]

E, de outro lado, há a memória-representação, feita de passado, que ela conserva, sem qualquer critério de utilidade, visto que mantém todas as imagens vividas, indiscriminadamente. "Esta retém a imagem das situações pelas quais ela passou, parte por parte, e as alinha na ordem em que se sucederam."[14] No entanto, ao se afirmar essa conservação de todas as representações vividas independente desse corpo, surge como consequência a questão prática sobre a relação entre essas imagens assim conservadas e as imagens atualmente percebidas pela constante atuação do corpo, ou sobre como efetivamente se daria essa conservação do passado em sua regulação com o presente. Pois, como se poderia evitar a sobreposição de umas às outras, dado que o passado, conservado em sua inteireza, é, em termos de imagem, muito mais *volumoso* que o presente, ou, nas palavras de Bergson, "ao se conservarem na memória, ao se reproduzirem na consciência" tais imagens não iriam "desnaturar o caráter prático da vida, misturando o sonho à realidade?".

Parece ser o que ocorreria, se o corpo vivo, interessado sempre em sua sobrevivência e, nesse sentido, voltado sempre para o campo de imagens que se estende ao seu redor, não tivesse a capacidade de constantemente relegar tais imagens, que vão se formando por sua ação, para uma zona de inconsciência, em vista de novas ações e de novas imagens. Zona de inconsciência – denominada por Bergson de *memória pura* – onde as representações passadas permanecem, embora necessariamente indistintas, e de onde voltam a se distinguir, i.e., voltam a ser imagens, na medida mesma de sua utilidade,

---

13 *Idem, ibidem*, p. 89.

14 Bergson, H., 1999, p. 94.

quebrando o obstáculo imposto pela ação, sempre que as afecções que uma vez a elas antecederam, com todas as possibilidades de ação que então se desenharam, se apresentem novamente, pelo que, então, elas poderiam aclarar a ação presente.[15]

> Com efeito, enquanto os aparelhos motores se montam sob a influência das percepções cada vez melhor analisadas pelo corpo, nossa vida psicológica anterior está ali: ela sobrevive, – como procuraremos provar – com todos os detalhes de seus acontecimentos localizados no tempo. Incessantemente inibido pela consciência prática e útil do momento presente, quer dizer, pelo equilíbrio sensório-motor de um sistema nervoso tencionado entre a percepção e a ação, essa memória espera apenas que uma fissura se declare entre a impressão atual e o movimento concomitante para passar por ela suas imagens.

Sendo assim, se nossas representações se mantêm como lembranças, independentemente de mecanismos corpóreos, portanto, autônomas em relação ao próprio universo da matéria do qual elas se originaram, é justamente porque se constituem como essa memória pura, essa realidade que poderíamos considerar como parte daquilo que Bergson chamou de vida do espírito. Além disso, se os mecanismos corpóreos que se efetuam no presente são efetivamente os responsáveis pela inibição dessas representações retidas em uma zona de inconsciência, então a limitação da vida do espírito, no caso da memória, pela ação do corpo, estaria configurada.

---

15 *Idem, ibidem*: "se nossa consciência atual, consciência que reflete justamente a exata adaptação de nosso sistema nervoso à situação presente, não descartasse todas as imagens passadas que não podem se coordenar com a percepção atual e formar com ela um conjunto útil".

Nesse momento, no entanto, não será preciso, para sustentar a manutenção dessas experiências vividas, como estados psíquicos independentes de qualquer mecanismo corpóreo, em um memória pura, negar que a consciência seja uma característica intrínseca a estados psíquicos?

Mas, se assim for, não estaríamos aqui, paradoxalmente, caracterizando como inconsciente justamente o domínio da representação, aquele mesmo da vida independente do espírito, que costumamos identificar à consciência pura?

Mais uma vez será preciso nos lembrar de que não nos encontramos mais no universo da representação clássica, do interior do qual tal estranhamento se daria. E, nesse sentido, o próprio estranhamento é sinal de que Bergson teria conseguido romper de fato com esse universo, como ele se propõe.

Aqui, justamente o que não se pode dar é a distinção entre matéria e representação da matéria, por um lado, pela consciência, inerente à substância pensante na qual tal representação se daria e, por outro, pela inconsciência, inerente à substância extensa.

Ao contrário, o que existe, de um lado, é uma apreensão consciente da matéria que se efetiva pela ação real de uma parte dessa matéria sobre seu entorno. Ação que, por sua vez, pode ser reputada a um princípio que não se resume a essa matéria, mas que nela se atualiza. De outro lado, a conservação das imagens então apreendidas que, por não mais se distinguirem das anteriormente percebidas e também conservadas, assumem um estado que, paradoxalmente, somos obrigados a identificar a um estado de inconsciência. Conservação que, em última instância, teria também de ser reputada ao mesmo princípio de ação identificado na percepção consciente.

No entanto, como Bergson nos adverte, é apenas por termos identificado, segundo os parâmetros cartesianos, estados psicológicos à consciência, que não podemos compreender a existência de algo que se conserve de forma inconsciente e como estado psicológico. Assim como, por termos identificado a matéria a uma realidade que segue uma ordem por si mesma oculta à consciência, é que não poderíamos compreender sua existência como potencialmente consciente.

> Pouco importa a teoria da matéria que você defenda: realista ou idealista, quando você fala da cidade, da rua, dos demais cômodos da casa, evidentemente pensa em inúmeras percepções ausentes da sua consciência e, no entanto, dadas ao seu redor. Elas não se criam à medida que sua consciência as acolhe elas já estão ali de alguma maneira e, uma vez que sua consciência não as apreende, como elas poderiam existir a não ser em estado inconsciente? Por que então uma existência fora da consciência nos parece clara quando se trata de objetos, obscura quando falamos do sujeito?[16]

Assim, para Bergson, essa existência, tanto dos estados psíquicos quanto dos objetos materiais, implica ao mesmo tempo, ainda que em graus diferentes, a *apreensão consciente* e a *conexão regular*. É apenas por que cada uma dessas realidades apresenta as duas características em graus diferentes que costumamos admitir que elas possuem apenas aquela característica que se apresenta em grau mais elevado. Com efeito, os estados psíquicos teriam a primeira condição satisfeita em maior grau uma vez que sua apresentação à consciência é perfeita porque total, condição que, por outro lado, seria menos satisfeita pela realidade da matéria em virtude da multiplicidade de elementos não percebidos pela consciência a qual, justamente, faria a ligação entre aquilo que percebemos e os demais objetos. Por outro lado, em razão dessa

---

16 Bergson, H., 1999, p. 158.

ligação feita pela consciência em detrimento da multiplicidade não percebida, a ordem entre os objetos levaria à afirmação de uma relação necessária que seria negada aos estados psíquicos atuais uma vez que sua determinação, dada em grande parte pelo passado, é bastante mais contingente. Desse erro, segundo Bergson, frequentemente cometido pela abordagem intelectualista, seguir-se-ia a "impossibilidade de dar aos objetos materiais existentes, mas não percebidos, a menor participação na consciência, e aos estados interiores não conscientes a menor participação na existência".[17]

No entanto, é pela própria observação das condições em que a consciência se apresenta que podemos observar tanto a existência de estados psíquicos inconscientes quanto o caráter consciente de partes da matéria. Pois se a consciência se apresenta quando há uma decisão a ser tomada ou uma ação a ser executada, é justamente quando um estado psíquico está, ao contrário daquele conservado inconsciente na memória pura, unido a um mecanismo sensório-motor, colado à matéria. E, nesse sentido, consciência não mais se caracteriza como estado psíquico interior a um sujeito e inconsciência como matéria, mas consciência se caracteriza como *estado presente*, por oposição à inconsciência do passado guardado na memória pura e ao futuro de que é prenhe a matéria não atualmente percebida.

Pois o que configura a união entre um estado psíquico e um mecanismo sensório-motor senão uma sensação unida a um movimento, ou seja, a caracterização mesma de Bergson de um *presente* que se torna consciente na percepção? Ora, para Bergson, o presente real, que necessariamente deve ter uma duração, está aquém daquele ponto matemático no qual os associacionistas o colocam, portanto, já no passado imediato, e também além dele, vetorizado na direção do futuro sobre o qual se efetivará uma ação.

---

17 *Idem, ibidem*, p. 164.

E, nesse sentido, "o passado imediato, enquanto percebido, é [...] sensação, uma vez que toda sensação traduz uma longa sucessão de excitações elementares; e o futuro imediato, enquanto se determina, é ação e movimento. *Meu presente é*, portanto, ao mesmo tempo, *sensação e movimento*".[18]

Sensação e movimento que estão ausentes naqueles estados psíquicos conservados na memória pura, uma vez que, ali, não mais inseridos na realidade da matéria, não mais podem receber ou executar movimentos – não mais são ativos – e, não mais submetidos à duração própria a esta realidade, perdem a distinção característica da imagem percebida, ou da sensação, assumindo a inconsciência da indistinção.

Assim, a partir da diferenciação, pela análise da memória, entre um hábito e a memória propriamente dita, aquela que diz respeito à conservação de experiências vividas, evidencia-se a existência dessa instância de conservação de experiências – a memória pura – totalmente independente da própria instância em que estas experiências se dão – a matéria e a consciência que a ela se cola. Independência que, por sua vez, denota uma distinção de natureza, uma ativa e sensível, a outra inativa e não-sensível. No entanto, como essa atividade e esse caráter sensível estão na origem mesma daquilo que é inativo e não sensível, há, ao lado dessa distinção radical, o caminho de uma continuidade. Continuidade que se evidencia, tanto na passagem da percepção à lembrança, quanto da lembrança à percepção, quando então, convocadas por uma ação presente, estas lembranças pouco a pouco vão se distinguindo até, em estado de percepção distinta, tornarem-se novamente imagem, novamente ligadas a um corpo.

Para sustentar a distinção entre uma memória pura e uma matéria dada na percepção, poderíamos seguir a verificação

---

18 Bergson, H., 1999, p. 153, grifo nosso.

empírica da realidade desse movimento – que vai da lembrança pura para a percepção –, realizada pelas análises efetuadas por Bergson dos fenômenos do reconhecimento e da atenção. Com efeito, será justamente pela análise, por um lado, do reconhecimento – quando uma experiência passada se associa a uma experiência presente –, que será possível observar como essa associação se dá, de início, de forma automática, levando-nos a confundir a lembrança com a percepção. Fenômeno que, por outro lado, só será consciente quando, atentos para a imagem (necessariamente composta) da percepção concreta, pudermos compará-la com outras imagens de experiências passadas que continuarão afluindo na sua direção e constantemente compondo-a, circunscrevendo um círculo que só se quebrará quando nossa ação ou nossa atenção forem dirigidas para outros pontos do espaço. Trata-se, então, do reconhecimento com atenção.

Mantenhamo-nos, no entanto, no nível das hipóteses teóricas e notemos apenas que, uma vez que nosso interesse inicial era apenas o de explicitar como o corpo poderia, no caso da lembrança, limitar a vida do espírito com vistas à ação, ao explicitar esta atuação do corpo em relação à vida do espírito, no caso específico da memória, e, nesse sentido, ao explicitar-se a distinção das duas instâncias da memória, àquela inscrita no corpo e identificada como uma ação, e aquela independente desse corpo e identificada como representação, Bergson parece nos dar uma das chaves para pensarmos a própria natureza da matéria em sua relação de oposição e união com o espírito.

Pois, a partir da distinção entre memória-hábito e memória-representação que, por um lado, confirmou o papel do corpo restrito ao de um mecanismo de ação, e, por outro, possibilitou a distinção de uma esfera de representação independente desse mesmo corpo e, por conseguinte, da própria ação, se revela uma outra distinção ainda mais fundamental, "uma diferença profunda, de natureza", que diz respeito à diferença de duração pela qual Bergson procurará, daqui por diante, caracterizar a própria realidade do espírito e da matéria. Diferença que se traduziria no fato de que aquilo que diz respeito ao corpo e, portanto, à matéria, envolve uma ação que, por sua vez, por ser a medida mesma da interação entre "partes" dessa matéria, deve ocorrer em um tempo próprio a elas (imagens); tempo que, por outro lado, a representação pura não teria de respeitar. Diferença, enfim, que, considerando novamente o exemplo do poema memorizado, é explicitada por Bergson nos seguintes termos:

> A lembrança de determinada leitura é uma representação, e uma representação somente; apresenta-se em uma intuição do espírito que eu posso, a meu bel-prazer, alongar ou encurtar; eu lhe atribuo uma duração arbitrária: nada me impede de abarcá-la de uma só vez, como em um quadro. Ao contrário, a lembrança da lição aprendida, mesmo quando me limito a repetir tal lição interiormente, exige um tempo bem determinado, o mesmo que é necessário para desenvolver, um a um, ainda que na imaginação, todos os movimentos de articulação necessários: não se trata mais, portanto, de uma representação, mas de uma ação.[19]

Assim, aquilo que caracteriza uma ação no campo de imagens, no caso o funcionamento de uma *memória-hábito*, é a forte presença de uma certa temporalidade – aquela própria do campo das imagens – com a qual essa ação tem de se haver. E, se levarmos em conta que toda ação executada por um corpo vivo implica o exercício de um princípio ativo que se atualiza no campo de imagens, justamente a partir dessa imagem especial que constitui o corpo vivo, então, será por esse princípio ativo, que aponta para o espírito, que tal

---

19 Bergson, H., 1999, p. 85.

90 ENSAIOS SOBRE FILOSOFIA FRANCESA CONTEMPORÂNEA

temporalidade deverá ser considerada. Sendo assim, os movimentos a serem executados pelo corpo, ainda que sejam animados por esse princípio ativo, devem seguir o ritmo ditado pela interação entre a duração pelo qual esse princípio atua e a duração própria ao campo de imagens, aquele mesmo necessário à articulação de cada uma das palavras ou dos fonemas que compõem o poema (tanto aquelas que compõem o mecanismo sensório-motor, se tais imagens forem exteriorizadas na forma de som, quanto aquelas que compõem as imagens sonoras não exteriorizadas). Temporalidade que impera, portanto, mesmo ao recitar o poema apenas usando as imagens produzidas no âmbito daquilo que seria considerado a "interioridade" de um sujeito, no âmbito da imaginação, uma vez que, mesmo então, todas as letras, de todas as palavras, terão de ser "pronunciadas" distintamente. Assim, ao recitar o poema "interiormente", ou seja, sem causar modificações nas imagens circundantes com a produção de sons, ainda assim eu estaria agindo, e esta ação se configuraria como tal justamente porque ela implicaria certo tempo para ser executada, certa duração imposta pelas imagens. Sentido mesmo pelo qual ela se diferenciaria da representação, também "interior", no âmbito da qual eu não estaria "lendo" o poema, mas me lembrando de uma leitura anteriormente executada sem, portanto, escandi-la em todos os seus momentos.[20]

---

20 Nesse sentido, vemos como a noção de interioridade se distingue totalmente daquela cunhada pelas teorias clássicas da representação, e como exterioridade, interioridade, extenso e inextenso se confundem e se recompõem na forma da exterioridade expandida, de um lado, e da interioridade condensada, de outro. Assim, haveria, primeiro, a exterioridade do campo das imagens no qual estas estariam estendidas ao máximo, extensão que seria então uma vez contraída na medida da duração imposta pela atuação do princípio de vida a partir do corpo próprio, contraída novamente na medida da duração imposta pela conservação dessas imagens que se segue imediatamente à sua vivência e que se intensificaria na medida mesma em que essas vivências se afastassem do presente até perderem seu caráter de imagem, e assumirem o de representação pura, justamente por terem sido submetidas a um grau de contração tal pelo qual não mais se distinguissem umas das outras. Poderíamos supor, portanto,

Sendo assim, esse mesmo sentido, pelo qual se pode afirmar que a ação – que implica a percepção atual de uma imagem – e a representação pura se distinguem, acaba também por trair uma continuidade na qual não é possível definir estritamente quando uma se transforma na outra. Pois se, mantendo-nos no exemplo de Bergson, ao me lembrar de uma leitura passada, posso impor um ritmo a essa lembrança, tornando-a mais longa ou mais curta e, por isso mesmo, representar-me mais ou menos indistintamente os momentos nos quais a leitura original se deu, é possível imaginar uma distensão total desses momentos, ao menos no limite daquela distensão pela qual se deu a leitura original. E o que seria a lembrança de uma experiência original pela distensão de todos os seus momentos a não ser a atualidade de uma nova experiência, em outras palavras, o que significa lembrar-se de todas as partes componentes de uma leitura anterior do poema senão uma nova execução do poema?

O que não nos impede, no entanto, de distinguir essa nova execução do poema – por uma possível lembrança absoluta de uma execução passada – da execução do poema a contar de sua memorização. Pois não podemos perder de vista que a memorização de um poema requer justamente o abandono das leituras anteriores e, se somos capazes de percorrer mais uma vez todas as partes de um poema sem mais considerar as experiências anteriores, é porque um mecanismo – pelo qual podemos recompor as ações passadas, em todas as suas articulações, automaticamente – foi construído. E é esse automatismo, que diz respeito a uma estrutura inconsciente

---

que, se tais imagens pudessem voltar a se distinguir tal qual no momento da percepção, ou seja, voltassem a adquirir aquele tipo de temporalidade que tinham quando foram destacadas da matéria, voltariam a ter materialidade e não mais seria possível distinguir a lembrança da percepção mesmo sem ter como correspondente a própria realidade material?

(das imagens que formam o corpo) voltada para a ação e que, por sua vez, obriga a uma determinada submissão à temporalidade desse campo de imagens no qual essa ação se efetua, não implica, no entanto, a consciência das imagens dadas nessa temporalidade. Com efeito, podemos articular todas as palavras do poema, pelo que temos de respeitar uma certa duração, sem nos darmos conta de uma só das palavras assim articuladas.

Articulação do passado com o presente totalmente distinta, portanto, daquela das lembranças que pouco a pouco se tornam conscientes no processo de rememoração atentiva.

> Trata-se de encontrar uma lembrança, de evocar um período de nossa história? Temos consciência de um ato *sui generis* pelo qual nos destacamos do presente para nos colocar de início em um passado geral, depois em uma determinada região do passado [...]. Mas então nossa lembrança permanece ainda em estado virtual; apenas nos dispomos a recebê-la adotando a atitude apropriada. Pouco a pouco ela aparecerá com uma nebulosidade que se condensará; de virtual passa ao estado atual; e à medida que seus contornos se desenham e que sua superfície se colore, ela tende a imitar a percepção. Mas permanece ligada ao passado por raízes profundas, e se, uma vez realizada, não se ressentisse mais de sua virtualidade original, se não fosse mais, ao mesmo tempo que um estado presente, algo que corta o presente, jamais a reconheceríamos como uma lembrança.[21]

E distinta, também, do processo de transformação de lembranças indistintas em imagens no mecanismo de recobrimento que caracteriza toda percepção. Com efeito, no limite, as lembranças

---

21 Bergson, H., 1999, p. 148.

de experiências passadas só se mantêm enquanto lembrança em seu estado de indistinção, pois, à medida que vão sendo trazidas novamente à consciência, à medida que vão se distinguindo em imagens mais nítidas, vão, por esse mesmo movimento, se tornando cada vez mais ação e menos representação, acrescentando às cores antigas aquelas da temporalidade na qual estão se inserindo, até tornarem-se ação presente.

Com efeito, trata-se, aqui, da diferença existente entre a imagem que se torna consciente, na percepção, a partir da ação do corpo que desenha o esboço que ela preencherá, e, por um lado, o mecanismo corpóreo que evocará essas imagens e, por outro lado, ainda, a lembrança que reproduz em todos os seus detalhes e temporalidade uma percepção passada que implicava uma ação.

Entretanto, ainda que não se tenha como distinguir entre a percepção atual, ativa e informada de lembrança e a lembrança que assumiu a temporalidade de uma percepção passada, esta só se dá por um desequilíbrio na atenção à vida que pode ser caracterizado, em termos bergsonianos, como um desequilíbrio na capacidade ativa de um corpo que, justamente, não foi capaz *de limitar a vida do espírito em vista da ação*, ainda que não possamos nos esquecer que a capacidade ativa de um corpo é índice do princípio que age nele.

Uma coisa, portanto, é a montagem de um mecanismo motor, pela repetição de experiências (no caso, a leitura repetida do poema) até que sejamos capazes de fazer esse mecanismo funcionar sozinho, de modo inconsciente; outra coisa seria nos colocarmos no passado de tal modo desvinculado do presente que pudéssemos revivê-lo no mesmo ritmo em que ele se deu como percepção presente – nesse caso não haveria mecanismo montado, e recitaríamos o poema porque seríamos capazes de reconstituir a própria consciência de todos os momentos então vividos –, possibilidade que só se efetuaria com o total desequilíbrio de uma personalidade que minasse o exercício

94 Ensaios sobre filosofia francesa contemporânea

de seu princípio vital e, só por isso, fosse capaz de imergir de modo tão absoluto no passado. Outra coisa, ainda, é aquilo que se dá comumente – ou seja, nos sujeitos constituídos por um domínio equilibrado do corpo sobre a realidade estritamente psíquica – quando nem nos encontramos naquele presente absoluto no qual há apenas a atuação inconsciente de um mecanismo motor, nem, muito menos, sob a influência absoluta de um passado que reviveríamos em todos os seus detalhes, pelo que não mais poderíamos distingui-lo do presente, mas, sim, em um presente sensório-motor informado de passado e voltado para o futuro, de modo que poderíamos tanto tender para uma quanto para outra direção.[22]

Sendo assim, se é possível conceber um movimento pelo qual a *lembrança-representação*, ao se estender em todos os seus elementos, se apresenta como imagem, é possível também conceber o movimento inverso. Movimento pelo qual, justamente, as imagens que acabaram de ser distinguidas na percepção vão se mesclando nas anteriormente recortadas num processo ininterrupto de conservação, por acumulação e contração, que acaba na indistinção total da lembrança-pura, fonte de toda lembrança-imagem. Movimento regido agora pela temporalidade daquele princípio ativo que, desde sua atuação na contração da imagem recortada na percepção, vai impondo seu ritmo de forma cada vez mais eficiente pela contração

---

22 A esse respeito podemos nos remeter à caracterização, apresentada por Bergson, do *homem de ação* como um espírito equilibrado que se oporia tanto ao *sonhador* quanto ao *impulsivo*: "O que caracteriza o homem de ação é a prontidão com a qual ele convoca em ajuda a uma determinada situação todas as lembranças que com ela se relacionam; mas é também a barreira intransponível que se encontra no limiar de sua consciência, às lembranças inúteis ou indiferentes. Viver no puro presente, responder a uma excitação por uma reação imediata que a prolonga, é próprio de um animal inferior: o homem que procede assim é um *impulsivo*. Mas não está melhor adaptado à ação aquele que vive no passado pelo prazer de ali viver, e para o qual as lembranças emergem à luz da consciência sem proveito para a situação atual: este não é mais um impulsivo, mas um *sonhador*".

cada vez maior dessas percepções-imagens em lembranças-imagens até a contração máxima – ou imposição absoluta de seu ritmo de duração – na lembrança-pura, ao mesmo tempo em que constrói aquele campo subjetivo, que, como um cone invertido cujo vértice se apoia no universo das imagens, comporia a vida do espírito.

Podemos concluir, então, que, a partir das considerações da atuação do corpo sobre o espírito no que diz respeito à percepção, compreendemos como surge a distinção entre o universo da subjetividade e da objetividade. E, a partir dessas considerações relativas à atuação do corpo sobre o espírito no que diz respeito às representações-lembranças, ao compreenderemos um pouco mais sobre o mecanismo pelo qual lembranças e percepções se confundem na constante passagem de uma à outra, compreendemos também um pouco mais sobre o mecanismo pelo qual se confundem matéria (âmbito da objetividade) e memória (âmbito da subjetividade), e que esse mecanismo está estritamente ligado com uma distinção de ritmo da duração. Distinção de ritmo da duração que, como característica da realidade, será explorado no próximo livro de Bergson, *Evolução Criadora*.

Bibliografia

BERGSON, H. *Matiére et Mémoire*. Paris: PUF/Quadrige, 1999.

Vida e o estudo da vida na filosofia de Bergson: algumas considerações

Silene Torres Marques[1]

1. O estudo da natureza, na filosofia de Bergson,[2] pressupõe uma especificação inicial, que diz respeito ao seu próprio itinerário intelectual. Pois Bergson não chega à filosofia da natureza vindo da psicologia, como a simples análise cronológica de suas obras poderia supor. Seu ponto de partida foi a filosofia da natureza: seu propósito, no início de suas pesquisas, era aprofundar as 'ideias últimas' sobre as quais apoiava-se a doutrina da evolução de Spencer, notadamente a ideia de tempo, elaborada e aplicada nos *Primeiros Princípios*.[3] "Foi a análise da noção de tempo, tal como intervém

---

1 Doutora em Filosofia pela USP e Professora da Universidade Federal de São Carlos.

2 As referências à obra de Bergson são extraídas de: *ŒUVRES*. Édition du Centenaire, textes annotés par André Robinet, introduction de Henri Gouhier. Paris: PUF, 1970; e *Mélanges*. Textes publiés et annotés par André Robinet, Paris: PUF, 1972. Quando a referência ou citação referir-se à primeira, a notação conterá apenas o número da página correspondente a esta edição, quando referir-se à segunda, a notação virá, por exemplo, da seguinte forma: (Mél.-384).

3 Sua proposta era, justamente neste ponto, retomar a obra de Spencer, completando-a e consolidando-a (1254).

em mecânica ou em física, que subverteu todas as minhas ideias", afirma em carta a William James.[4] Subversão que o fez constatar que "o tempo científico não *dura*, que ele não mudaria nada de nosso conhecimento científico das coisas se a totalidade do real se desenvolvesse de um golpe no instantâneo, e que a ciência positiva consiste essencialmente na eliminação da duração".[5] Daí a "série de reflexões" que o levaram "de grau em grau, a rejeitar quase tudo o que havia aceitado até então, e a mudar completamente de ponto de vista". O que fez aparecer, já em seu primeiro livro, *Ensaio Sobre os Dados Imediatos da Consciência*, e de modo bastante condensado, considerações críticas sobre o tempo científico, considerações que determinaram sua orientação filosófica e as reflexões que fez posteriormente.[6]

Esta determinação ele mesmo fixou de uma maneira decisiva: "Não duvidava, quando comecei a criticar a ideia que a filosofia e a mecânica faziam do tempo, por exemplo, que me encaminhava aos estudos de psicologia e que chegaria a tratar dos dados da consciência".[7] Assim, de sua pesquisa sobre o tempo científico ele foi conduzido à psicologia, isto é, ao estudo da consciência e da vida interior, a própria região onde a realidade do tempo nos é dada. E, pela própria natureza dos temas, foi levado, da reflexão sobre a duração como "fato psicológico" e "princípio ontológico" à reflexão sobre a liberdade (*Ensaio Sobre os Dados Imediatos da Consciência*), desta, a um estudo sobre a relação do espírito com o corpo (*Matéria e Memória*). Ora, a retomada de suas pesquisas sobre a evolução viria nos mostrar a *ligação* muito particular que estas estabelecem com sua primeira obra, pois 'um dos objetivos

---

4   Mél.-765-766.

5   Mél.-766.

6   *Ibidem.*

7   Mél.-658.

de *Evolução Criadora* é mostrar que o Todo é da mesma natureza que o eu, e que o apreendemos por um aprofundamento cada vez mais completo de nós mesmos" [8]. De fato, em *Evolução Criadora* Bergson aplica as ideias já estabelecidas no *Ensaio* à vida em geral, considerando-a do ponto de vista psicológico.[9] Mas, uma vez este *vínculo* estabelecido, a instauração do "evolucionismo verdadeiro" podia enfim estar assegurada? Supondo uma resposta afirmativa, a filosofia bergsoniana não teria então um objeto único, a filosofia da natureza, a psicologia do *Ensaio* não representando senão a "etapa intermediária entre uma malograda filosofia da natureza, a de Spencer, e a verdadeira filosofia da natureza, *A Evolução Criadora*"?[10] E neste sentido, o estudo da psicologia apareceria somente como uma exigência desta necessidade primeira, o aprofundamento crítico da cosmologia spenceriana, uma vez que a descoberta da duração psicológica permite a consideração da duração cósmica?

Como bem mostrou Bento Prado, não há passagem direta da análise da duração interna à análise da vida em geral, como quer Henri Gouhier, pois há um "meio-termo" que deve ser levado em consideração. Este é desempenhado pela análise das imagens elaborada em *Matéria e Memória*, a qual "permite a coesão entre a filosofia da subjetividade humana e a filosofia da vida, entre consciência humana e a 'consciência coextensiva à vida'".[11] Pretendendo superar o debate entre realistas e idealistas quanto ao estatuto do objeto percebido, esta análise ignora a

---

8 Mél.-774.

9 494.

10 Gouhier, H. *Bergson et le Christ des évangiles*. Paris: Arthème Fayard, 1961, 20.

11 Prado Jr., B. *Presença e Campo Transcendental: Consciência e Negatividade na Filosofia de Bergson*. São Paulo: Edusp, 1989, p. 167.

questão da realidade ou da idealidade do universo material.[12] Antes, este será pensado como uma "paisagem neutra" – onde encontramo-nos anteriormente a qualquer reflexão – constituída de imagens,[13] das quais o corpo próprio também participa como imagem privilegiada. Para o que nos interessa, Bergson estabelece aí a diferença entre o quê, por um lado, pode ser denominado de "presença global" – o próprio Ser das imagens (do universo material), considerado na totalidade de seus elementos e de suas *ações* e *reações* contínuas – e o que, por outro, somente poderá ser representação, ou seja, a *percepção* consciente: Bergson descreve o surgimento desta percepção (da matéria ou da imagem) como uma espécie de *diminuição* da plenitude da simples presença da imagem: perceber conscientemente seria suprimir, na totalidade de relações recíprocas e necessárias que a envolve, "o que a segue e o que a precede", em outras palavras, isolá-la. Pois esta representação é a medida de nossa ação possível sobre as coisas; ela surge ao fazermos uma escolha daquilo que interessa às nossas atividades práticas e consequentemente ao eliminarmos o que não interessa às nossas necessidades e funções. Em que medida esta análise constitui-se um meio-termo entre a filosofia da interioridade (elaborada no *Ensaio*) da consciência e a filosofia da natureza (de *Evolução Criadora*)? Na medida em que nos apresenta um "meio-termo que permite o trânsito de um a outro polo", que por ser tal, "inclui dentro de si o ponto de partida e o ponto de chegada: é ele o campo da presença

---

12 O objetivo de Bergson é justamente mostrar o quanto as concepções realistas e idea-listas da matéria são *excessivas*, pois "é falso reduzir a matéria à representação que temos dela, falso também fazer dela uma coisa que produziria em nós representações mas que seria de uma natureza diferente delas" (161). Neste sentido, pretende olhar os fatos como se fosse a primeira vez e fingir "por um instante" não conhecer "nada das teorias da matéria e das teorias do espírito".

13 Para Bergson, a matéria "é um conjunto de 'imagens'"; ser imagem significa ser uma "existência situada a meio caminho" entre "aquilo que o idealista chama uma representação" e "aquilo que o realista chama uma coisa" (161).

global".[14] Em outras palavras, o *conjunto de imagens* (presença global) desempenha o papel de meio termo justamente porque permite o trânsito entre a interioridade da consciência e a filosofia da natureza. Por outro lado, ao converter o universo material num *conjunto de imagens*, Bergson aí compreendia também o corpo próprio, objeto privilegiado neste conjunto, pois se destacava como um centro de *ação* e de *indeterminação*. Ora, é a partir da indeterminação do *corpo objeto* que a "percepção consciente do corpo próprio" é construída, o que significa que esta *percepção* nasce no interior do conjunto de imagens: mais exatamente, ela nasce no momento em que ocorre a passagem da presença (totalidade das imagens) à representação (percepção consciente); são, sobretudo, estas particularidades que marcam a análise bergsoniana, e que permitem colocar em questão o problema da representação, fora do debate entre realistas e idealistas. "Ora, afirma Bento Prado, o projeto de *Evolução Criadora* só tem sentido uma vez estabelecida a relação entre presença e representação".[15] Pois, uma vez superada a alternativa entre realistas e idealistas, a própria evolução vital poderá ser pensada como uma "consciência". E se a própria vida tornar-se-á *duração* – privilégio que o *Ensaio* concedia apenas à consciência – é porque "o próprio Ser, a presença global" já havia sido "dotado de interioridade"; na verdade, o texto de *Matéria e Memória* já nos mostra que a duração não é "privilégio da consciência humana finita".[16]

---

14 Prado Jr. B., *op. cit.*, p. 167.

15 *Ibidem.*

16 Cf. capítulo IV de *Matéria e Memória*, onde vemos a matéria animada de uma espécie de tensão interna, de uma "duração quase adormecida": "A matéria extensa, considerada em seu conjunto, é como uma consciência onde tudo se equilibra, se compensa e se neutraliza" (353); Bergson ainda faz referência à natureza como uma "consciência neutralizada e consequentemente latente, uma consciência cujas mani-

102 Ensaios sobre filosofia francesa contemporânea

Assim, se há circularidade no itinerário intelectual de Bergson, esta é regida por uma rede intrínseca de implicações: "Tal ponto de chegada implica tal ponto de partida e tal encaminhamento, assim como tal ponto de partida e tal encaminhamento tal ponto de chegada".[17]

2. Nossa intenção é situar o problema da vida e de sua significação na filosofia de Bergson. Ora, situar este problema não é senão revelar esta "rede intrínseca de implicações" entre as teses principais de suas três primeiras obras. Neste sentido, seguiremos a sequência natural do pensamento de nosso autor, para revelar teses que se implicam e desembocam no tratamento do problema da vida; nosso guia: o tema da liberdade.

A investigação feita no *Ensaio* é essencialmente crítica. Seu objetivo é mostrar, de um lado, a originalidade da consciência profunda, "sucessão sem exterioridade recíproca" frente à realidade espacial, "exterioridade recíproca sem sucessão", e de outro, que a indissociação entre o espaço e a realidade psicológica levanta dificuldades insuperáveis na determinação das características essenciais da consciência profunda, dando origem ao problema da liberdade. Sua tese fundamental é a de que nossa noção habitual da vida interior é fruto de um "trabalho utilitário do espírito": percebemos esta vida, *duração* pura, *refratada* através do espaço, o que nos permite representá-la simbolicamente – representação que "corrompe, em sua própria fonte", a percepção interna – e assim fazê-la "entrar na corrente da vida social". E se ele nos chama a atenção para o *fato*[18] da *liberdade* é porque pretende falar-nos

---

festações eventuais estariam reciprocamente em cheque e se anulariam no momento preciso em que quisessem aparecer" (377).

17 Theau, J. *La Critique Bergsonienne du concept*. Paris: PUF, 1968, p. 339.

18 O que Bergson considera fato não se limita à realidade não constituída pela teoria, àquela que apareceria a uma intuição imediata; há ainda os "fatos científicos". Em *Matéria e Memória*, por exemplo, a consideração de um problema metafísico clássi-

do meio onde esta *liberdade* verdadeiramente é produzida, isto é, do tempo; não do tempo "decorrido", mas no tempo que "está a decorrer", único não passível de ser representado "adequadamente" pelo espaço.[19] O tempo que está a decorrer é o tempo da consciência profunda, heterogeneidade e continuidade de interpenetração de estados que são como um desenvolvimento contínuo de novas qualidades; neste sentido, a experiência do eu profundo é a única à qual podemos relacionar a liberdade, a única experiência autêntica da consciência. Deste modo, ao mesmo tempo em que assinala a relatividade de nosso conhecimento, o *Ensaio* reconhece uma "experiência verdadeira" – desde então tornada a base de sua filosofia – no próprio fundo da experiência humana, sendo a tarefa do filósofo desvelá-la.

A consideração da empreitada de *Matéria e Memória* torna-se inevitável, uma vez que ela dirige-se justamente para a causa do caráter utilitário do conhecimento: sua pesquisa é, desde o início, dedicada ao papel do corpo na vida do espírito, ressaltando, a título de conclusão, a limitação da vida espiritual pela atividade corporal (orgânica). O cérebro (nosso corpo), neste sentido, seria o "órgão de *atenção à vida*", centro de ação real, lugar onde se encontram as excitações recebidas e os movimentos efetuados, imagem privilegiada porque recebe estas excitações, analisa-as e seleciona o movimento a ser executado pelo corpo, isto é, sua reação à ação das imagens exteriores; seria então aquilo que "fixa" a atividade do espírito, proporcionando-lhe equilíbrio, permitindo-lhe ligar-se ao mundo. Contudo, apesar de "impedir o pensamento de perder-se no sonho", ele não desenharia os detalhes da consciência, nem ela

---

co (a relação entre matéria e espírito), "exige" a consideração e a análise dos fatos da psicofisiologia, mais precisamente, dos fatos concernentes às doenças da memória, isto é, às afasias.

19 "[...] o ato livre se produz no tempo que passa, e não no tempo que passou. A liberdade é então um fato, e, entre os fatos que constatamos, não há outro mais claro" (145).

dependeria dele. Ora, justificar esta tese é o objetivo primeiro de *Matéria e Memória*, tese que conduz Bergson até os "fenômenos da memória"– fenômenos onde é possível apreender o espírito em sua "forma mais palpável" – mais especialmente, até os que concernem às doenças da memória das palavras, as afasias. Cujo estudo mostrou que,

> [...] entre a consciência e o organismo haveria uma relação que nenhum raciocínio teria podido construir *a priori*, uma correspondência que não era nem o paralelismo nem o epifenomenismo, nem nada de parecido. O papel do cérebro seria o de escolher a todo o momento, entre as lembranças, aquelas que poderiam melhor aclarar a ação começada, e excluir as outras. Retornariam à consciência, então, as lembranças capazes de se inserir no esquema motor, constantemente mutável, mas sempre preparado; as restantes permaneceriam no inconsciente. A função do corpo seria assim a de mimetizar a vida do espírito, acentuar-lhe as articulações motoras, como faz o maestro com uma partitura musical [...].[20]

Ao mesmo tempo, definindo o ser vivo como *centro de ação* e de indeterminação, *Matéria e Memória* mostra como – pois o desenvolvimento da memória e da percepção é complementar à complexidade do cérebro – ele domina o determinismo físico por uma espécie de *tensão* crescente da consciência (duração), ou seja, da memória, o que permite-lhe, não apenas por sua "memória das experiências antigas", organizar o passado com o presente, mas também, por sua "memória da experiência imediata", contrair, num mesmo ato de percepção, uma quantidade cada vez maior de momentos da matéria.

---

20 1315.

Neste momento da análise bergsoniana a novidade encontra-se na noção de *tensão*, noção com a qual Bergson pretende atenuar e mesmo tornar relativa a diferença entre quantidade e qualidade, pois, na verdade, esta diferença refere-se a uma "diferença de tensão interior" ou "diferença de ritmo de duração". Ora, isto significa "que não há um ritmo único da duração; podemos imaginar ritmos bem diferentes, que, mais lentos ou mais rápidos, mediriam o grau de tensão ou de relaxamento das consciências, e, assim, fixariam seus lugares respectivos na série dos seres".[21] Significa ainda que a distinção entre a matéria (necessidade) e o espírito (liberdade) pode estabelecer-se em função do tempo: o espírito, que é memória, distingue-se da matéria – sucessão de ritmos infinitamente rápidos e diluídos – por sua intensidade de vida, pelo alto grau de tensão de sua duração (memória). Daí a indeterminação de seus atos e a "força interior" que condiciona seu poder de ação: o espírito contrai os momentos da matéria "para servir-se dela e para manifestar-se através de *ações* que são a razão de ser de sua união com o corpo".[22] Como vemos, é a memória que faz a diferença: quanto maior sua força de concentração, maior a independência (liberdade) do ser vivo frente à matéria – independência que a organização mais complexa do sistema nervoso "simboliza apenas materialmente" – "a força interior que permite ao ser libertar-se do ritmo do transcorrer das coisas, reter cada vez melhor o passado para influenciar cada vez mais profundamente o futuro [...]".[23]

Assim, *Matéria e Memória* ainda estabelece uma relação entre liberdade e duração (consciência). Todavia, o que é fundamental, investigando como esta liberdade insere-se, por seus efeitos, nas tramas do determinismo, este segundo livro de Bergson mostra que

---

21 342.

22 354.

23 355.

106 ENSAIOS SOBRE FILOSOFIA FRANCESA CONTEMPORÂNEA

há, no fundo, níveis de consciência (de memória) – segundo seu grau de *tensão* ou de *relaxamento (distensão)* – que medem o grau de liberdade do ser vivo; liberdade que, nestas páginas de *Matéria e Memória*, aparece como uma espécie de *poder prático* próprio à consciência, ao espírito ou ainda à memória, cujas características já citadas revelam, sobretudo, o caráter pragmático e utilitário de nosso conhecimento. Enfim, o estabelecimento dos graus de tensão da duração não visa apenas à distinção de um "[...] ser que evolui mais ou menos livremente (e) cria a todo o momento algo novo"[24], ele pretende, sobretudo, nos mostrar que a liberdade não é um privilégio do homem, mas um atributo comum a todos os seres vivos. Pois os primeiros clarões que uma "consciência individual" lança sobre a natureza não representam necessariamente o "fato de um organismo humano", eles "podem ser também os primeiros clarões que as reações da ameba lançam sobre a natureza para dominá-la",[25] quer dizer, podem indicar os "movimentos espontâneos e imprevistos" dos corpos vivos menos "organizados" que o organismo humano.[26] Isto é, o texto de *Matéria e Memória* anuncia a passagem da fisiologia à biologia, revelando-nos um dos temas mais importantes de *Evolução Criadora*: a liberdade (consciência) inserindo-se na necessidade (matéria) e utilizando-a em seu benefício.

Por outro lado, o estudo da lembrança pura demonstra como "a vida faz obstáculo à consciência de si como duração e liberdade", uma vez que a "atenção à vida" mina quase toda a nossa vontade, impondo-nos os limites quase insuperáveis da

---

24 356.

25 Philonenko, A. *BERGSON ou de la Philosophie Comme Science Rigoureuse*. Paris: Les Editions du Cerf, 1994, p. 225.

26 377.

percepção.[27] Com efeito, as páginas de *Matéria e Memória* nos ensinam que não podemos ter consciência plena de nós mesmos estando no mundo, isto é, estando atentos à vida. Bergson chega inclusive a identificar nosso poder de ação e nossa capacidade de escolha com a consciência, "marca característica do presente" e da realidade vivida na ação presente, qualificando o que não age como o passado, essencialmente impotente. Apesar de o passado ser a sede de nosso caráter e realidade de nosso ser, desviarmo-nos do mundo e da natureza em sua direção implicaria um *relaxamento* do espírito, um "desinteressar-se" do mundo. Ora, é justamente esta noção do passado o indicativo de que a "consciência pura de si" *efetivamente* não existe, mostrando-nos a impossibilidade de vivermos inteiramente a duração da consciência, a menos que, longe do domínio da vida, sonhássemos nossa existência ao invés de vivê-la. Isto indica a distância que nos separa do texto do *Ensaio*: lá, apesar de existir uma problematização do dualismo entre interioridade e exterioridade, a questão era tratada exclusivamente do ponto de vista do eu. Aqui, trata-se da relação entre a consciência e as coisas, relação que é de certa forma uma *troca*, uma *mistura*; por isto, "estar no mundo" implica uma inevitável "perda de si", uma vez que "a lei fundamental da vida" nos faz ser consciência do mundo antes de ser consciência de nós mesmos. A partir de então, duas questões tornam-se inevitáveis: Como a vida pode conciliar liberdade de escolha e liberdade especulativa? E ainda, qual a significação desta vida, desta *natureza* que parece a razão da existência?

Matéria e Memória, mais uma vez aponta para um problema que será investigado em *Evolução Criadora*, isto é, o do sentido e alcance deste obstáculo vital. Por outro lado, como vemos, a investigação sobre a vida aparece como necessária para o

---

27 *Ibidem*, p. 237.

108 ENSAIOS SOBRE FILOSOFIA FRANCESA CONTEMPORÂNEA

aprofundamento de questões suscitadas desde o *Ensaio* e, sobretudo, como promessa de resposta à questão da própria significação do dualismo humano, objeto de *Matéria e Memória*.

3. Em *Evolução Criadora* Bergson empreende uma descrição da vida em sua totalidade, isto é, sai das fronteiras da natureza humana, indo de encontro ao conjunto do universo material e vital. No centro desses dois universos ele situa a espécie humana, levando em consideração o que a especifica enquanto espécie. Para esta empreitada, que se configurará na instauração de uma teoria da vida, parte fundamentalmente da conjugação de um *fato* e de uma ciência, tentando mostrar a "curiosa dialética" que se estabelece entre eles, dialética "que não só torna o fato acessível através da teoria, como também, inversamente, só possibilita a instauração da teoria através da reflexão sobre o fato".[28] Trata-se da dialética entre inteligência e teoria biológica, visível nas páginas de abertura da obra: "A história da evolução da vida, por mais incompleta que ainda seja, nos deixa já entrever como a inteligência constituiu-se por um progresso ininterrupto, ao longo de uma linha que ascende da série dos Vertebrados até o homem".[29] Isto é, a inteligência (*o fato*) só é constatada por intermédio da teoria evolutiva, e, em contrapartida, a teoria somente se constitui por um debruçar-se sobre a inteligência. Em outras palavras, Bergson pretende inserir o problema humano na temática da vida e neste sentido é a biologia que vai fornecer os elementos fundamentais para a compreensão da ação e do conhecimento humanos. Ora, "no labirinto dos atos, estados e faculdades do espírito, o guia que não devemos jamais dispensar é o que nos fornece a biologia",[30] pois, enquanto "teoria dos fundamentos e dos limites da liberdade",

---

28 Prado Jr., B., *op. cit.*, p. 171.

29 489.

30 1295.

mostra-nos, na "faculdade de compreender, um anexo da faculdade de agir, uma adaptação [...] da consciência dos seres vivos às condições de existência que lhe são impostas".[31] Mas a biologia, ao determinar assim a significação da inteligência, reconhecendo sua evolução como um fato, consequentemente restringe seu campo de aplicação: ela mostra que a inteligência é posterior ao processo evolutivo e gerador da vida; se não o fosse, como especificar sua função e significação? Além disto, a determinação de sua função é, sobretudo, a especificação de sua destinação: "Daí deveria resultar essa consequência de que nossa inteligência, no sentido estreito da palavra, é destinada a assegurar a inserção perfeita de nosso corpo em seu meio, a representar-se a relação das coisas exteriores entre elas, enfim a pensar a matéria".[32] Isto é, se a inteligência possui uma função, sua explicitação desenha ao mesmo tempo sua estrutura, seu campo de aplicação legítima e seus limites; seu vínculo essencial com a matéria dando-nos a chave para a compreensão de seu universo conceitual e lógico e seu mecanismo, essencialmente fabricador. Nesse sentido, ela possui um campo de ação limitado. Criada pela vida, ela tem suas potencialidades ligadas à satisfação das necessidades humanas e à ação útil.

Neste aspecto, *Evolução Criadora* vem esclarecer, no nível dos fundamentos, o caráter utilitário que o *Ensaio* e *Matéria e Memória* conferiam ao nosso conhecimento e à nossa ação. Agora não serão mais a projeção da duração interna no espaço, nem a "atenção à vida" ou os mecanismos corporais que fornecerão uma explicação sobre este caráter, mas a própria estrutura mental da espécie humana.

Aqui, em *Evolução Criadora*, de acordo com sua função e destinação, a inteligência caracteriza-se, sobretudo por sua

---

31 489.

32 *Ibidem.*

110 Ensaios sobre filosofia francesa contemporânea

inaptidão para compreender a essência da vida, a "significação profunda do movimento evolutivo". Constituída no interior da evolução da vida "em circunstâncias determinadas, para agir sobre coisas determinadas, como abarcaria a vida, da qual é apenas uma emanação ou um aspecto?".[33] Como a parte (como produto da vida) poderia compreender o todo (a própria vida)? Ou ainda, como poderia conhecer realidades diferentes da matéria? Somente o método *genético*, isto é, o estudo do movimento evolutivo desde suas origens, permitiria não apenas ressituar a inteligência na "evolução geral da vida", como também remontar até a origem do homem, chegando "até a raiz da natureza e do espírito".[34] Este retorno à origem talvez revelasse que a "linha de evolução que conduz ao homem não é a única. Sobre outras vias, divergentes, desenvolveram-se outras formas da consciência [...]"; formas que permaneceram como "uma nebulosidade vaga", "em torno de nosso pensamento conceitual": são essas "potências complementares do entendimento" que se esclarecerão e se distinguirão ao serem constatadas, em atividade, na evolução da vida.[35] Para Bergson, seria preciso então reintegrá-las ao nosso pensamento conceitual, unindo-as à inteligência; assim, "não obteríamos desta vez uma consciência coextensiva à vida e capaz de, voltando-se bruscamente contra o impulso vital que sente atrás de si, obter-lhe uma visão integral, ainda que, sem dúvida, evanescente?".[36]

Este percurso deve ser feito pela própria inteligência e tudo vai depender de seu *esforço* para "alargar" e "ultrapassar" os "quadros do conhecimento" e de sua capacidade para intensificar essas potências, essa *outra coisa* que a constitui e que vai assegurar-lhe a

---

33 489-90.

34 493.

35 492.

36 *Ibidem.*

compreensão da vida. Bergson ressalta, neste sentido, a necessidade de junção entre duas pesquisas que justamente percorre toda a obra: a junção entre a teoria da vida e a teoria do conhecimento. De um lado, a teoria da vida, ao mostrar a insuficiência do pensamento conceitual, pode nos ensinar alguma coisa sobre nós mesmos (nossa forma de conhecimento), de outro, a reflexão sobre nosso conhecimento nos conduz à investigação sobre a origem da vida.

Nosso objetivo era apenas situar o problema. No entanto, uma questão se impõe: se a estrutura da inteligência está ligada à ação humana sobre a matéria e torna possível a inserção do corpo (que preside as escolhas úteis) em seu meio, como então explicar no homem, a partir do aprofundamento da própria vida, a "faculdade de especulação" e, sobretudo, a liberdade individual? Uma vez que os objetivos do *Ensaio* e de *Matéria e Memória* consistiam respectivamente em afirmar a realidade da liberdade e da atividade independente do espírito como *fatos*? Como acabamos de ver, Bergson já anuncia na introdução à *Evolução Criadora* a capacidade da inteligência de ultrapassar-se a si própria. Mas esta capacidade somente será testada após a reconstituição das principais linhas da evolução da vida, e a consequente revelação das características destas potências complementares à inteligência, após ainda à indicação, no homem, da existência de um dualismo entre duas faculdades, correspondente ao dualismo entre matéria e vida encontrado na natureza.[37] Ora, testar esta capacidade da inteligência não é senão procurar explicar o nascimento de outra faculdade humana, a *intuição*. Para Bergson, este *esforço* da inteligência em ultrapassar a limitação de seu conhecimento natural deverá sugerir uma certa metafísica, uma vez que é um retorno à origem, mas sobretudo,

---

37 O que, com efeito, é realizado respectivamente no segundo e no terceiro capítulos de *A Evolução Criadora*.

enquanto esforço de *intuição* e *interiorização*, deverá ter como modelo o esforço *criador* de si mesmo presente nas ações livres.

Bibliografia

BERGSON, H. *Oeuvres*. Édition du Centenaire. Paris: PUF, 1970.

_____. *Mélanges*. Paris: PUF, 1972.

GOUHIER, H. *Bergson et le Christ des Evangiles*. Paris: Arthème Fayard, 1961.

MARQUES, S.T. *As dimensões da ação livre na filosofia de Henri Bergson*. São Paulo: Humanitas, 2006.

PHILONENKO, A. *BERGSON Ou de la Philosophie Comme Science Rigoureuse*. Paris: Les Éditions du Cerf, 1994.

PRADO Jr., B. *Presença e Campo Transcendental - Consciência e Negatividade na Filosofia de Bergson*. São Paulo: Edusp, 1989.

SILVA, F.L. *Intuição e Discurso Filosófico*. São Paulo: Edições Loyola,1994.

THEAU, J., *La Critique Bergsonienne du Concept*. Paris: PUF, 1968.

WORMS, F. *Bergson ou les Deux Sens de la Vie*. Paris: PUF, 2004.

Merleau-Ponty

O corpo como temporalidade: uma introdução

Alex de Campos Moura[1]

Nesta apresentação, pretendemos trabalhar alguns pontos sobre a relação entre corpo e temporalidade apontada por Merleau-Ponty na *Fenomenologia da Percepção*, procurando ressaltar como ela se coloca em um campo anterior à cisão entre o subjetivo e o objetivo. Dado o espaço de que dispomos, longe de uma leitura exaustiva do tema, nosso interesse principal é sugerir, por um de seus "lados", a problemática de que nos ocupamos em nossa pesquisa de Mestrado – razão pela qual alguns temas serão apenas indicados, uma vez que seu desenvolvimento demandaria um tempo excessivo. Em nosso Mestrado, tentamos explicitar a presença e a relevância de uma dimensão ontológica no início da filosofia de Merleau-Ponty, especialmente na *Fenomenologia da Percepção*, procurando mostrar uma certa compreensão do ser que embasaria as análises do filósofo e principalmente sua tentativa de ultrapassar a dicotomia entre sujeito e objeto, liberdade e situação. Essa dimensão ontológica, segundo nossa hipótese, se articularia através da temporalidade, e por isso foi fundamental para a pesquisa mostrar a importância do tempo no interior da obra, como núcleo de seus eixos

---

1 Mestre pelo Departamento de Filosofia da USP.

principais. Aqui, optamos por nos concentrar em um dos aspectos dessa temática, o modo como o corpo se estrutura temporalmente, procurando indicar como isso põe em questão a relação do sujeito com o objeto e vice-versa.

Um dos momentos em que a relação entre corpo e temporalidade aparece de modo mais explícito[2] na *Fenomenologia da Percepção* se refere precisamente à impossibilidade de reduzir a dinâmica corporal aos moldes do puro objeto ou do puro sujeito. Recorrendo à fisiologia moderna, Merleau-Ponty cita o caso do membro fantasma (em que o doente preserva a sensação de um membro que não possui mais) para mostrar que os fenômenos corporais não podem ser explicados nem por uma causalidade puramente psicológica – pois, no caso em questão, a secção dos condutos sensitivos que conduzem ao encéfalo faz desaparecer o membro fantasma[3] –, e nem pela ação de processos puramente fisiológicos – pois, nesse mesmo caso, há uma dependência em relação à história pessoal do doente. O membro fantasma se coloca aquém da dicotomia entre o psíquico e o fisiológico, espécie de fusão ou de simultaneidade entre eles que nos conduz a uma zona comum entre o para si e o em si: "O membro fantasma não é o simples efeito de uma causalidade objetiva e nem uma *cogitatio* a mais. Ele só poderia ser uma mistura dos dois se encontrássemos o meio de articular um ao outro o 'psíquico' e o 'fisiológico', o 'para si' e o 'em si' e de preparar entre eles um encontro, se os processos em terceira pessoa e os atos pessoais pudessem ser integrados em um meio que lhes fosse comum".[4]

---

2   Essa relação está presente no decorrer de todo o livro, sendo gradualmente explicitada; aqui, nos concentramos em um dos momentos em que ela aparece.

3   Merleau-Ponty, Maurice. *Fenomenologia da Percepção*, São Paulo: Martins Fontes, 1994, p. 116.

4   *Idem*, p. 117.

O membro fantasma, e mais geralmente o corpo, conduzem ao reconhecimento de um fenômeno ou de uma estrutura que põe em evidência a comunicação interna entre termos tradicionalmente exclusivos. O mesmo faz outro exemplo a que recorre o filósofo, o de uma moça que proibida de ver o rapaz a quem ama, perde a voz. A afonia, dirá Merleau-Ponty, não é nem expressão de uma intenção deliberada, pois para ela a fala quase não existe mais,[5] e nem uma condição objetiva que operaria do exterior, pois, com o tratamento e o fim da proibição, a doente recupera a voz,[6] situando-se o sintoma a meio caminho entre o subjetivo e o objetivo.

Em ambos os casos, portanto, o que se encontra em questão não é uma causalidade objetiva ou um finalismo da consciência, não é algo que se reduza inteiramente à esfera da subjetividade ou à da objetividade. O que o corpo *exprime*, ao contrário, é uma variação da *relação* do sujeito com o mundo: é no *ser no mundo* – na relação pré-objetiva e reciprocamente constitutiva existente entre homem e mundo, anterior portanto à separação entre um sujeito que é para si e uma objetividade que é em si[7] –, que o membro fantasma e a afonia têm lugar. Se, por exemplo, o doente continua a sentir um membro que não possui mais, é porque a ausência dele é como que dissimulada no movimento cotidiano em que o indivíduo se lança e se ocupa de suas tarefas, é porque o mundo continua a solicitar dele as mesmas repostas;[8] em contrapartida, se esse membro fantasma permanece contingente, é porque essa mesma persistência do mundo o impede de tornar-se uma realidade objetiva, pois se as solicitações que lança

---

5   Merleau-Ponty, Maurice. *Fenomenologia da Percepção* p. 225.

6   *Idem*, p. 223.

7   Embora não caiba desenvolver esse ponto aqui, é importante indicar que a noção heideggeriana de ser-no-mundo é retomada e trabalhada por Merleau-Ponty ao longo da *Fenomenologia da Percepção*.

8   *Idem*, p.122.

ao doente permanecem as mesmas, as respostas possíveis a ela não, e a deficiência se revela no próprio movimento em que se oculta. O mesmo ocorre no caso da afonia, pois a ausência de linguagem, mostra Merleau-Ponty, implica uma recusa mais geral, da relação com o outro e com o futuro:[9] ela não é um silêncio deliberado por uma vontade, mas a expressão da ruptura com um mundo em que o desejado não pode ter lugar, retorno de um comportamento antigo que afasta o presente recusado.[10]

Assim, é na relação do sujeito com o mundo que a perda da voz e a recusa da mutilação se colocam como alterações da estrutura única (corpo e consciência) pela qual o sujeito *é* no mundo ou tem um mundo; nos dois casos, há uma espécie de enrijecimento dessa experiência, um tipo de solidificação que faz com que a situação se torne quase fixa, com que o mundo do doente deixe de ser aberto e mutável. Mais precisamente, é como se o presente deixasse de contar com seus horizontes, de ser atravessado pelo que é outro, de fluir e mudar; ao presente processual vem "assombrar" uma espécie de passado não recuado, que permanece forma constante de um acontecimento vazio e recorrente. E é por aqui que se pode notar como a experiência patológica ajuda a compreender a constituição do corpo como estrutura temporal: a possibilidade do corpo fechar-se sobre si, recusar sua relação com o outro e com o novo em nome de um sintoma que ocupa e obstrui seu campo de ação, é dada temporalmente como sedimentação do presente, recalque de um passado que se reafirma em cada momento novo e quase faz desaparecer a diferença própria à dinâmica temporal. Essa obstrução não é uma realidade passivamente acolhida pelo doente, uma vez que ela é como que "chamada" por ele (não no sentido de posição ou de constituição, mas como uma espécie

---

9   *Idem*, p. 227.

10   Merleau-Ponty, Maurice. *Fenomenologia da Percepção*, p. 222.

de predisposição, tal qual aquela do sujeito que se prepara para dormir[11]) para exprimir sua relação com o mundo e com os outros, mas uma vez instalado na síntese temporal, o sintoma adquire consistência própria, generaliza-se ao desdobrar-se nos diversos momentos sucessivos, independentemente da vontade do sujeito; dilatando-se, adquire solidez, passando a operar sobre o doente, restringindo a abertura de seu horizonte.

Ao mesmo tempo, porém, se é por ser temporal que o corpo pode generalizar uma situação e fechar-se sobre um sintoma, é pela mesma razão que ele não pode fechar-se absolutamente, fazer da doença uma fatalidade, pois – como veremos agora – sua abertura ao futuro, a passagem ao outro e ao novo, lhe são dimensões intrínsecas. Se a doença nos revela o corpo como uma espécie de passado *quase* presente, é preciso reconhecer que ele não realiza apenas essa sedimentação da experiência que, em certos casos, pode ir ao extremo e quase obstruir o campo prático do sujeito; é preciso considerar também que enquanto temporalidade ele necessariamente envolve uma abertura e um porvir. Nesse ponto, um dos recursos utilizados por Merleau-Ponty – e no qual nos deteremos aqui – é analisar o corpo em movimento, dirigindo-se a um objeto.

O filósofo procura mostrar que o movimento não se realiza como uma relação posicional da consciência com um *telos* ou com um objeto, como se houvesse uma representação e uma deliberação prévias sobre cada alteração corporal necessária para a realização de uma determinada tarefa. Ao contrário, o movimento se aloja na relação que o corpo mantém com sua circunvizinhança, realizando-se espontaneamente no comércio existente entre eles: o objeto ou o objetivo existem *para* o corpo, o atraem e o solicitam, sugerindo os movimentos necessários para sua realização; estes, por sua vez,

---

11 *Idem*, p. 226.

"brotam" do corpo sem deliberação, atestando um tipo de saber corporal que o faz capaz de transpor as distâncias, articular os instantes, e cumprir sua meta.[12] Mas é importante notar que esse objetivo ao qual o corpo se dirige e que o solicita não é um dado objetivo que agiria sobre ele, e não se trata de transferir toda a atividade da consciência para o objeto e manter o corpo como "instrumento" ou "resultado" de uma causa que lhe seria estranha; a análise de Merleau-Ponty se equilibra na tentativa de não recair na afirmação de uma pura atividade ou de uma pura passividade, do puro sujeito e do puro objeto. O polo do movimento, sua meta ou objetivo, apresenta-se como horizonte ou futuro ao qual o corpo se polariza, razão pela qual ele não está inteiramente determinado e resolvido, implicando a ação corporal para realizar-se. O corpo, assim, não realiza nem a recepção passiva de um objeto e nem a constituição ativa dele, mas a síntese por meio da qual tanto um quanto outro se estruturam. Não há posição do objeto por parte do corpo porque há uma solicitação que motiva seu movimento, uma meta "determinado--indeterminada" que o atrai e magnetiza; mas reciprocamente não há posição do corpo pelo objeto porque o corpo dispõe de um projeto geral do mundo, de uma lógica intrínseca[13] que retoma e concentra a solicitação, fazendo-a existir concretamente.

Assim, de modo semelhante ao que ocorre na doença, em que o passado modula o presente, aqui é o futuro quem o orienta, polarizando-o, mas não em uma relação que o determinaria ou esgotaria. Nos dois casos, se mantém, para aquém de toda deliberação pessoal, uma abertura ao mundo, ao outro e ao porvir, que faz com que sempre seja possível uma *outra* situação. Há, portanto, uma dupla significação do corpo: ao mesmo tempo que assegura

---

12 Merleau-Ponty, Maurice. *Fenomenologia da Percepção*, p. 193.

13 Merleau-Ponty, Maurice. *Fenomenologia da Percepção*, p. 197.

uma certa passividade, garantindo consistência para situações que "pesam" sobre o sujeito, ele assegura que este permaneça aberto e livre, capaz de transformá-las. Polarizado entre passado e porvir, ele responde por uma condição presente que não é nem inteiramente ativa e nem inteiramente passiva, por um sujeito que não é uma pura subjetividade. Sendo corpo, estrutura temporal, o homem sedimenta certas situações, sem contudo transformá-las em fatalidades que o privariam de sua liberdade, permanecendo aberto ao novo e ao porvir. Assim como o hábito e os sintomas não dependem de uma deliberação do sujeito, colocando-se em sua relação corporal e temporal com o mundo, também o movimento, a abertura ao futuro, passa aquém de uma consciência constituinte e de uma objetividade dada, e a relação do corpo com o futuro revela-se tão originária quanto aquela que ele mantém com o passado.

Bibliografia

MERLEAU-PONTY, Maurice. *Fenomenologia da Percepção*, São Paulo: Martins Fontes, 1994.

Percepção e cinema em Merleau-Ponty[1]

Claudinei Aparecido de Freitas da Silva[2]

Resumo

Poderíamos sugerir, como viés interpretativo, que há, em Merleau--Ponty, um pensamento cinematográfico, isto é, a perspectiva de um gênero de "fenomenologia do cinema". Este horizonte temático, que nos parece aberto por sua obra, é mediado pelo fenômeno da percepção no momento em que o autor acolhe criticamente os princípios da *Gestalttheorie*, explorando as relações entre conteúdo e forma, figura e fundo. Nesse sentido, para o filósofo, a "sétima arte" vivificaria, prodigiosamente, a experiência de nossa inerência ao mundo, às coisas e ao outro, enquanto um estilo ilustrativo de interrogação filosófica.

---

1 Texto apresentado numa primeira versão na III Mostra Internacional de Curtas-Metragens realizada no período de 28 a 31 de agosto de 2007 na Unioeste – *Campus* Toledo e, numa segunda versão, no III Encontro do GT de Filosofia Francesa Contemporânea na USJT, no período de 28 a 30 de novembro de 2007.

2 Prof. Dr. do Colegiado de Filosofia da Unioeste – *Campus* Toledo.

1

Vivemos na era da imagem: mais do que nunca este evento exige uma profunda reflexão não apenas sobre o caráter técnico-operacional propriamente dito da produção cinematográfica, mas, sobretudo, sobre seu significado filosófico no universo da indústria cultural. Nessa perspectiva, a relação entre "filosofia" e "cinema", emergente nos tempos modernos, vem se tornando um debate recorrente, abrindo um precioso expediente, ao trazer à tona um tema constitutivo da filosofia desde suas origens: a significação estética do mundo, dada em nossa percepção das coisas.

É partindo dessa origem esteticamente interrogante que se institui a própria experiência cinematográfica, experiência singularmente retratada pela obra de Merleau-Ponty. Embora o filósofo não redija nenhum tratado mais amplo ou sistemático sobre o tema do cinema, ele profere, em 13 de março de 1945, no Institut de Hautes Études Cinématographiques, a conferência *Le cinéma et la nouvelle psychologie*, inserida posteriormente na coletânea *Sens et non-sens*. Trata-se de um breve ensaio exploratório aludindo a questões recentes da psicologia contemporânea acerca da percepção, da intersubjetividade e, por extensão, do próprio lugar ocupado pela arte do cinema. De início, Merleau-Ponty já tece o fio condutor de sua conferência esclarecendo que a "percepção" é a questão privilegiada desde onde o "cinema" sobrevém como um tema sedutor, já que toda arte só se exerce sobre um fundo inalienável por meio do qual percebemos o mundo, as coisas, o outro. Cabe, então, perguntar: – Afinal, o que é a percepção? – Em que medida a investigação desse fenômeno se torna um momento propedêutico à compreensão do próprio universo estético e, mais particularmente, do cinema como obra de arte?

2

Merleau-Ponty observa, em linhas gerais, que a tradição filosófica iniciada com Descartes e a ciência clássica fixam duas concepções canônicas sobre a "percepção": a primeira delas, de caráter "intelectualista", define nosso campo visual como uma "soma ou um mosaico de sensações, onde cada uma delas dependeria de modo estrito, da correspondente excitação retínica local" (Merleau-Ponty, 1996, p. 103). Sob esta definição, toda percepção se limita apenas em registrar o itinerário das excitações da retina, nada mais funcionando do que senão uma "síntese ativa" do entendimento que reúne os dados sensoriais dispersos em nossa experiência. A percepção se torna, desde então, uma decifração intelectual daqueles dados, enquanto seu princípio científico explicativo, por excelência. Assim, descreve Descartes num trecho célebre das *Meditações*: "digo que, olhando pela janela, vejo homens passando na rua, mas, na realidade, que vejo exatamente? Ora, vejo apenas chapéus e casacos que podem cobrir espectros ou homens fictícios que se movem apenas por molas. Se digo então que vejo homens é porque apreendo por uma inspeção do espírito aquilo que acreditava ver com meus olhos (Descartes, 1979, p. 96-7). Nesta descrição, observa Merleau-Ponty, tais objetos ambíguos e invisíveis só subsistem diante de mim porque minha consciência os torna presentes; eles não são propriamente "vistos", mas apenas "visualizados": "a percepção torna-se uma 'interpretação' dos signos que a sensibilidade fornece conforme os estímulos corporais, uma 'hipótese' que o espírito forma para 'explicar suas impressões'" (Merleau-Ponty, 1945, p. 42). Se há alguma verdadeira "visão" aí, ela será uma evidência absolutamente intelectual, uma "inspeção do espírito", uma operação analítica que decodifica o significado último dos objetos e de suas propriedades.

"Ver [define Descartes] não é uma propriedade do corpo, mas uma *propriedade do pensamento*" (*Idem*, 1988, p. 434), já que "é a alma que vê, e não o olho, pois este não vê diretamente, mas somente por meio do cérebro" (Descartes, 1996, p. 141). Merleau-Ponty então explica que, nesta formulação cartesiana, a imagem retiniana não exprime as coisas vistas, "não é a metamorfose das coisas mesmas em sua visão [...]. É, antes, um pensamento que decifra estritamente os signos dados no corpo" (Merleau-Ponty, 1985, p. 41). É essa demonstração que, lapidarmente, vemos aplicar-se na metáfora do espelho:[3] artificialmente ilusório, o reflexo especular é desprovido de qualquer poder de transcendência, pois um "cartesiano não *se* vê no espelho: vê um manequim, um 'exterior' do qual tudo faz supor que os outros o vejam do mesmo modo, mas que, para ele próprio como para os outros, não é uma carne. Sua 'imagem' no espelho é um efeito da mecânica das coisas; se nela se reconhece, se a considera 'semelhante', é seu pensamento que tece essa ligação, a imagem especular nada é *dele*" (*Idem*, *op. cit*, p. 39).

Há, porém, ainda uma segunda concepção da percepção, solidária àquela primeira, advogada pelo empirismo moderno, que afirma que a sensação e a percepção são causadas pelos estímulos dos objetos externos, agindo sobre nosso sistema nervoso cerebral. Temos, então, a partir desse segundo modelo explicativo, um processo de associação de sensações numa percepção. Noutras palavras, a sensação ocorre de maneira localizada, já que um ponto do objeto externo toca um de nossos órgãos sensoriais, percorrendo, nessa extensão, todo o interior de nosso corpo, indo do cérebro e voltando às extremidades dos sentidos. Vemos, agora, por exemplo, alguém vestido com calça jeans, calçado preto. O que, a princípio,

---

3 "Não é o olho que se vê a si mesmo, nem o espelho, mas antes o espírito, o qual somente conhece não só o espelho como o olho e a si mesmo" (Descartes, R. *Objeções e respostas*: § 524, p. 189).

"vemos", questionariam o empirista ou um cientista newtoniano? Vemos um corpo que ocupa um certo lugar no espaço: nossa visão sobre ele nada mais reflete do que uma sensação pontual rigorosamente independente das outras, cabendo, desse modo, à percepção unificá-las e organizá-las numa síntese. É tarde ensolarada, sentimos calor: – Como se dá a sensação e a percepção do calor? A experiência nos mostra, a todo o tempo, que a baixa umidade do ar e as altas temperaturas excitam uma sensação ofegante, quente em nossa pele, vívida em nosso corpo. Desse modo, absorvemos sensorial e passivamente, mediante o tato, uma série de sensações ou de qualidades exteriormente pontuais, dispersas, elementares e independentes, desencadeando em nós a própria sensação de calor. Por força do hábito ou das inúmeras repetições do mesmo evento, associamos, numa relação causal, tais estímulos externos, formando, desse modo, a ideia de calor. Nessa associação, a percepção das coisas não passa de uma "síntese passiva" que ajustaria a própria constelação de sensações enquanto acontecimentos corporais na natureza numa "simples recepção de qualidades".[4]

Ora, que apreciação Merleau-Ponty faz desses dois modos correntes de se interpretar a "percepção"? A questão, diz ele, é que estamos habituados a "construir a percepção em lugar de revelar seu funcionamento próprio; mais uma vez, deixamos escapar a operação primordial que impregna o sensível de um sentido e que

---

4   "O que é a percepção? Os velhos filósofos e os psicólogos já me tinham ensinado há 50 ou 60 anos [...] e muito antes que fosse um problema dos gestaltistas, o que é a percepção, em que ela distingue da sensação, que é um processo mais elementar. Na psicologia [...] diziam-nos que a sensação é uma excitação mais pura, por assim dizer fisiológica, produzida por um agente externo sobre os órgãos dos sentidos, ao passo que a percepção é o que se produz no cérebro quando esta excitação não está só, mas relacionada com outras excitações e a traços antigos [...]. No fundo, a percepção é um reflexo condicionado e nada mais" (Pavlov, s/d, p. 603-4).

128 ENSAIOS SOBRE FILOSOFIA FRANCESA CONTEMPORÂNEA

toda mediação lógica assim como toda causalidade psicológica pressupõem" (*Idem*, 1945, p. 43). Nessa medida, não

> construímos a percepção como se constrói uma casa, reunindo materiais emprestados dos sentidos e materiais emprestados da memória; não podemos explicá-la como um acontecimento da natureza, situando-a na confluência de várias séries causais – mecanismos sensoriais e mecanismos mnemônicos (*Idem*, 1942, p. 214).

Cabe, então, perguntar: – Se a explicação clássica da percepção ignora sua significação fenomênica última, que "operação primordial" é aquela, transfigurada rente à experiência sensível? Merleau-Ponty restitui uma terceira via interpretativa, aberta pela *Psicologia da Forma*: "O que é elementar, e chega antes de tudo em nossa percepção [observa ele] não são elementos justapostos, mas, sim, conjuntos" (*Idem*, 1996, p. 61). Na realidade, em nosso campo perceptivo, "sensação" e "percepção" não mais se distinguem, pois nunca temos sensações parciais, mas o que "sentimos" e "percebemos" é um fenômeno de organização, isto é, um sistema de configurações, uma totalidade, uma forma ou estrutura. O que se revela aí, em última análise, é um sentido radicalmente novo da "percepção": "não existem percepções que despertam representações, mas conjuntos que se compõem atualmente, dotados de uma fisionomia típica ou familiar" (*Idem*, 1945, p. 168). Sob este novo ângulo, "a percepção natural não é uma ciência, não põe as coisas às quais se dirige, não as distancia para observá-las, ela vive com elas, ela é a 'opinião' ou a 'fé originária' que nos liga a um mundo como à nossa pátria; o ser do percebido é o ser antepredicativo em direção ao qual nossa existência total está polarizada" (*Idem*, *op. cit.*, p. 371-2).

Acima de tudo, o que se apreende é um "sentido imanente ao sensível antes de qualquer juízo" (*Idem, op. cit.*, p. 44). A percepção passa a exprimir, fundamentalmente, "este ato que cria de um só golpe, com a constelação dos dados, o sentido que os une – que não apenas descobre o sentido *que eles têm*, mas ainda faz com *que tenham um sentido*" (*Idem*, 1945, p. 46). Assim, pela experiência do corpo próprio "situado aqui e agora" (*Idem, op. cit.*, p. 47), somos reenviados ao "tufo vivo da percepção" (*Idem*, 1945, p. 48), isto é, somos guiados sob a ação de uma outra razão operante, uma lógica vivida, a percepção mesma em seu evento de origem como uma "iniciação ao mundo" (*Idem, op. cit.*, p. 297), uma "comunicação ou uma comunhão" (*Idem, op. cit.*, p. 370). Ora, é este "acontecimento" que assistimos, por exemplo, na percepção da melodia:

> A melodia não é uma soma de notas: cada nota vale apenas pela função que exerce no conjunto e, por isso, a melodia não fica sensivelmente modificada com uma transposição, isto é, se se mudam todas as notas que a compõem, levando em conta as relações e a estrutura do conjunto. Em contraposição, uma única mudança nessas relações é suficiente para modificar a fisionomia total da melodia. Essa *percepção do conjunto é mais natural e primitiva* do que aquela dos elementos isolados [...]. A percepção analítica, que nos propicia o valor absoluto dos elementos isolados, corresponde, portanto, a uma atitude tardia e excepcional – é aquela do sábio que observa ou do filósofo que reflete; a percepção das formas, no sentido mais geral de estrutura, conjunto ou configuração, deve ser considerada como o nosso modo de percepção espontâneo (*Idem*, 1996, p. 62-3; grifo nosso).

O que, de imediato, percebemos na unidade melódica não se relaciona à inteligência ou à memória; não se trata, pura e simplesmente, de uma síntese ou de uma associação, mas de uma forma temporal, uma totalidade inalienável em que as notas musicais não mais se distinguem no curso da própria textura tonal, sonora ou audível. Há aí, na experiência musical, uma percepção dotada de um sentido plástico, vital, total, ou seja, a emergência singular de um "campo perceptivo" entre o ouvinte e a estrutura melódica, o corpo e o mundo. Como ilustra Merleau-Ponty, "o andamento da melodia, a configuração gráfica do texto musical e o desenrolar dos gestos participam de uma mesma estrutura e têm em comum um mesmo núcleo de significação" (*Idem*, 1942, p. 132). Por isso é que, quando percebemos, não imaginamos o mundo: ao contrário, é ele que se organiza diante de nós. Este mundo deixa de ser um simples correlato eidético ou uma ideia unívoca, pois a "percepção não é uma espécie de ciência iniciante e um primeiro exercício da inteligência; é preciso que reencontremos um comércio com o mundo e uma presença, nele, mais antiga que a inteligência" (*Idem*, 1996, p. 66).

Ao mesmo tempo – avalia Merleau-Ponty – é essa ideia da experiência enquanto comércio com o mundo que dá vazão, nas mais recentes análises psicológicas sobre a percepção, a outro tema emergente: o "outro". Trata-se de tema ignorado pela psicologia clássica ao conferir à análise introspectiva estatuto de método experimental no estudo do comportamento: em tese, os "fatos psíquicos" só podem ser conhecidos diretamente tomando-se por base a interioridade daquele que os sente, sendo, portanto, epistemicamente inacessíveis. Deste modo, a rigor, o amor, o ódio ou a cólera nada mais exprimem do que "realidades interiores", acessíveis a uma só testemunha, ou seja, a quem internamente as vivencia. Ora, é flagrantemente, aqui, à base desta tese explicativa, que Merleau-Ponty diagnostica um limite próprio dela, ao mostrar que a "cólera, a vergonha, o ódio ou o amor não são fatos psíquicos ocultos no mais profundo da consciência de outrem; são tipos de comportamento ou estilos de conduta, visíveis de fora. Estão *sobre* este rosto ou *nestes* gestos e, nunca ocultos por detrás deles" (*Idem*, *op. cit.*, p. 67). O que a "nova psicologia" reaviva é que, entre o "corpo" e o "espírito", não há mais obstáculo, abismo intransponível. A ingenuidade do psicólogo introspectivo dissipa-se ante a experiência de que "nada seria aprendido sobre a emoção enquanto se limitasse a medir a rapidez da respiração, ou, no caso da cólera, os batimentos do coração [...]. Fazer a psicologia da cólera é buscar fixar o *sentido* da cólera; é indagar qual a sua função numa vida humana e para que ela serve" (*Ibidem*). Na verdade, em vez de ser um fato psíquico, interiormente cognoscível, a emoção revela uma "variação de nossas relações com outrem e com o mundo, legível em nossa atitude corporal [...] outrem me é dado com evidência, como comportamento" (*Idem*, *op. cit.*, p. 67-8). Nessa manifestação, o outro deixa de ser aquele "ser oculto" revelando-se, ao contrário, em sua estrutura única, uma presença visivelmente inalienável através de sua fisionomia, sua voz, seus gestos, seu andar. Eis porque então, diz Merleau-Ponty, "O corpo e a 'alma' de um homem não são mais do que dois aspectos de sua maneira de ser no mundo [...] já que o corpo é a encarnação de um comportamento" (*Idem*, *op. cit.*, p. 68). É essa linguagem ancestral que a linguística restitui quando circunscreve as origens da própria linguagem no movimento expressivo, tão bem evocada por Balázs: "O movimento expressivo, o gesto, é a língua-mãe aborígine da raça humana" (Balázs, 2003, p. 79), ou como ainda sugere Merleau-Ponty, o corpo de outrem é, desde já, "expressão primordial" (Merleau-Ponty, 1960, p. 84), fulgurando aí nosso vínculo de carnalidade intersubjetivo com o mundo, com o outro. Sendo assim, pergunta-se: – Em que medida a "análise da percepção", a "experiência do corpo" e o "enigma do outro"

132 Ensaios sobre filosofia francesa contemporânea

perfazem uma única circularidade de questão indispensável para situar decisivamente o tema do cinema?

O que desde o início importa para Merleau-Ponty, a propósito desses novos estudos psicológicos, é sua significação filosófica última. Trata-se de uma psicologia que interpela a "percepção" e a "experiência de outrem" numa intenção radicalmente oposta às concepções clássicas. É, pois, essa "nova psicologia", atesta Merleau-Ponty, "que nos faz ver, no homem, não mais um entendimento que constrói o mundo, mas um ser que, nele, está lançado e a ele, também ligado como por um elo natural [...] por meio dela reaprendemos a ver este mundo com o qual estamos em contato, através de toda a superfície de nosso ser" (*Idem*, 1996, p. 68). É, portanto, na perspectiva dessa intuição inédita que podemos adentrar, mais propriamente, na experiência cinematográfica, a fim de nos conduzir às reflexões dos melhores estetas do cinema.

3

Da mesma forma que a experiência da unidade melódica evidenciara, descreve Merleau-Ponty, "um filme não é uma soma de imagens, mas uma *forma* temporal [...]. O sentido de uma imagem depende, portanto, daquelas que a precedem no correr do filme e a sua sucessão cria uma nova realidade, que não é a simples soma dos elementos empregados" (Merleau-Ponty, 1996, p. 69). Há aí, no fluxo das imagens, uma "adesão íntima", uma montagem estrutural, uma vez que a "força expressiva dessa montagem consiste em nos fazer sentir a coexistência, a simultaneidade das vidas num mesmo mundo" (*Idem, op. cit.*, p. 70).

Mais do que isto, no filme, vemos desfilar, ainda, dois elementos que se conjugam: a imagem e o som. São elementos não percebidos isoladamente, já que exprimem uma totalidade irredutível em que "a voz, o perfil e o caráter formam um todo indivisível. No entanto, a união do som e da imagem não se faz apenas em cada personagem, mas sim, no filme inteiro" (*Idem, op. cit.*, p. 70-1). É nesse sentido que podemos falar de uma linguagem cênica em que o universo perceptivo dos atores é, ao mesmo tempo, tanto a imagem viva de sua expressividade quanto sua encarnação verbal. Ora, a música interior exerce, particularmente, um papel essencial nesse conjunto, jamais se justapondo a ele como um elemento estanque, mas nele se incorporando vivamente. Ela intervém com o intuito de marcar uma mudança de estilo no roteiro cinematográfico, recriando, na matéria plástica da imagem, uma misteriosa alquimia. Conforme explicita Merleau-Ponty, "no cinema, a fala não tem a incumbência de aduzir ideias às imagens e, nem a música, sentimentos. O conjunto nos comunica qualquer coisa bem precisa que não é nem um pensamento, nem uma evocação dos sentimentos da vida" (*Idem, op. cit.*, p. 72). Daí ser "pela percepção que podemos compreender a significação do cinema: *um filme não é pensado, mas, sim, percebido*" (*Idem, op. cit.*, p. 74, grifo nosso). Ora, o que isso significa? Já há em Kant um primeiro *insight* desta tese: Merleau-Ponty mostra que, na *Crítica do Juízo*, "há uma unidade entre a imaginação e o entendimento, uma unidade entre os sujeitos *antes do objeto*, e que na experiência do belo, por exemplo, eu experimento um acordo entre o sensível e o conceito, entre mim e o outro, que é ele mesmo sem conceito" (*Idem*, 1945, p. 15). O que Kant assinala com profundidade é que, "no conhecimento, a imaginação trabalha em prol do entendimento enquanto que, na arte, o entendimento trabalha em prol da imaginação. Quer dizer: a ideia ou os fatos comuns estão presentes apenas a fim de propiciar ao criador a ocasião de lhe procurar os emblemas sensíveis e, assim, traçar o monograma visível e sonoro" (*Idem*, 1996, p. 73). Nessa direção, o que a análise da percepção mostra é que existe

134 ENSAIOS SOBRE FILOSOFIA FRANCESA CONTEMPORÂNEA

uma ordem de experiência originária, antepredicativa e, portanto, anterior ao conceito, ao entendimento. Não se trata, aqui, de contrapor esta experiência ao exercício de nossos juízos, mas de atestar a figuração de um movimento recíproco, uma aliança profunda sem deixar de levar em conta que os fatos e as ideias tão-somente revelam uma "operação segunda", da qual a experiência perceptiva é "primeira".

Esta questão abre, desde já, um instigante debate: a relação entre o cinema e a literatura.[5] Diz-se que o cinema resgata algo que se perdera na literatura, quer seja, a exploração da fisionomia. Como observa Merleau-Ponty,

> concebe-se muitas vezes o filme como sendo a representação visual e sonora, a reprodução mais fiel possível de um drama o qual a literatura somente poderia evocar com palavras, enquanto que o cinema tem a graça de poder fotografar. O equívoco se mantém porque existe, verdadeiramente, um realismo fundamental pertinente ao cinema: os atores devem atuar com naturalidade, a encenação (*mise-en-scène*) deve ser também o mais verossímil possível (*Idem, op. cit.*, p. 72).

4

Ora, cabe interrogar: – Qual a natureza desse "realismo fundamental" aqui avocado pertinente ao cinema? – Tratar-se-ia, de mais um realismo à moda clássica? Pelo contrário, Merleau-Ponty chama a atenção é para outra ordem de realismo capaz de revelar

---

5   É evidente que aí há de se ter cuidado, pois nem sempre um filme cumpre a significação de uma obra literária, podendo até deformar-lhe sua intenção mais própria. Mas não é esta questão que se coloca aqui, e sim a devida significação tanto de uma arte quanto de outra, aquém de toda sobreposição.

o mundo, o outro e as coisas em nossa percepção originária, como seres reais, carnais. Não se trata de tomá-los apenas como efeitos de superfície materializados na película cinematográfica. Ora, tal qual a tela do pintor, o filme do cineasta transcende sua materialidade gráfica, revelando, *em carne e osso*, a presença inconteste daqueles seres. Este "realismo fundamental", não antevisto pelo realismo tradicional, é que está posto como questão. Merleau-Ponty busca compreender, na imagem cinematográfica, não uma representação, um impresso fototípico do mundo, mas a própria presença viva de nossa especular carnalidade, isto é, a imagem é carne. Por outro lado, este privilégio a que assistimos no curso da experiência cinematográfica é singularmente sugestivo: não se trata, de sobrepor o cinema face à literatura, mas, tão-somente, de compreender que eles se agenciam em níveis diferentes. Neste novo contexto, a percepção cinematográfica também pode ser compreendida como uma "teoria da expressão":[6]

> Eis porque a expressão humana pode ser tão apreensível no cinema: este não nos dá os *pensamentos* do homem, como o fez o romance durante muito tempo: dá-nos a sua conduta ou o seu comportamento, e nos oferece diretamente essa maneira especial de ser no mundo, de tratar as coisas e os outros, que é, para nós, visível nos gestos, no olhar, na mímica e que define com evidência cada pessoa que conhecemos (*Idem, op. cit.*, p. 74).

Nesse horizonte, a discussão, anteriormente levantada sobre a percepção de "outrem", ganha novo impulso, aqui e agora. O amor, o ódio ou o medo que vemos na tela expressam, conforme testemunham muitos, o amor, o ódio ou o medo vividos fora da

---

6   Cf. Müller, M. J. *Merleau-Ponty, Acerca da Expressão*. Porto Alegre: Edipucrs, 2001.

136 Ensaios sobre filosofia francesa contemporânea

sala de projeção. Ora, é preciso ainda colocar este "fora" bem entre aspas, pois o que o cinema permite recriar é uma inerência profundamente radical, isto é, aquele realismo essencial em que ator e espectador vivificam um mesmo personagem; exprimem comportamentos encarnados numa mesma experiência gestáltica. A magia que a encenação fulgura é uma experiência de coexistência, uma intercomunicação ou encarnação recíproca. O outro, aí, reflete minha encarnação da qual eu sou, secretamente, a contrapartida. Conforme a interpretação de Umbelino, no cinema, perceber é também "existir com":

> O espectador, ao perceber um filme, "torna-se um ator", torna-se parte do próprio filme, um de seus elementos [...]; há um modo de olhar que coexiste desde sempre com o filme, assim participando no movimento que, na representação cinematográfica, é vinda a si do visível [...]. O cinema faz *jogar* em si os enigmas da percepção, é num sentido radical que o faz: o cinema é já a própria percepção em ato e o registro desse ato. No cinema, o olhar vê-se a olhar (Umbelino, 2005, p. 55-6).

Desse modo, a exemplo da arte pictórica, a técnica cinematográfica pode ser compreendida, segundo as palavras de Merleau-Ponty, como uma "técnica do corpo": "ela figura e amplifica a estrutura metafísica de nossa carne" (*Idem*, 1985, p. 33), carne esta transfigurada como o meio formador entre eu e outrem, o ator e o espectador, o visível e o invisível. É a este ciclo completo, como enigma perpétuo, a que Ovídio já se reportava, quando dizia: "Tu és eu mesmo: já não me engana, minha imagem"...

Em seu curso *Le Monde Sensible et le Monde de l'Expression*, Merleau-Ponty alevanta que "a mais simples percepção de movimento supõe um sujeito espacialmente situado, iniciado ao mundo" (*Idem*, 1968, p. 13). Dessa maneira, em "nossa experiência carnal do movimento" (*Ibidem*) há, por assim dizer, "um espaço e um movimento 'sensíveis ao coração', prescritos pela dinâmica interna do espetáculo" (*Idem*, 1968, p. 15). É essa "presença total do mundo" (*Ibidem*), diz ele, que o cinema também vivifica miraculosamente:

> O cinema, inventado como meio de fotografar os objetos em movimento ou como *representação do movimento*, tem descoberto junto a si muito mais que a mudança de lugar, isto é, uma maneira nova de simbolizar os pensamentos, um *movimento de representação*. Pois o filme, seu corte, sua montagem, suas mudanças de ponto de vista solicitam e por assim dizer celebram nossa abertura ao mundo e ao outro, do qual ele faz perpetuamente variar o diagrama (*Idem*, 1968, p. 20).

O que aqui se busca explorar é a ideia de que a "sétima arte" cria, admiravelmente, uma nova gramática perceptiva e, por isso mesmo, uma nova linguagem imperiosa de dizer o Ser. O que está em causa é uma outra estética na qual subjaz uma "dialética do visível e do invisível" tomados agora não mais como termos opostos, mas como a contrapartida um do outro, o verso e reverso recíprocos. Ora, diante da câmera, as coisas não se mostram dissociadas umas das outras, mas integralmente interligadas. Há, aí, um "raio de mundo" sempre englobante, uma imagem de carne a refletir nossa própria promiscuidade com as coisas. O cinema, sob este aspecto, motiva a gratuidade da lição de que "filosofar é reapreender a ver o mundo" (*Idem*, 1945, p. xvi). Essa reaprendizagem não é pura intelecção, mas exercício originário da percepção como acontecimento. Se há alguma ideia veiculada na tela cinematográfica ela é, aqui, "restituída ao estado nascente, ela emerge da estrutura temporal

138　Ensaios sobre filosofia francesa contemporânea

do filme [...] um filme significa como temos visto em última análise
o que uma coisa significa: um e outro não falam a um entendimento
separado, mas se dirigem ao nosso poder de decifrar tacitamente
o mundo e os homens e de coexistir com eles" (*Idem, op. cit.*, p.
73). É este "valor estético"[7] expresso pelo vínculo entre o cinema

---

7　Em seu artigo "A filosofia vai ao cinema: Bergson e a percepção cinematográfica do
real", Vasconcelos fixa um quadro comparativo extremamente rígido entre a filosofia
de Bergson e a fenomenologia. Ao se reportar a Husserl e a Merleau-Ponty, o intérprete tece as seguintes afirmações: "A *fenomenologia* de Husserl e de Merleau-Ponty,
em sua *démarche*, nos diz que as coisas são como que fundadas pela consciência"
(*Idem, op. cit.*, p. 81). Assim, por exemplo, em Merleau-Ponty, a consciência torna-se
o epicentro de seu pensamento, a ponto de reiterar a análise intencional da fenomenologia husserliana. Ora, é este princípio explicativo, ajuíza Vasconcellos, que leva
Merleau-Ponty, à contramão de Bergson, em "não compreender a revolução que foi
o cinema moderno fazendo de suas referências cinematográficas, referências Clássicas Narrativas" (*Idem, op. cit.*, p. 87). Nessa direção, o que seria o Cinema Clássico
Narrativo? Vasconcellos precisa: "é o discurso hegemônico das imagens-movimento.
Um discurso rígido, quase uma gramática" (*Idem, op. cit.*, p. 89). É que "o Cinema
Clássico Narrativo prima pela continuidade narrativa, pela lógica da causalidade
em que toda causa implica um efeito. É um cinema ainda aristotélico [...]. Para este
cinema, um filme deve fazer parecer ao espectador a própria realidade. O processo de
identificação deve ser imediato, assim, ficaríamos passivos diante deste 'espetáculo'"
(*Idem, op. cit.*, p. 90). Ora, gostaríamos, aqui, de pontuar certos mal-entendidos dessa leitura de Vasconcellos. Senão vejamos: primeiramente, é errôneo situar Merleau-
Ponty e Husserl como que integrantes de uma mesma perspectiva fenomenológica,
leitura que tem se tornado um lugar-comum para alguns intérpretes. Merleau-Ponty
é um crítico da fenomenologia, sem deixar de ser fenomenólogo. O filósofo não deixa,
sob tal propósito, de pôr em cheque a noção husserliana da "consciência transcendental"
tal como mostra a *Phénoménologie de la perception* (cf. *op. cit.*, p. 76) citada inclusive
por Vasconcellos. Em segundo lugar, é problemático avaliar Merleau-Ponty apenas sob
o ponto de vista da *Phénoménologie de la perception*, negligenciando, por exemplo,
o legado de sua obra posterior, a qual reconhece, "em parte", o "déficit" da obra
inicial, sem deixar de retomá-la e retificá-la criticamente. No tocante à concepção
merleau-pontyana de cinema, há outro sério equívoco do intérprete em questão:
Merleau-Ponty jamais interpreta o cinema como uma montagem ou simples somató-
ria de imagens cuja operação redunda num "mero artifício de recortá-las e colá-las".
Ora, Merleau-Ponty, até certo ponto, numa linha exegética próxima a de Jean-Luc
Godard, também contesta a ideia clássica de que "todo filme deve ter começo, meio
e fim", já que o cinema não se define como uma arte narrativa ou representacional

e a filosofia que leva Merleau-Ponty a poder dizer: "o cinema está particularmente apto a tornar manifesta a união do espírito com o corpo, do espírito com o mundo e a expressão de um no outro. Eis por que não é surpreendente que o crítico possa, a propósito de um filme, evocar a filosofia" (*Idem, op. cit.*, p. 74).[8] De fato, esse reconhecimento não só apenas reitera o caráter excêntrico da técnica cinematográfica como crítica filosófica. Esta interface aponta outro horizonte, segundo as palavras de Merleau-Ponty, com as quais aqui, agora, concluímos:

---

pura e simples: a sétima arte traduz, prodigiosamente, uma experiência com as coisas, e não haveria, dessa forma, qualquer Ego que arbitraria o sentido último de toda experiência cinematográfica. Como Merleau-Ponty também reconhece, a despeito de suas críticas, Bergson quer retornar à experiência perceptiva como "ato fundamental que nos instala nas coisas" (Merleau-Ponty, 1995, p. 81); mais do que isto, ele se empenha em "descrever um meio comum ao Ser e à percepção" (*Idem, op. cit.*, p. 84). É exatamente este "meio comum" que Merleau-Ponty jamais perde como horizonte de sua obra e, dessa forma, ele se revela como um verdadeiro bergsoniano. Cf. meu ensaio: "Ressonâncias bergsonianas na fenomenologia de Merleau-Ponty". In: Rio de Janeiro (RJ): UERJ – Maracanã, 2007 (Artigo em mídia eletrônica).

8   Mais uma vez, aqui, o fenômeno da alteridade se transfigura tematicamente. Ao final de seu ensaio *Le cinéma et la nouvelle psychologie*, Merleau-Ponty se reporta ao crítico e cineasta francês Alexandre Astruc que escreve sobre o filme *Que espere o céu* de A. Hall de 1941. Trata-se de uma admirável comédia onde Joe Pendleton (Robert Montgomery) é um famoso lutador de boxe que está a caminho de uma competição e acaba morrendo em um acidente aéreo. Infelizmente para Joe, ele não deveria ter morrido no acidente, mas foi levado para o céu por um anjo ansioso (Edward Everett Horton). Agora, a decisão é do chefe do anjo, Sr. Jordan (Claude Rains), que tem que encontrar um novo corpo para Joe e dar-lhe uma segunda chance de lutar pelo título. À procura de sua nova casa, Joe conhece uma jovem idealista (Evelyn Keyes) pela qual imediatamente se apaixona, e que lhe dá uma nova razão para viver além do boxe. Como observa Merleau-Ponty, o comentário de Astruc se dá em termos sartreanos: "o morto que sobrevive ao seu corpo e é obrigado a habitar um outro, permanece o mesmo *para si*, mas ele é outro *para outrem* e não saberia viver tranquilo até que o amor de uma jovem o reconheça através do seu novo invólucro e seja restabelecida a concordância entre o para si e o para outrem" (Merleau-Ponty, 1996, p. 75).

Se, enfim, nos indagamos por que essa filosofia se desenvolveu justamente na era do cinema, não devemos, evidentemente, dizer que o cinema provém dela. O cinema é, antes de tudo, uma invenção técnica na qual a filosofia tem a sua razão de ser. Todavia, não devemos exagerar, afirmando que essa filosofia provém do cinema e o traduz sobre o plano das ideias. Pois o cinema pode ser mal utilizado e o instrumento técnico, uma vez inventado, tem de ser retomado por uma vontade artística e tornar-se como que inventado uma segunda vez, antes que se chegue a fazer verdadeiros filmes. Se, portanto, a filosofia e o cinema estão de acordo, se a reflexão e o trabalho técnico correm no mesmo sentido, é porque o filósofo e o cineasta têm em comum uma certa maneira de ser, uma certa visão do mundo que é aquela de uma geração. Uma ocasião ainda de verificar que o pensamento e a técnica se correspondem e que, segundo Goethe, "o que está dentro, também está fora (*Idem, op. cit.*, p. 75).

Bibliografia

BALÁZS, B. "*Der sicht bare mensch* (O Homem visível) – 1923", in XAVIER, Ismail (Org.) *A Experiência do Cinema*: Antologia. Trad. João L. Vieira. Rio de Janeiro: Graal/Embrafilmes, 2003, p. 75-83.

DESCARTES, R. *La Dioptrique (VI)* (ed. Adam et Tannery). Paris: Vrin, 1996.

_____. *Meditações: Objeções e Respostas*. Trad. B. P. Júnior e J. Guinsburg. 2. ed. São Paulo: Abril Cultural, 1979.

HALL, A. (Dir.). *Here Comes Mr. Jordan* (*Que espere o céu*). EUA, 1941.

MERLEAU-PONTY, M. *La Structure du Comportement*. Paris: PUF, 1942.

MERLEAU-PONTY, M., *Phénoménologie de la Perception*. Paris: Gallimard, 1945.

_____. *Signes*. Paris: Gallimard, 1960.

_____. *Le Visible et l'Invisible*. Paris: Gallimard, 1964.

_____. *Résumés de Cours*: Collège de France (1952-1960). Paris: Gallimard, 1968.

_____. *L'Ceil et l'Esprit*. Paris: Gallimard, 1985.

_____. *Merleau-Ponty à la Sorbonne – Résumé du Cours (1949-1952)*. Paris: Cynara, 1988.

_____. *La Nature*. Paris: Seuil, 1995.

_____. *Sens et Non-sens*. Paris: Gallimard, 1996.

MÜLLER, M. J. *Merleau-Ponty, Acerca da Expressão*. Porto Alegre: Edipucrs, 2001.

PAVLOV, J. P. *Œuvres Choisies*. 2. ed. Moscou: Editions en langues etrangeres, s/d.

SILVA, C. A. F. "Ressonâncias bergsonianas na fenomenologia de Merleau-Ponty". In: Rio de Janeiro (RJ): UERJ - Maracanã, 2007 (Artigo em mídia eletrônica).

VASCONCELOS, J. "A filosofia vai ao cinema: Bergson e a percepção cinematográfica do real". In: *Cadernos de Filosofia Contemporânea*. Rio de Janeiro, 1999, p. 79-95.

UMBELINO, L. A. "Percepção e imagem: o exemplo do cinema no contexto da meditação fenomenológica de Merleau-Ponty sobre a experiência perceptiva". In: *Phainomenon – Revista de Fenomenologia*, n° 10, 2005, p. 47-61.

Percepção e experiência do mundo: um diálogo entre Merleau-Ponty e Alberto Caeiro

Daniel Paulo de Souza[1]

O objetivo deste trabalho é realizar uma aproximação entre a filosofia de Merleau-Ponty, principalmente a sua fenomenologia da percepção, e a poesia de Alberto Caeiro em *O Guardador de Rebanhos*, com vistas a descrever a noção de ato perceptivo que emerge da obra deste heterônimo de Fernando Pessoa. Essa aproximação revela que há uma diferença entre os dois autores quanto à compreensão da percepção. Faremos essa discussão em três movimentos: apresentando brevemente as características de Alberto Caeiro e de sua obra *O Guardador de Rebanhos*, realizando um diálogo com a filosofia de Merleau-Ponty e, por último, identificando algumas ideias paradoxais no modo como Caeiro vê a percepção. Encerraremos com algumas provocações que a obra *O Guardador de Rebanhos* leva-nos a pensar.

---

1   Mestrando pelo Departamento de Filosofia da Universidade São Judas Tadeu.

Primeiro Movimento

À primeira vista, a obra *O Guardador de Rebanhos*, de Alberto Caeiro, parece estar na contramão do que, por atributo, acabou tornando-se. Dizemos atributo porque a alcunha de mestre dada a Caeiro não foi opção própria, mas uma espécie de nomeação "admirativa" realizada por parte dos heterônimos, sobretudo Ricardo Reis, e por parte do próprio Fernando Pessoa, dito seu *ortônimo*. O mestre, no entanto, não está preocupado com a sapiência que caracteriza o posto: ser modelo cultural não faz parte de seu horizonte; ele quer apenas ter uma vida simples no campo. Alberto Caeiro não quer conhecer o mundo, quer senti-lo enquanto este se revela, enquanto se apresenta não como significação, mas como coisa.

Dos heterônimos de Fernando Pessoa, Caeiro é o que possui essa ligação direta com a natureza, ensinando aos outros o caminho para o encontro definitivo com ela, algo que, segundo ele, nem mesmo os gregos, com seu paganismo, conseguiram. A imagem desse modo de vida está em seus principais textos, *O Guardador de Rebanhos*, *O Pastor Amoroso* e *Poemas Inconjuntos*, sendo o primeiro o que destaca melhor essas características. Definindo-se, Caeiro diz: "sou um homem que um dia, ao abrir a janela, descobri esta cousa importantíssima: que a Natureza existe. Verifiquei que as árvores, os rios, as pedras são cousas que verdadeiramente existem. Nunca ninguém tinha pensado nisto".[2] Assim, afirma ser simplesmente alguém que, ao reparar nas coisas um dia, percebeu que elas estão ali como existentes acima de qualquer significação que se possa atribuir a elas. Essa sua atitude natural, e à primeira vista 'ingênua', permite-lhe ver realmente o que a cultura revestiu

---

2 Pessoa, Fernando. *Poesia: Alberto Caeiro*. São Paulo: Companhia das Letras, 2001, p. 201.

de conceitos e de ideias; a partir dali podia *ver a natureza*. Em suas palavras, "fiz a maior descoberta que vale a pena fazer [...]. Dei pelo Universo. Os gregos, com toda a sua nitidez visual, não fizeram tanto".[3]

A poesia de Alberto Caeiro, em *O Guardador de Rebanhos*, gira em torno das sensações. A obra é dividida em 49 poemas que delineiam uma espécie de "dia" na vida de um poeta que se propôs a viver próximo à natureza. Nos poemas iniciais, Caeiro fala sobre o que é, sobre como vê as coisas e como considera que elas deveriam ser vistas. Abre as portas e inicia uma caminhada que se encerrará com o cair da noite, com o fechar das janelas à luz do candeeiro. Para definir-se, diz no início: "Não tenho filosofia, tenho sentidos". Aliás, a respeito de qualquer atitude pensante, ele alerta: "Pensar incomoda", mais ainda "Pensar é estar doente dos olhos", pensar é fechar as cortinas da janela e não presenciar o espetáculo do mundo que se desvela incessantemente aos sentidos como visibilidade. Sobre isso, é importante acentuar que a visão é o sentido privilegiado, o sentido que *faz conhecer* o mundo: "Creio no mundo", diz, "porque o vejo, mas não penso nele". Ver é estar imerso em uma percepção única e presente, que oferece ao poeta a totalidade das coisas visíveis como objetos de um mundo que, conforme destacamos, apresenta-se como *espetáculo*. *Olhar* e *conhecer* são processos que ocorrem em concomitância, não como uma inteligência racional, mas no âmbito do sensível: como senciente, ele participa da totalidade do mundo sendo espectador e deixando-se envolver por um mundo que naturalmente se dá a conhecer, não por meio de conceitos, não por meio da cultura, muito menos por meio dos nomes que as coisas possuem, mas exclusivamente pelo modo de aparecer que elas desvelam. Segundo Caeiro, ser "natural", como proposta de vida, é manter-se atento a esse modo de aparecer que as coisas

---

3 *Idem, ibidem.*

possuem sem preocupar-se com a significação que carregam ou com possíveis lembranças que despertam. Muito pelo contrário, pensar é deixar de ver.

Assim ele se define já no nono poema:[4]

Sou um guardador de rebanhos.
O rebanho é os meus pensamentos
E os meus pensamentos são todos sensações.
Penso com os olhos e com os ouvidos
E com as mãos e os pés
E com o nariz e a boca.
Pensar uma flor é vê-la e cheirá-la
E comer um fruto é saber-lhe o sentido.
Por isso quando num dia de calor
Me sinto triste de gozá-lo tanto.
E me deito ao comprido na erva,
E fecho os olhos quentes,
Sinto todo o meu corpo deitado na realidade,
Sei a verdade e sou feliz.

O primeiro verso "Sou um guardador de rebanhos" remete às circunstâncias existenciais da poesia que compõe e, junto ao segundo e ao terceiro, aproximando-se as palavras "rebanhos e pensamentos" e "pensamentos e sensações", pode-se concluir uma proposta de estar no mundo: *Sou um guardador de sensações*. Pensar, conforme ele o coloca, é cheirar, é ver, e comer um fruto é saber-lhe o sentido. Isso nos faz observar que todo o movimento caeiriano de pensamento é baseado nas sensações, não mediado, portanto instantâneo, afirma uma espécie de "curto-circuito" entre o ver e o conhecer.

---

4   GR, IX, p. 44.

O texto expõe, na sequência, um momento posterior a essa apresentação, que é denominado o "momento da doença": são quatro canções que se estendem do poema 15 ao 19. Esses versos específicos, diz Caeiro, mentem a respeito do que ele é porquanto foram escritos na doença, no momento em que ele estava pensando e, por causa disso, atribuindo significados às coisas. Recuperado deste breve instante de doença, ele retorna ao momento do simples sentir que estava apresentando.

Segundo Movimento

Se recorrermos ao pensamento merleau-pontiano, veremos que há uma aproximação entre a percepção fenomenológica e esse modo de "estar no mundo" de Alberto Caeiro. O "retorno ao mundo vivido" de que fala Merleau-Ponty é encarnado por Caeiro como modo existencial de fato, como vivência em ato do próprio fenômeno na mesma medida em que o sujeito está lançado no mundo. Merleau-Ponty apoiaria essa ideia já que diz que nosso "inventário do mundo" está ligado ao "tecido sólido"[5] do real, a uma certa facticidade da própria existência, habita um mundo já dado. A descoberta que fazemos de nós mesmos e do mundo só se dá enquanto "horizonte permanente". Isto quer dizer que a descoberta do "eu" e das coisas não cessa de ocorrer, em virtude de a consciência estar permanentemente lançada no mundo. O verdadeiro *Cogito*, portanto, deve revelar-nos como "seres no mundo", visto que, como destaca Merleau-Ponty, sem o "eu" que percebe, o mundo não existe, ele não pode ser constituinte do pensamento. Em outras palavras, "o verdadeiro *Cogito* não substitui o próprio mundo pela significação mundo",[6] ele deve revelar-nos

---

5 Merleau-Ponty, M. *Fenomenologia da Percepção*, p. 6.

6 *Idem, ibidem.*

como *ser-no-mundo*. Essa constatação indica-nos a experiência do mundo como "fonte originária" do conhecimento, e que o sujeito da percepção, lançado neste mundo, apreende-o constantemente. Merleau-Ponty ainda fala sobre a importância de apreender o mundo em seu "estado nascente",[7] ou seja, no momento em que a consciência toma contato direto com as coisas, e elas como que nascem diante dessa consciência.

Trata-se de restituir a "camada de experiência viva", as coisas em seu "estado nascente", e, como primeiro ato filosófico, "retornar ao mundo vivido".[8] Somente assim poderíamos notar esse 'modo de aparecer' que as coisas possuem, visto que isso se dá no campo fenomenal. Esse campo não é um "mundo interior", um mundo forjado pela inteligência no âmbito da experiência sensível, mas o lugar do fenômeno, o próprio mundo vivido. Nele, o fenômeno não é mais um "estado de consciência", a forma como a consciência se predispõe para receber as informações sensíveis, mas o próprio "berço das coisas",[9] a fonte de onde emanam as significações do ato perceptivo, e que nos revela o mundo como aquele lugar "familiar de nossa vida".

Nesse contexto, a poesia caeiriana realiza exatamente o movimento que conduz ao fundo da experiência de que fala Merleau-Ponty, desvelando um saber próprio da ordem do percebido ao privilegiá-lo como forma de ser-no-mundo em detrimento do pensamento. A poesia de Caeiro está calcada no terreno da percepção, terreno em que toda linguagem, toda filosofia ou toda ciência estão enraizadas. Voltar para o campo próprio do fenômeno e da percepção significa buscar aí a raiz pré-objetiva e pré-predicativa do conhecimento. Essa raiz pré-objetiva nos faz

---

7   *Idem*, p. 20.

8   *Idem*, p. 89.

9   Merleau-Ponty, M. *Fenomenologia da Percepção*, p. 92.

ver quais as significações dadas pelo percebido, ou os sentidos cuja revelação escapam até mesmo do campo da linguagem.

Alberto Caeiro conduz-nos, em O *Guardador de Rebanhos*, ao movimento próprio do sentir, visto que essa obra é habitada constantemente pela sensação. O mundo será apresentado pelo poeta com base no modo como as coisas atingem os seus órgãos do sentido, principalmente a visão. Caeiro utiliza frequentemente imagens para definir as coisas por meio de comparações: "Minha alma é *como* um pastor", "Se sente a noite entrada *como* uma borboleta pela janela", "Creio no mundo *como* num malmequer", dentre muitas que estão presentes na obra, marcadas pelo conectivo *como*. Isso também nos oferece indícios de que o *ver como*, para Caeiro, é importante, porque nos apresenta a singularidade de uma existência sempre presentificada e visual. O poeta, ao observar a natureza e senti-la como espectador e como parte dela ao mesmo tempo, procura o pleno contato com as coisas tais como elas aparecem. Ele parece concordar com a ideia de Merleau-Ponty de que "o sentir é esta comunicação vital com o mundo que o torna presente para nós como lugar familiar de nossa vida".[10] A natureza e os campos são-lhe, particularmente, esse 'lugar familiar'.

Toda a reflexão realizada com o objetivo de compreender a poesia caeiriana tenta aproximar-se desse 'modo de existir' guiado pelo sentir, para ver que tipo de significações emerge desse contato direto com o mundo e que possa nos dizer algo sobre a criação poética como expressão da experiência originária de que já falamos. Nossa hipótese--guia de leitura é a de que o texto O *Guardador de Rebanhos* revela essa experiência do mundo de uma maneira poética, o que a filosofia fenomenológica tenta descrever de maneira conceitual. Caeiro mesmo se define como o *"argonauta das*

---

10 *Idem*, p. 84.

sensações verdadeiras",[11] posto que deixa as coisas se apresentarem naturalmente aos seus sentidos, sem abstrair, nesse processo, um significado emergente. É curiosa a forma como encara a metafísica tradicional:[12]

> Há metafísica bastante em não pensar em nada.

> O que penso eu do mundo?
> Sei lá o que penso do mundo!
> Se eu adoecesse pensaria nisso.
> Que ideia tenho eu das cousas?
> Que opinião tenho sobre as causas e os efeitos?
> Que tenho eu meditado sobre Deus e a alma
> E sobre a criação do Mundo?
> Não sei. Para mim pensar nisso é fechar os olhos
> E não pensar. É correr as cortinas
> Da minha janela (mas ela não tem cortinas).
> O mistério das cousas? Sei lá o que é mistério!
> O único mistério é haver quem pense no mistério.
> Quem está ao sol e fecha os olhos,
> Começa a não saber o que é o sol
> E a pensar muitas cousas cheias de calor.

O mistério, o oculto, só se dá porque alguém o pensa; ele de fato não existe. Quem não vê, não sabe o que é o "sol", não sabe o que são as coisas porque mais vale sentir do que pensar. Poetas e filósofos devem aprender a não pensar, já que "A luz do sol vale mais que os pensamentos de todos os filósofos e de todos os poetas". Isso quer dizer que tudo o que possamos saber sobre o mundo nos revela

---

11 GR, XLVI, p. 85.

12 *Idem*, V, p. 31.

tudo, menos o próprio mundo. A metafísica de Caeiro é existencial, ligada à "carne do mundo", julgando a metafísica das árvores, ou o fato de serem copadas e verdes, melhor do que a metafísica tradicional, porque a primeira se identifica com a natureza. Diz Caeiro: "o único sentido oculto das cousas/ É elas não terem sentido oculto nenhum", "As cousas não têm significação: têm existência".

Terceiro Movimento

Um horizonte paradoxal se revela na poesia de Alberto Caeiro. Em relação à filosofia merleau-pontiana, é possível identificar uma percepção mais radical em Alberto Caeiro, já que o filósofo francês entende a percepção elementar como já carregada de sentido. Para Caeiro, no entanto, esse 'pré-juízo' do *sentido* no interior da experiência deve ser substituído pela *visibilidade* do mundo: "Creio no mundo porque o vejo. Mas não penso nele",[13] conforme já apontamos. Pensamos que essa atitude de Caeiro pode ser entendida como um retorno ao mundo vivido e um reencontro com o fenômeno, "a camada da experiência viva através da qual primeiramente o outro e as coisas nos são dados, o sistema Eu-outro-as coisas no estado nascente, o despertar da percepção",[14] nas palavras de Merleau-Ponty. Cabe agora discutir essa noção de percepção que emerge de *O Guardador de Rebanhos*. Quatro momentos paradoxais podem ser identificados com base nessa visão do poeta.

Primeiro, essa crença na realidade não como algo *inteligível*, mas como algo *perceptível*, assume dimensões ainda mais radicais quando, na sequência do texto, Caeiro diz que "pensar é não compreender", propondo uma ideia que marcará toda a composição da obra que estamos analisando: segundo ele, o mundo "não se

---

13 GR, II, p. 26.

14 Merleau-Ponty, M. *Fenomenologia da Percepção*, p. 90.

fez" para que pensemos nele. O projeto poético de Alberto Caeiro será definido como um *abandono* da razão e um *entregar-se* ao puro ato perceptivo: ver o mundo como *puro fenômeno*. Afinal, para ele, "a Natureza não tem dentro; Senão não seria a Natureza". Se levarmos em consideração que, para Merleau-Ponty, a percepção elementar já é carregada de sentido, afigura-se, portanto, entre o poeta e o filósofo uma primeira distância.

Segundo, Merleau-Ponty fala em afastar-se do fenômeno *com* a razão, a fim de descrevê-lo; Caeiro, por sua vez, afasta-se *da* razão a fim de aproximar-se mais do fenômeno: o conhecimento, além de estar restrito à percepção, esvazia-se também de qualquer intelecção sobre as coisas e sobre o mundo. Pensando sob o crivo da racionalidade, esse paradoxo se alarga, visto que não há como se sustentar a hipótese de um conhecimento que ingenuamente se delineia com base em um esvaziamento da razão.

Terceiro, para acentuar ainda mais essa questão posta, ele sublinha mais uma relação paradoxal com o mundo: "ver sem compreender". À medida que se coloca em uma instância puramente sensível, descolando-se do sentido das coisas, reduz os graus de conhecimento, a saber, a percepção, a linguagem e a racionalidade, ao simples ato perceptivo. Se até agora utilizamos a expressão *"conhecer para Caeiro é ver como"*, estamos, a partir do oxímoro pertinente a esse terceiro movimento, provocando ainda mais o conceito de "conhecer": ele abre a possibilidade de um "conhecer sem compreender", abrindo o campo paradoxal para o caráter epistemológico: será possível um conhecimento puramente sensitivo e visual, simplesmente da ordem dos sentidos e não da razão?

Quarto, a linguagem do discurso poético interpõe-se como elemento mediador, portanto como significação. O contato da experiência primeira pode até nos remeter ao campo puramente das coisas tais como aparecem, mas, como acentua Merleau-Ponty, ele encontra seu sentido último no campo da estruturação da linguagem, que nos reconstrói além da experiência primordial e nos perpassa constantemente, permitindo que realizemos uma *experiência descritiva*: a poesia seria exatamente a concretização disso, traduzindo em palavras o que a experiência direta comunica de modo fenomênico. Como Caeiro abole qualquer relação de pensamento, estamos diante de um problema e de um paradoxo quase indissolúveis. Para superar essa provocação, ele diz que a "linguagem dos homens" é que impõe essa dificuldade:[15]

> Se às vezes falo dela [a natureza] como de um ente
> É que para falar dela preciso usar a linguagem dos homens
> Que dá personalidade às cousas,
> E impõe nome às cousas.

O visível é o que garante conhecer as coisas, e o estado nascente de que Merleau-Ponty fala está presente em Caeiro a partir de uma natureza objetiva e fisicamente presente. A linguagem, como medeia as significações das coisas dadas no ato de percepção (pois as coisas na verdade não as teriam), não é apropriada para revelar o mundo. Uma vez que as coisas não têm significação, mas existência, elas são acessíveis enquanto existentes visíveis.

Provocações

Na verdade, a ideia de um *paradoxal* em *O Guardador de Rebanhos* só é possível se caminharmos para a obra munidos de um conjunto de conceitos que a reduzem a essa natureza contraditória. O texto em si, ao contrário, é a reprodução de um ato perceptivo puro, tentando desvincular-se da atividade racional, tentando ser fenômeno, tentando mostrar até mesmo uma obviedade: as

---

15 GR, XXVII, p. 63.

coisas apenas são, e nada mais. Isso é o que Ricoeur chama de "mundo do texto", é a realidade específica que revela. A filosofia de Merleau-Ponty, em seu esforço conceitual, mostra a problemática da percepção como uma relação entre sujeito e mundo anterior a qualquer racionalidade e intelecção, transparecendo que o esforço do conceito em demonstrar essa experiência primordial é grande. Alberto Caeiro, com seu trabalho poético e metafórico, *dá a ver* esse contato com a percepção primordial, utiliza a linguagem para provocar essa experiência, para tentar revelar-se como fenômeno, já que, como poeta das sensações, seus interesses estão distantes das problemáticas filosóficas. Dado que se autodenomina "o Descobridor da Natureza", tenta tirar o véu das significações do mundo para revelá-lo como presente e visível, conduzir ao momento primordial, ao instante do contato em que o humano se faz "primitivo", conforme ele diz, ao curto tempo de absoluto deleite entre sujeito e objeto, ao instantâneo da revelação do mundo, mostrando a importância do desnudar-se para ver, do despojar-se dos conceitos para deixar-se apresentar. Assim, o percurso linguístico aponta o horizonte da experiência, experiência mediada que deve logo ser abandonada. O importante é ver, e nada mais. A nós, adoecidos dos olhos que pensamos todas essas coisas, resta a interrogação: o que será que a filosofia tem a reaprender com essa experiência poética?

Bibliografia

_____. *Páginas Íntimas e de Auto-interpretação*. Lisboa: Ática, 1966.

PESSOA, Fernando. *Poesia: Alberto Caeiro*. São Paulo: Companhia das Letras, 2001.

_____. *Conversas – 1948*. São Paulo: Martins Fontes, 2004.

MERLEAU-PONTY, Maurice. *Fenomenologia da Percepção*. São Paulo: Martins Fontes, 2002.

.

A pintura e o fundamental da cultura: algumas revelações da pintura em *O Olho e o Espírito* de Merleau-Ponty

Gisele Batista Candido[1]

1

Ainda que o tema de *O Olho e o Espírito* seja a pintura, não obstante, sua primeira parte inicia-se atentando para o comportamento da ciência e sua relação com a filosofia. Se Merleau-Ponty direciona inicialmente sua atenção às mudanças da ciência, não é apenas para denotar sua preocupação com o rumo que ela tomara, mas também principalmente para trazer à tona um tipo de envolvimento originário com o mundo, que, ao contrário dessa nova ciência, a pintura exemplarmente efetuaria. Esse envolvimento originário com o mundo refere-se a um solo de "sentido bruto" (Merleau-Ponty, 2004, p. 15) do qual essa ciência, com seu pensamento de sobrevoo, teria se afastado, e para o qual, tal como a filosofia e principalmente a pintura, deveria às vezes voltar-se.

---

1   Mestre em filosofia pela UFPR.

158   ENSAIOS SOBRE FILOSOFIA FRANCESA CONTEMPORÂNEA

Num segundo momento, em *O Olho e o Espírito*, privilegiando o trabalho do pintor em vista de sua disposição ontológica de revelar as imbricações do Ser,[2] Merleau-Ponty (ao considerar o fundamental da cultura, a continuidade e o solo incomum que compartilham os diferentes modos de expressão) volta-se para a forma como o pintor envolve-se com o mundo, para sua relação com um solo de sentido bruto. Mas, enfim, o que é essa relação da pintura e o que esse tipo de envolvimento há de revelar?

2

Se num primeiro momento Merleau-Ponty, em *O Olho e o Espírito*, detivera-se em expor como a ciência e um tipo de pensamento fundamentado nessa ciência afastaram-se de um mundo de ser bruto, será à pintura, sobretudo, à experiência da visão[3] realizada por ela, que recorrerá ao explicitar esse mundo de sentido bruto e suas implicações. Ou, antes, será voltando-se para uma análise da pintura que Merleau--Ponty revelará esse mundo. Afirma o filósofo: "a arte, e especialmente a pintura, abeberam-se nesse lençol de sentido bruto do qual o ativismo nada quer saber" (Merleau-Ponty, 2004, p. 15).

Após essa consideração que introduz a pintura nesse ensaio, o que se sobressai são algumas asseverações de Merleau-Ponty que identificam também um caráter pré-cultural na postura do pintor e em seu trabalho. A pintura é caracterizada, então, como

---

2   "[...] A arte a filosofia em *conjunto*, são justamente não fabricações arbitrárias no universo *espiritual* (da 'cultura'), mas contato com o Ser na medida em que são criações. O Ser é o que exige de nós criação para que *dele* tenhamos experiência" (Merleau-Ponty, 2000, p. 187).

3   Marilena Chaui bem explicita essa experiência: "O que é a experiência da visão? É o ato de ver, advento simultâneo do vidente e do visível como reversíveis e entrecruzados, graças ao invisível que misteriosamente os sustenta" (Chaui, M., 2002, p. 164).

uma prática inocente, que pode suspender-se de posições morais ou instituições culturais. Diferente até mesmo da filosofia ou da literatura, que impõe ao homem sempre a adoção de uma posição ou explicitação de uma opinião, a pintura não inflige ao pintor a responsabilidade de apreciações. "O pintor é o único a ter direito de olhar sobre todas as coisas sem nenhum dever de apreciação" (Merleau-Ponty, 2004, p. 15).

Nesse ponto Merleau-Ponty não só parece retomar uma discussão, explicitada em *A Linguagem Indireta e as Vozes do Silêncio*, com Sartre, mas também confirmar certa prerrogativa da pintura em relação ao originário. Enquanto Sartre em *Que é a Literatura?* concede à prosa o privilégio da significação, valorizando-a, por conseguinte, por sua disposição para o engajamento, Merleau-Ponty[4] estima o trabalho do pintor justamente por sua falta de necessidade em estabelecer uma posição.

> Como se houvesse na ocupação do pintor uma urgência que excede qualquer outra urgência. Ele está ali, forte ou fraco na vida, mas incontestavelmente soberano em sua ruminação do mundo, sem outra 'técnica' senão a que seus olhos e suas mãos oferecem à força de ver, à força de pintar, obstinado em tirar deste mundo, onde soam os escândalos e as glórias da história, telas que pouco acrescentarão às cóleras e às esperanças dos homens, e ninguém murmura" (Merleau--Ponty, 2004, p. 15).

Assim, em *O Olho e o Espírito*, a pintura logo se torna protagonista quando Merleau-Ponty volta-se para o sentido bruto. Pois enquanto a literatura ou a filosofia – enfim, o que exige

---

4   Vale mencionar que as teorias concernentes à obra de arte e significação de Merleau-Ponty diferem enfaticamente das de Sartre.

a fala –, estão além desse sentido, por outro lado, a música[5] estará muito aquém do designável.

> Ao escritor, ao filósofo, pede-se conselho ou opinião, não se admite que mantenha o mundo em suspenso, quer-se que tomem posição – eles não podem declinar as responsabilidades do homem que fala. A música, inversamente, está muito aquém do mundo e do designável para figurar outra coisa senão épuras do Ser [...]"(Merleau-Ponty, 2004, p. 15).

O trabalho do pintor revela-nos, de certa forma, que sua situação configura-se como um "meio-termo", pois o seu trabalho não está tão vinculado ao mundo cultural como está o do escritor, bem como também não está tão afastado desse mundo como está o do músico. Esse "meio termo", essa posição "a meio caminho" do pintor (que precisa fazer um retorno constante ao mundo bruto em suas operações para firmar o que culturalmente o cerca), essa capacidade do pintor de retomar a cultura e, ao querer *ir mais longe*, ter que retornar ao mundo de sentido bruto para reformular suas aquisições, e assim, de fato, *ir mais longe* do que já estava construído, enfim, essas operações realizadas, e o que no pintor elas implicam, podem secretar exemplarmente a maneira como a cultura se fundamenta.

> Qual é, pois, essa ciência secreta que ele [o pintor] possui ou que ele busca? Essa dimensão segundo a qual Van Gogh quer ir 'mais longe'? Esse fundamental da pintura, e talvez de toda a cultura?" (Merleau-Ponty, 2004, p. 15).

---

5   É pertinente mencionar que Merleau-Ponty não oferece muitas explicações sobre por que ou como a música está muito aquém do sentido bruto.

Portanto, conforme poderemos também observar, o interesse pela pintura demonstrado por Merleau-Ponty, tal como o vínculo com sua filosofia, não está somente ligado à aproximação da pintura com um mundo bruto, mas também com a forma como suas operações desdobram-se.

3

Conquanto enfatize de imediato o papel do corpo na pintura[6], ao analisar o modo como o pintor envolve-se com o mundo, Merleau-Ponty demora-se nas explicações acerca da natureza dessa relação. E não poderia ser diferente: uma relação quase paradoxal, uma imbricação ambígua entre corpo, movimento, visão e visível, que a pintura implica, revela-nos um tipo de reflexão a qual, mesmo se não é de origem intelectual, constitui conhecimento.

Para compreender como o pintor emprega o seu corpo ao pintar, não nos bastariam os modelos corporais empiristas, intelectualistas, cientificistas, modelos em que o corpo não passa de uma "porção de espaço, um feixe de funções" (Merleau-Ponty, 2004, p. 16), a visão, de uma operação do pensamento, e o movimento, de uma decisão do espírito. A relação do pintor com o mundo não se resume a uma posse do segundo pelo primeiro. Antes, há uma entrega ao mundo por parte do pintor, e será apenas oferecendo dessa forma seu corpo que ele conseguirá transformar o mundo em pintura. Essa comunhão entre o pintor e o mundo, anunciada por

---

6 Sobre a relação entre o corpo e a pintura, Marilena Chaui explica: "A pintura é a transubstanciação entre o corpo do pintor e o corpo das coisas. [...] É que a visão e o movimento são inseparáveis, embora diferentes: ver não é apropriar-se do mundo em imagem, mas aproximar-se das coisas, tê-las, mas à distância; mover-se não é realizar comandos que a alma envia ao corpo, mas o resultado imanente do amadurecimento de uma visão. Nosso corpo é uma potência vidente e motriz que vê porque se move e se move porque vê" (Chaui, M., 2002, p. 177).

162 ENSAIOS SOBRE FILOSOFIA FRANCESA CONTEMPORÂNEA

Merleau-Ponty, revela a impossibilidade de se apartar o perceber do percebido, separar o corpo[7] e o mundo, o que frequentemente ocorrera nos modelos corporais supracitados.

O corpo operante, aqui descrito pelo filósofo francês, compreende-se como um emaranhar entre movimento, corpo, visão e mundo. Não nos é alheio concluir que a visão suscite o movimento, pois mesmo sem saber como opera nosso corpo, logo que vemos alguma coisa, já sabemos nos juntar a ela. O movimento "é a sequência natural e o amadurecimento de uma visão" (Merleau-Ponty, 2004, p. 16).

Mas, como é constante na filosofia de Merleau-Ponty, o envolvimento entre o visível e o movimento não se resumiria a uma relação de unilateralidade. Não será, portanto, sem constatar que a visão depende do movimento, que ele afirma que o visível instiga o movimento.

> Basta que eu veja alguma coisa para saber juntar-me a ela e atingi-la, mesmo se não sei como isso se produz na máquina nervosa. Meu corpo móvel conta com o mundo visível, faz parte dele, e por isso posso dirigi-lo no visível. Por outro lado, também é verdade que a visão depende do movimento. Só se vê o que se olha (MERLEAU-PONTY, 2004, p.16).

É uma relação recíproca entre movimento e visão que nos mostra como essa última se antecipa no primeiro, ao mesmo tempo em que sem esse nossa visão nem mesmo se constituiria ou mostraria algo. "O mundo visível e de meus projetos motores são partes totais do mesmo Ser" (Merleau-Ponty, 2004, p. 16). Ao

---

7 Izabel Dias nos dá uma dimensão da impossibilidade dessa separação entre mundo e corpo: "O corpo pertence à ordem das coisas, como o mundo é Carne universal. O corpo e as coisas têm constitutivamente o mesmo ser, que é a Carne" (Dias, I. M., 1989, p. 191)

analisar como, segundo Merleau-Ponty, o pintor emprega seu corpo, compreendemos, portanto, que a visão abre nosso corpo ao mundo, é de dentro dele que o corpo aprende a projetar-se, e, no entanto, é ele também que projeta nossa visão. Não bastasse esse intrincado envolvimento entre movimento e visão, Merleau-Ponty insiste em mais uma questão sobre essa relação do corpo com o mundo. Trata-se de uma afinidade que revela uma imbricação entre ambos ainda mais estreita, a saber: o corpo é ao mesmo tempo vidente e visível. Por meio da constatação de que o corpo, além de olhar todas as coisas, pode se olhar, bem como sentir as coisas e ser capaz de se sentir, Merleau-Ponty explicita como corpo e mundo imbricam-se, revelando através desse envolvimento de reversibilidade[8] os entremeios da visão e da relação entre o eu e o outro.

Não que o corpo confunda o que vê com o seu próprio estofo; ocorre que mundo e corpo são feitos de fato do mesmo estofo. E será nessa inerência que o corpo passará a compreender-se, e compreender as coisas, tomando-se, contudo, entre elas.

> Visível e móvel, meu corpo conta-se entre as coisas, é uma delas, está preso no tecido do mundo, e sua coesão é a de uma coisa. Mas, dado que vê e se move, ele mantém as coisas em círculo ao seu redor, elas são um anexo ou um prolongamento dele mesmo, estão incrustadas em sua carne, fazem parte de sua definição plena, e o mundo é feito do estofo mesmo do corpo. Essas inversões, essas antinomias são maneiras diversas de dizer que a visão é tomada ou se faz do meio das coisas, lá onde persiste, como água-mãe no cristal, a indivisão do senciente e do sentido (Merleau-Ponty, 2004, p. 17).

---

8   "A reversibilidade supõe o entrelaçamento e o quiasma, a sobreposição e a deiscência. [...] Por definição, a reversibilidade é o movimento que, ao mesmo tempo abre o visível à visão, o esconde num seu reverso invisível" (Dias, I. M.,1989, p. *214).*

164 Ensaios sobre filosofia francesa contemporânea

Essa reversibilidade do corpo nos faz ponderar sobre o fato de nossa carne encerrar também um invisível, que seria nossa conduta ou o que habitualmente chamamos de nossa personalidade. Basta nos olharmos para reconhecer nesse corpo, nesse rosto, todas essas coisas, que prosaicamente chamamos de invisíveis, emanando ou permeando nossa carne, assim como um sorriso, por exemplo, revela um estado de humor, ou um gracejo.

E será justamente nessas operações de reversibilidade, em que senciente e sensível enleiam-se, que reconhecemos a humanidade e o outro.

> Um corpo humano está aí quando, entre vidente e visível, entre tocante e tocado, entre um olho e o outro, entre a mão e a mão se produz uma espécie de recruzamento, quando se acende a faísca do senciente-sensível, quando se inflama o que não cessará de queimar, até que um acidente do corpo desfaça o que nenhum acidente teria bastado para fazer... (Merleau-Ponty, 2004, p. 18).

Esses sistemas de trocas que envolvem o eu e o outro, o vidente e o visível, o senciente e o sensível, o olho e o espírito, não só ilustram o que Merleau-Ponty chama de *enigma do corpo*,[9] como também, segundo ele, nos apresentam todos os problemas da pintura. Dessa forma a pintura consistirá para Merleau-Ponty em uma justificação, uma apresentação desses enigmas envolvidos no corpo e sua visibilidade.

Ora, enquanto o pintor trabalha, o que ele transforma em obra não é um puro sentir, uma ideia sua ou uma cópia do real. Seu

---

9 "O corpo é um enigma. Entre as coisas visíveis, é um visível, mas dotado do poder de ver – é vidente. Visível vidente, o corpo tem o poder de ver-se quando vê, vê-se vendo, é um vidente visível para si mesmo [...] O corpo é sensível para si." (Chaui, M., 2002, p. 177).

corpo conta-se entre as coisas, ambos são feitos do mesmo estofo, e é de dentro desse mundo que o pintor tem que encontrar sua visibilidade. Nesse ínterim, visível e invisível[10] estão envolvidos, e, tal como o mundo desperta em mim todas as suas coisas com seus desdobramentos e meu corpo as acolhe, o pintor, por meio de sua pintura, de seu traçado em sua tela, deve suscitar em mim as coisas que apresenta. O pintor deve envolver, fazer aparecer em sua tela, visível e invisível, olho e espírito.

O que distinguimos em um quadro é o resultado desse encontro, dessa comunhão entre um vidente-visível e o mundo, o que vemos em um quadro, união do olho e do espírito, é o Ser. Portanto, não olho um quadro como olho uma coisa colorida, um pedaço de pano colorido. Ele me desperta, me convoca, e "meu olhar vagueia nele como nos nimbos do Ser, vejo segundo ele ou com ele mais do que o vejo" (Merleau-Ponty, 2004, p. 18).

Nossos olhos, conforme Merleau-Ponty, são muito mais que simples receptores de luz, cores e linhas, seu trabalho é mesmo o de uma operação de conhecimento que pode ser aperfeiçoada por meio de exercícios, de uma prática que consiste em, nada mais ou nada menos, simplesmente ver.

> O olho vê o mundo, e o que falta ao mundo para ser quadro,
> e o que falta ao quadro para ser ele próprio, e, na paleta, a
> cor que o quadro espera; e vê uma vez feito, o quadro que
> responde a todas essas faltas, e vê os quadros dos outros,

---

10 Visível e invisível são, de certa forma, o 'avesso e o direito' do sensível. "O que é invisível? É a dimensão da visibilidade, pois 'o visível está prenhe de invisibilidade'. (...) [O invisível] é o foco virtual do visível, inscrito nele, transbordado nele sem poder ser visto porque é passagem ao que não é visual (como os movimentos, os sons, os odores e paladares, as palavras e as ideias). (...) [Visível e invisível] São os dois lados do Ser, direito e avesso irredutíveis porque 'no mundo vertical todo ser tem essa estrutura" (Chaui, M. 2002. p. 116)

166 ENSAIOS SOBRE FILOSOFIA FRANCESA CONTEMPORÂNEA

> as respostas outras e outras faltas. [...] Instrumento que se move por si mesmo, meio que inventa seus fins, o olho é aquilo que foi sensibilizado por um certo impacto do mundo e o restituiu ao visível pelos traços da mão (Merleau-Ponty, 2004, p. 18).

A visão do pintor, que consegue encontrar no mundo as cifras do visível para realizá-lo em sua obra, não é aperfeiçoada graças a um estudo intelectual, ou um estudo da medida das formas, ou da composição física, biológica, ou química do mundo. Seja dentro de um museu ou ao ar livre, o pintor só conquista sua visão, só a aperfeiçoa, vendo. A visão só aprende por si mesma.

Com esse conhecimento angariado pela visão o pintor é capaz de levar o olhar até as últimas consequências, de maneira a conseguir que todos os aspectos do Ser sejam suscitados na pintura. Volume, textura, sabor, são encarnados pelo visível. A pintura "dá existência visível ao que a visão profana crê invisível, faz que não tenhamos necessidade de 'sentido muscular' para ter a voluminosidade do mundo" (Merleau-Ponty, 2004, p. 20).

Ao explicitar o modo como opera a visão, Merleau-Ponty nos mostra também como os sentidos não são separados. Tato, olfato, visão e paladar repercutem-se.

Essas possibilidades do visível de sustentar toda a estrutura do Ser a partir de uma de suas facetas, e essas transubstanciações do visível operada pela pintura, revelam sobretudo a "gênese secreta e febril das coisas em nosso corpo" (Merleau-Ponty, 2004, p. 21).

Ao pintar, o artista não se contenta com um pensamento da visão, ele opera mesmo uma volta à visão. Inquire-a sobre como proceder para recolher do mundo e criar no quadro o que haverá de satisfazê-la. Assim, conforme Merleau-Ponty, essa interrogação da pintura consiste em uma pergunta que se faz em nós, uma pergunta interna. O pintor quer aprender com sua visão e será a ela que ele há de inquirir ao pintar. Nessa intervenção realizada pelo pintor está mesmo a raiz da reversibilidade. "Entre ele e o visível, os papéis inevitavelmente se invertem" (Merleau-Ponty, 2004, p. 22). O pintor precisa perder-se nas coisas para sabê-las pintar, saber como elas se apresentarão aos nossos olhos, como elas se comportam ao ser tomadas pela visão. Ele precisa voltar a ser coisa entre as coisas. São afinal as coisas que nos olham, coloca-nos suas cifras, revela-nos, também, nossos sentidos. Nossa carne é tomada pelo visível, ela faz parte dele.

O que vemos em um quadro não é, portanto, uma representação suficiente de alguma coisa. É um instante mesmo do mundo, pois o pintor encontrara a cifra mesmo do visível, o que ele pede para se fazer sempre aos nossos olhos, o que o visível encerra e é. O pintor cria através do visível um outro visível tão eficiente quando este. Ele encontra o modo de Ser das coisas, e é isso que vemos nos quadros.

Não é sem motivos que Merleau-Ponty dirá que poderíamos buscar nos quadros uma filosofia figurada da visão, pois "essência e existência, imaginário e real, visível e invisível, a pintura confunde todas as nossas categorias ao desdobrar seu universo onírico de essências carnais, de semelhanças eficazes, de significações mudas." (Merleau-Ponty, 2004, p. 23). Essa "confusão" causada pela pintura reflete seu recuo ao mundo de sentido bruto, uma abertura ao ser, onde, ainda sem as interferências da razão, as coisas apresentam-se envolvidas, coligadas, tais como afiguram-se antes de ser apartadas

168 Ensaios sobre filosofia francesa contemporânea

de suas contingências e, isoladas, filtradas racionalmente, antes de ser tratadas como objetos.

Nesse território de sentido bruto a pintura pode revelar, portanto, a relação recíproca, as imbricações ambíguas entre movimento e visão, vidente e visível,[11] a Carne[12] e o mundo, o eu e o outro, e restituir a visão ao domínio ontológico.

Portanto, conforme podemos observar, Merleau-Ponty não trata a visão como uma mera função de um espírito desencarnado, que simplesmente capta uma imagem dos objetos, a qual, por sua vez, consiste apenas em cores e linhas, as quais mais tarde serão arranjadas e interpretadas pelo intelecto. Antes, o filósofo francês se preocupará em restituir, através de uma análise da pintura, a visão ao olho e ao espírito. Doravante, quem vê é o olho e não mais somente um espírito desencarnado. Todavia, o olho não será compreendido por Merleau-Ponty apenas como um instrumento de recepção de estímulos nervosos. A visão celebra a união de olho e espírito, visível e invisível. Dessa forma, trata-se, sobretudo, de um olho encarnado, habitado por um espírito. Um olho atual e operante, que de certa forma compreende, aprende, e ensina ao corpo e intelecto. A intervenção do olhar não consiste, portanto, em simples captação. Ainda que não seja um conhecimento intelectual, o trabalho do olhar, a visão, envolve conhecimento, uma abertura ao ser. A pintura não é um mero pensamento da visão, ela revela a gênese do visível, seu desenvolvimento e implicações.

---

11 Conforme Izabel Dias, "O visível vê-se e tem imediatamente sentido para nós, porque nós somos também invisíveis, continuamente desdobrados em invisível. E esta textura ontológica comum é carnal; neste contexto ontológico, o corpo constituirá uma *figura da Carne*" (Dias, I. M., 1989, p. 167).

12 "A Carne é a 'coesão sem princípio, mais forte do que qualquer discordância momentânea'. [...] A Carne é o pacto de nosso corpo com o mundo e pacto entre as coisas, entre as palavras e as ideias, 'textura que resgata a si e convém a si mesma'. Harmonia. O quiasma, trabalhando a Carne por dentro, enlaça, cruza, segrega e agrega, reflexiona sem coincidir. Diferenciação" (Chaui, M., 2002, p. 112).

4

Logo, a arte, dirá Merleau-Ponty, não é simplesmente uma receita, uma construção executada pelo artista, como que de fora, segundo dados que temos do mundo. Ela é de fato feita do coração das coisas. É de dentro delas que o artista encontra novas ligações entre as coisas, forças adormecidas, esquecidas pelo hábito.

Quando olho os azulejos no fundo de uma piscina, por exemplo, convencionalmente minha compreensão do que vejo é que ali está a água e abaixo dela, separados dela, os azulejos. Mas, se nos desvencilhamos dessa perspectiva cotidiana, logo percebemos que a água também habita o azulejo, colocando nele seus reflexos, aquele modo ondulado de vê-lo, por exemplo. O que vejo em uma piscina não é simplesmente água + azulejos, e sim azulejos na água. A água, também, não é aquilo que está somente dentro da piscina. As zebruras da água que o reflexo da luz desenha nas árvores próximas à piscina, por exemplo, são água também, a água está ali nas árvores. Enfim, todas essas relações compõem o modo de ser da água.

E, são justamente essas relações, "essa animação interna, essa irradiação do visível que o pintor procura sob os nomes de profundidade, de espaço, de cor" (Merleau-Ponty, 2004, p. 38), É, sobretudo envolvido nessas considerações sobre como o pintor pensa por meio da pintura, que Merleau-Ponty pondera sobre a disposição do Ser.

Retomando o conceito de sistema de equivalências (uma forma de tomar o mundo que transforma, por sua vez, a forma como tomaremos o mundo, multiplicando, assim, nossas perspectivas sobre ele), Merleau-Ponty comenta a existência de um *logos estético,*[13] uma abertura, uma apresentação sem conceito, do Ser.

Esse *logos estético* é o que dá coerência ao sensível e, de certa forma, fundamenta nossa cultura. Assim, linhas, cores, formas, unem-se para expressar algo ao invés de nada. Unem-se não por artifício de uma terceira potência que nos ligaria a esse mundo sensível, seja essa potência um Deus ou o pensamento. O logos estético é, de certa forma, esse sentido bruto do mundo, das coisas, fazendo com que elas remetam-se, liguem-se, expressem.

Dessa forma, explicitada essa formulação do sensível, Merleau-Ponty nos explica como a arte moderna pode deixar de se preocupar com a escolha entre linha ou cor, o que possivelmente representaria melhor o real, para *fazer falarem as coisas,* atentar para essa formulação do sensível, esse *logos estético.* Com isso o pintor não se preocupa mais em fazer uma representação do real, ele quer "romper sua aderência ao envoltório das coisas" (Merleau-Ponty, 2004, p. 38), ele quer multiplicar os sistemas de equivalências, nosso modo de tomar o mundo, e revelar a multiplicidade do Ser.

<h2 style="text-align:center">5</h2>

Tendo analisado o modo como alguns elementos da pintura, dispostos no mundo, são tomados pela visão do pintor, Merleau-Ponty nos mostra o alcance ontológico da visão. "A visão não é

---

13 "Assim como cada momento do tempo se comunica com todos os outros, cada aspecto dado se comunica interiormente com todos os outros, sem necessidade de um termo que reúna, do exterior, os aspectos em uma única coisa. A relação da expressão ao exprimido, do dado ao visado, do visível ao invisível, é reconduzida à relação do presente aos outros momentos do tempo. O 'milagre da expressão' não é senão o milagre do 'logos estético', enquanto potência de união natural e de comunicação dos momentos do tempo entre si. A partir do aspecto dado, tenho a 'quase presença' dos outros momentos do tempo. O enlace entre o sensível e significação será obra e graça dessa unificação inédita." (Moura, C. A., 2001, p. 264).

um certo modo do pensamento ou presença a si: é o meio que me é dado de estar ausente de mim mesmo, de assistir por dentro à fissão do Ser, ao término da qual somente me fecho sobre mim" (Merleau-Ponty, 2004, p. 42).

Ainda que não tratem dessa forma a abertura que a visão promove, para Merleau-Ponty, de alguma forma, os pintores, antigos, clássicos ou modernos, sempre souberam dessa potência da visão. Da Vinci, por exemplo, evoca uma ciência pictórica que não pode ser apreendida meramente pelo pensamento, mas sim pelo olhar. Um conhecimento silencioso que pode ser reconhecido por todas as gerações, sem que ele tenha que passar pelo campo do intelecto, pois esse conhecimento "vem e se dirige ao olho".

A pintura nos ensina que a visão não pode ser somente uma abertura ilusória ou indireta, concretizada por uma inspeção do pensamento, como acreditara Descartes. A visão para o pintor é mesmo uma abertura real ao mundo.

A visão inicia nosso corpo no mundo, é ela, também, que nos adianta as coisas ao corpo, é um poder da visão que faz com que estejamos ao mesmo tempo em toda parte ou em lugares distantes, é a ela que devemos esse poder de nos imaginar em outros lugares.

> O 'quale visual' me dá e é o único a me dar a presença daquilo que não sou eu, daquilo que simples e plenamente é. Ele o faz porque, como textura, é a concreção de uma universal visibilidade, de um único Espaço que separa e reúne, que sustenta toda coesão (inclusive a do passado e do futuro, já que ela não existiria se eles não fizessem parte do mesmo Espaço). Qualquer coisa visual, por mais individuada que seja, funciona também como dimensão, porque se dá como resultado de uma deiscência do Ser. Isso quer dizer, finalmente, que o próprio do visível é ter um forro de invisível em sentido estrito, que ele torna presente como uma certa ausência (Merleau-Ponty, 2004, p. 43).

No entanto, a visão não só nos abre o mundo à alma, ao intelecto, ao pensamento, como também fundamenta ou sustenta o conhecimento ao nos envolver no sentido bruto, o sensível significante que a visão revela. O *logos estético* inaugura para nós e sustenta o conhecimento.

A pintura, de certa forma, consolida a visão do pintor. A pintura une olho e espírito, visível e invisível, o distante e o próximo, as dimensões da profundidade. "No fundo imemorial do visível algo se mexeu, se acendeu, algo invade seu corpo, e tudo o que ele pinta é uma resposta a essa suscitação, sua mão 'não é senão o instrumento de uma longínqua vontade'." (Merleau-Ponty, 2004, p. 44).

Não será, portanto, sem motivos que Merleau-Ponty concluirá que "A visão é o encontro, como numa encruzilhada, de todos os aspectos do Ser" (Merleau-Ponty, 2004, p. 44). A visão nos revela a Carne do mundo, nela os sentidos não estão separados, nela passado, presente e futuro não são coisas distintas, fechadas e separadas. Tal como a expressão nos apresenta, eles estão entretecidos, envolvidos, e qualquer mudança em um deles significa uma reconfiguração no outro. O jogo do visível-invisível envolvido na visão mostra, também, como ela pode nos adiantar as coisas, nos colocar em corpo nas coisas que vemos distante de nós.

A visão é, portanto, essa reversibilidade da carne.

> Nesse circuito não há nenhuma ruptura, impossível dizer que aqui termina a natureza e começa o homem ou a expressão. É portanto o Ser mundo que vem ele próprio manifestar seu sentido. [...] Essa precessão do que é sobre o que se vê e faz ver, do que se vê e faz ver sobre o que é, é a própria visão (Merleau-Ponty, 2004, p. 44).

Mais do que revelar os interstícios do visível, expondo como linha, forma, movimentos e profundidade são ramos do Ser, Merleau-Ponty nos mostra dessa forma, também, que todos esses elementos que compõem a pintura estendem-se sobre o mesmo solo, fazem parte da mesma Carne, e que, portanto, podem trazer consigo toda a ramagem do Ser.

Sobre essa conclusão, de que a pintura estende-se sobre um mesmo solo cujo *logos estético* consagra-se à visão, Merleau-Ponty afirma, finalmente, que a continuidade da história da pintura, a passagem do antigo para o clássico, e desse para o moderno, não constitui uma evolução.

Esse caráter estacionário da pintura é revelado pela constatação de que, construindo-se sob um mesmo solo (o de sentido bruto) e dispondo-se de um mesma "ferramenta" de apreensão (a visão) todos os problemas da pintura, assim como os caminhos tentados ou suas soluções, têm um parentesco. "Já que profundidade, cor, forma, linha, movimento, contorno, fisionomia são ramos do Ser, e cada um deles pode trazer consigo toda a ramagem, não há em pintura 'problemas parciais', nem progresso por acumulação, nem opções sem retorno" (Merleau-Ponty, 2004, p. 45).

O pintor, dirá Merleau-Ponty, pode retomar problemas antigos, ou elementos esquecidos da pintura, sem que essa retomada tenha um significado retrógrado. Os sistemas de equivalências descobertos pelo pintor fazem com que ele perceba que abriu "um outro campo em que tudo o que pôde exprimir antes precisa ser dito de outro modo" (Merleau-Ponty, 2004, p. 45). Pintores, escultores, artistas, estão ligados numa única rede do Ser, e se retomam um problema já exaustivamente trabalhado no passado, não é para, como seus antecessores, buscar um solução já encontrada. Por outro lado, sua solução, seus estudos também não constituirão uma descoberta inteiramente nova e independente.

174 ENSAIOS SOBRE FILOSOFIA FRANCESA CONTEMPORÂNEA

Tal como o mundo se oferece para nós, também na pintura nada é jamais adquirido, resolvido e acabado. O pintor é capaz de retomar um problema, encontrar uma nova solução para ele sem que essa solução seja definitiva ou autônoma, pois, de alguma forma, "o verdadeiro pintor subverte sem o saber os dados de todos os outros" (Merleau-Ponty, 2004, p. 45). Dessa forma, "a ideia de uma pintura universal é desprovida de sentido. Mesmo daqui a milhões de anos, o mundo, para os pintores, se os houver, ainda estará por pintar, ele findará sem ter sido acabado" (Merleau-Ponty, 2004, p. 45).

Essa historicidade da pintura, que não é evolutiva, não expõe uma deficiência do trabalho do pintor, ou que ele simplesmente está perdido sem saber o que quer. Antes, revela-nos que ele ultrapassa esse mundo de sentidos construídos, um mundo cultural, e, de certa forma, expõe ou reconfigura o mundo sobre o qual a cultura há de construir, pois "[...] o que ele quer está aquém dos objetivos e dos meios, e comanda do alto a nossa atividade *útil*" (Merleau-Ponty, 2004, p. 46).

Portanto, mais do que desvendar essa historicidade da pintura que não se constituiu como uma evolução, mas sim através de imbricações, Merleau-Ponty nos mostra que no fundo toda cultura, todo pensamento, todas as ciências possuem esse caráter estacionário.

> [...], e, enfim, que não estamos em parte alguma em condições de fazer um balanço objetivo nem de pensar um progresso em si, que é toda a história humana que num certo sentido é estacionária. [...] [Assim] será o mais alto ponto da razão constatar que o chão desliza sob nosso passos, chamar pomposamente de interrogação um estado de estupor continuado, de pesquisa um caminho em círculo, de Ser o que nunca é inteiramente? (Merleau-Ponty, 2004, p. 46).

É de um falso imaginário, ou talvez de uma ideia clássica de adequação intelectual, que concluímos erroneamente que esse estado que a pintura revela, e que, de alguma maneira, é o estado de toda nossa cultura, é uma vã paralisia.

Merleau-Ponty esclarece:

> Se nem em pintura nem alhures podemos estabelecer uma hierarquia das civilizações ou falar de progresso, não é que algum destino nos retenha atrás, é antes que, em certo sentido, a primeira das pinturas ia até o fundo do futuro. Se nenhuma pintura completa a pintura, se mesmo nenhuma obra se completa absolutamente, cada criação modifica, altera, esclarece, aprofunda, confirma, exalta, recria ou cria antecipadamente todas as outras. Se as criações não são uma aquisição, não é apenas que, como todas as coisas, elas passam, é também que elas têm diante de si quase toda a sua vida (Merleau-Ponty, 2004, p. 46).

Bibliografia

CHAUI, M. *Experiência do Pensamento*. São Paulo: Martins Fontes, 2002.

DIAS, I. M. *Elogio do Sensível*. Colecção Estudo. Lisboa: Litoral Edições, 1989.

MERLEAU-PONTY. *Le Visible et l'Invisible*. Paris: Gallimard, 1979.

_____. *L'Oeil et l'Esprit*. Paris: Gallimard, 1996.

_____. *O Olho e o Espírito*. 1ª ed. Tradução Paulo Neves e Maria Ermantina Galvão. Prefácio de Claude Lefort e posfácio de Alberto Tassinari. São Paulo: Cosac Naify, 2004.

_____. *O Visível e o Invisível*. 4ª. ed. Tradução José Arthur Gianotti e Armando Mora de Oliveira. São Paulo: Perspectiva, 2000.

176 Ensaios sobre filosofia francesa contemporânea

_____. *Signos*. 1ª. ed. Tradução Maria Ermantina Galvão. São Paulo: Martins Fontes, 1991.

MOURA, C. A. *Racionalidade e Crise*. São Paulo: Discurso Editorial e Editora UFPR, 2001.

SARTRE, J.-P. *Que é a Literatura?*. Tradução Carlos Felipe Moisés, São Paulo: Ática, 1989.

Merleau-Ponty entre percepção e fé perceptiva

Marcus Sacrini A. Ferraz[1]

Neste texto, vamos tentar responder à seguinte questão: há alguma diferença conceitual marcante entre o uso que Merleau-Ponty faz de "percepção" nos anos quarenta (na *Fenomenologia da Percepção*) e aquele de "fé perceptiva" em *O Visível e o Invisível*, escrito entre 1959 e 1961? Nossa hipótese é que há sim diferenças importantes entre esses dois tópicos. Uma convincente evidência textual em apoio à nossa hipótese se encontra no anexo incluído em *O Visível e o Invisível*. Ali, ao expor como pretende desenvolver sua investigação, Merleau-Ponty afirma: "nos é necessário renunciar, ao começar, a noções tais como 'atos de consciência, 'estados de consciência', 'matéria', 'forma', e mesmo 'imagem' e 'percepção'. Nós excluímos o termo percepção em toda a extensão em que ele subentende já um recorte do vivido em atos descontínuos ou uma referência a 'coisas' cujo estatuto não se precisou ou somente uma oposição do visível e do invisível".[2]

---

1 Doutor pelo Departamento de Filosofia da USP.

2 Merleau-Ponty, M. *Le Visible et le Invisible*. Paris: Gallimard, col. Tel, 2001, p. 207. Doravante citado no corpo do texto como VI.

178   Ensaios sobre filosofia francesa contemporânea

Como se vê, Merleau-Ponty abandona explicitamente o termo "percepção", e não parece se referir a algum mau uso psicológico desse termo em oposição a algum bom uso filosófico: o termo "percepção" é rejeitado sem especificações, o que parece incluir o próprio uso apresentado, por exemplo, na *Fenomenologia da Percepção*. Os motivos para tal rejeição, conforme a citação acima, são os seguintes: a percepção supõe um corte da experiência em atos descontínuos, supõe um correlato espacial e material (coisas) e parece excluir um domínio do invisível (quer dizer, na atividade perceptiva, o sujeito só se referiria ao domínio daquilo que é presente e nem mesmo reconheceria a existência de dimensões que se ausentam à doação sensível).

Merleau-Ponty opõe ao uso de "percepção" a expressão "fé perceptiva" e acredita que dessa maneira evita todos esses pressupostos contidos no primeiro termo (e nós vamos nos concentrar no tópico do *invisível* para explicitar a especificidade da fé perceptiva em O *Visível e o Invisível*). A "fé perceptiva" não exprimiria, assim, uma função psicológica limitada à ordenação de dados sensoriais e à exposição da presença de coisas sensíveis. Segundo o filósofo, "fé perceptiva" se refere a tudo o que se doa ao sujeito de maneira original e originária (quer dizer aquilo em relação ao qual não poderia haver uma visão mais perfeita – Cf. VI, 208). Se nos concentrarmos na *doação originária do mundo*, o que então a fé perceptiva revela? Segundo O *Visível e o Invisível*, "nós vemos as próprias coisas, o mundo é isso que nós vemos" (VI, 17), quer dizer, há um acesso direto e efetivo ao mundo sensível e não somente a representações privadas que poderiam ser postas em dúvida. Esse acesso ao mundo não é algo baseado em uma certeza absoluta. Trata-se justamente de uma "fé", pois o sujeito se engaja nas situações vividas mesmo sem realizar todas as verificações necessárias para determinar com segurança quais os componentes de cada experiência. Há fé porque há uma *abertura* ao mundo *anterior* à certeza. Mas não é só isso o que a fé perceptiva nos oferece. Merleau-Ponty afirma: "o mundo é isso que eu percebo, mas sua proximidade absoluta, desde que se a examine e a exprima, torna-se também, inexplicavelmente, distância irremediável" (VI, 23). Mais à frente, o filósofo assevera que a fé perceptiva é "essa abertura ao mundo que não exclui uma ocultação possível" (VI, 48). Trata-se, assim, de duas possibilidades que a fé perceptiva guarda de lado a lado (abertura ao ser e encobrimento do ser). Cabe à filosofia compreender como ambas coexistem.

Nossa tarefa agora é esclarecer o que há nesse uso de "fé perceptiva" (nesse reconhecimento de uma *duplicidade* na relação com o mundo) que o termo "percepção", principalmente tal como usado por Merleau-Ponty nos anos 1940, não capta. Veremos que o *encobrimento do ser* é a particularidade conceitual abarcada pela noção de fé perceptiva e ignorada pela percepção, tal como usada na *Fenomenologia da Percepção*.

2

Vamos retornar à *Fenomenologia da Percepção* (publicada em 1945) e enumerar algumas características da percepção tal como apresentada nesse livro para deixar claro o contraste conceitual com *O Visível e o Invisível*.

Primeiramente, deve-se notar que Merleau-Ponty utiliza vários termos para se referir à mesma função: percepção, atividade perceptiva, consciência pré-reflexiva, consciência antepredicativa; todos esses termos são usados em contextos semelhantes e apenas explicitam diferentes nuances de um mesmo tópico. Além disso,

180 ENSAIOS SOBRE FILOSOFIA FRANCESA CONTEMPORÂNEA

o autor já utiliza *fé perceptiva* na *Fenomenologia da Percepção*,[3] e num sentido que lembra muito aquele de *O Visível e o Invisível*: engajamento no mundo sem garantia absoluta, mas que supõe acabado um desenrolar de experiências cuja exploração efetiva iria ao infinito. E, no geral, Merleau-Ponty descreve a percepção como um contato originário com o mundo, contato que apresenta as coisas tais como são, e não como representações privadas. Trata-se, assim, de um uso bastante semelhante àquele de "fé perceptiva" em *O Visível e o Invisível*. No entanto, a fé perceptiva não é associada em nenhuma passagem da *Fenomenologia da Percepção* a algum encobrimento ou ocultação do ser. É verdade que a fé perceptiva pode se envolver em enganos e ilusões, como veremos a seguir. Mas mesmo esse fato parece insuficiente para reconhecer uma ocultação do ser.

Segundo a *Fenomenologia da Percepção*, o engajamento perceptivo no mundo, uma vez que supõe uma coerência das aparências sensíveis que não é verificada explicitamente, *pode se enganar*. A abertura perceptiva ao mundo é sujeita a ilusões e erros. Não há nenhum índice que marque de imediato qual aparência é verdadeira e qual é ilusória; pelo contrário, para que haja ilusão (tomar o falso por verdadeiro), deve haver a possibilidade de que ambas se confundam. Assim, nenhuma aparência solitária pode ser afirmada verdadeira ou ilusória. É somente pela exploração dos horizontes intencionais envolvidos em cada percepção que se pode *retrospectivamente* atribuir caráter ilusório ou verdadeiro a uma aparência perceptiva (Cf. PhP, 343).

Será que esse tratamento dado à ilusão marca alguma diferença entre a *Fenomenologia da Percepção* e *O Visível e o Invisível*? Será que o modo como Merleau-Ponty usa "fé perceptiva" em sua última obra altera sua concepção de aparências ilusórias? Respondemos

---

3 Merleau-Ponty, M. *Phénoménologie de la Perception*. Paris: Gallimard, col. Tel, 1997, p. 344, 371, 395, 415, 468. Doravante citado no corpo do texto como PhP.

que não é pelo tema da ilusão que se pode tornar patente a diferença conceitual entre o tratamento dado à percepção nos anos 1940 e à fé perceptiva no final dos anos 1950. Em *O Visível e o Invisível*, o filósofo volta a definir a ilusão sensível por seu contraste com a explicitação concordante dos horizontes perceptivos. Ali o autor afirma: "quando uma ilusão se dissipa, quando uma aparência repentinamente se rompe, é sempre em benefício de uma nova aparência que retoma por sua conta a função ontológica da primeira" (VI, 62). Quer dizer que em *O Visível e o Invisível*, a ilusão também só é marcada retrospectivamente e por contraste com alguma experiência verdadeira, tal qual no livro de 1945.

Notemos que na *Fenomenologia da Percepção*, o reconhecimento da ilusão não implicava nenhum encobrimento ou ocultação do ser. A ilusão só implicava que não há certeza imediata nos engajamentos perceptivos, mas que é pelo desenrolar temporal da experiência que se pode conhecer o mundo. O fato de que é possível se enganar não é responsável por nenhum tipo de ocultação do ser. Uma vez que Merleau-Ponty mantém a mesma doutrina em *O Visível e o Invisível*, podemos supor que ali também não é por causa do problema da ilusão que se afirma haver um encobrimento ontológico. Esse tópico deve derivar de um outro ponto que não a análise da ilusão, conforme veremos a seguir.

Na *Fenomenologia da Percepção*, a percepção é apresentada como o contato mais geral e primevo com o ambiente, contato pelo qual, antes mesmo das diferenças culturais e antropológicas, os sujeitos se abrem para o mundo sensível (PhP, 339-40). Como Merleau-Ponty descreve essa abertura aquém de toda relatividade cultural? Vamos citar alguns trechos que tratam do tema: "ter sentidos, por exemplo, ter a visão, é possuir essa montagem geral, essa típica das relações visuais possíveis com a ajuda da qual nós somos capazes de assumir toda constelação visual dada. Ter um corpo é possuir uma montagem universal, uma típica de todos os desenvolvimentos perceptivos e de todas as correspondências intersensoriais para além do segmento de mundo que nós percebemos efetivamente" (PhP, 377). "Há uma lógica do mundo que meu corpo inteiro esposa e pela qual coisas intersensoriais tornam-se possíveis para nós" (*Idem*). "Quando eu compreendo uma coisa, por exemplo, um quadro, eu não opero atualmente a sua síntese, eu venho diante dele com meus campos sensoriais, meu campo perceptivo, e finalmente com uma típica de todo ser possível, uma montagem universal em relação ao mundo" (PhP, 490).

Esses trechos defendem que a percepção é um sistema de poderes subjetivos capaz de desvelar todo evento ou coisa mundana. O sujeito perceptivo porta em si o projeto de todo ser possível, quer dizer, *é capaz de apreender sensivelmente todas as configurações dos componentes do mundo.* Não se trata certamente de reinstituir o *cogito* intelectualista, segundo o qual o sujeito não só possui a estrutura inteligível de todos os fenômenos antes mesmo de qualquer experiência, mas também atribui ativamente o sentido de qualquer coisa ou evento que possa ser apreendida. O *projeto de todo ser* exposto por Merleau-Ponty se confirma justamente nos *atos particulares* em que o sujeito se engaja, os quais só apresentam dados parciais que requerem a exploração indefinida dos horizontes perceptivos. Quer dizer que o sujeito perceptivo, diferentemente do *cogito* intelectualista, não possui um saber absoluto antecipado sobre o ser e nem realiza uma atribuição ativa de sentido às situações mundanas. Merleau-Ponty sustenta que o sentido do percebido não é constituído pelo sujeito, mas aparece como instituído no próprio sensível.[4] O *projeto de todo ser* não implica, assim, a imposição subjetiva de um sentido sobre os fenômenos. Os fenômenos são impregnados de sentido neles

---

4 "Sou eu que tenho a experiência de uma paisagem, mas eu tenho consciência nessa experiência de assumir uma situação de fato, de reunir um sentido esparso nos fenômenos e de dizer o que eles querem dizer por eles mesmos" (PhP, 305).

mesmos; o *projeto de todo ser* implica somente a garantia de que a percepção consegue apreender e explicitar esse sentido, de que a lógica pela qual a percepção se ordena é *exatamente* a lógica dos eventos mundanos (de maneira que o que quer que os eventos queiram dizer, a percepção pode captar).

Essa expectativa de que os poderes perceptivos recobrem a totalidade do mundo é fortificada por uma outra tese defendida por Merleau-Ponty: "as leis do nosso pensamento e nossas evidências são bem fatos, mas inseparáveis de nós, implicados em toda concepção que nós possamos formar do ser e do possível. Não se trata de nos limitar aos fenômenos, de fechar a consciência em seus próprios estados reservando a possibilidade de um outro ser além do ser aparente, nem de tratar nosso pensamento como um fato entre os fatos, mas de definir o ser como aquilo que nos aparece e a consciência como fato universal" (PhP, 455). Nessa citação, surge a tese correlata ao que se vinha defendendo até então. O filósofo sustentava, como vimos, que os poderes perceptivos podem apreender qualquer sentido anunciado pelo ser do mundo; agora Merleau-Ponty assume que esse ser não é senão aquilo que aparece, aquilo que se manifesta à subjetividade humana. Há assim uma estrita correlação entre existir e manifestar-se aos poderes subjetivos.

Assumida essa correlação, entendem-se algumas afirmações bastante incisivas da *Fenomenologia da Percepção*: "a coisa não pode jamais ser separada de alguém que a perceba, ela não pode jamais ser efetivamente em si porque suas articulações são aquelas mesmas de nossa existência (PhP, 370). "O sujeito é ser no mundo e o mundo permanece 'subjetivo' pois sua textura e articulações são desenhadas pelo movimento de transcendência do sujeito" (PhP, 491-2). "Não há mundo sem uma Existência que sustente sua estrutura" (PhP, 494). Em todos esses trechos, Merleau-Ponty expõe que o mundo não é senão aquilo que se manifesta para a consciência perceptiva, e que a consciência não é senão um engajamento contínuo nas estruturas

184   Ensaios sobre filosofia francesa contemporânea

mundanas. A percepção é justamente o operador que realiza essa correlação perfeita entre o ser e as capacidades subjetivas: é por meio dela que o sujeito se engaja nas situações mundanas e que essas são abarcadas pelo projeto geral de mundo portado pelo sujeito. Parece que essa correlação não está mais em vigor na descrição que Merleau-Ponty faz da fé perceptiva em O *Visível e o Invisível*.

3

Lembremos que uma das características mais marcantes da fé perceptiva, tal como descrita por O *Visível e o Invisível*, é o fato de que ela não se reduz a uma abertura ao mundo, mas também reconhece uma ocultação, um encobrimento do ser. Nossa hipótese é que esse encobrimento do ser implica o reconhecimento de que pode haver coisas ou eventos mundanos que não se doam perceptivelmente, que não se fenomenalizam para as capacidades subjetivas, tese que rompe com a estrita correlação entre ser e manifestação sensível em vigor na *Fenomenologia da Percepção*. Qual *evidência textual* apoia nossa hipótese interpretativa? No anexo de O *Visível e o Invisível*, Merleau-Ponty afirma: "não está nem mesmo excluído que encontrássemos [na experiência] um movimento em direção aquilo que em nenhum caso poderia estar presente a nós no original e cuja ausência irremediável incluir-se-ia, assim, no número de nossas experiências originárias" (VI, 209). Aqui o autor reconhece a possibilidade de que haja ser para além daquilo que se doa positivamente como dado sensível. É exatamente essa possibilidade que o tema do encobrimento do ser parece confirmar: a fé perceptiva não reconhece só aquilo que se apresenta de maneira originária, mas também aquilo que *se ausenta* de maneira originária, aquilo que só podemos reconhecer como algo que de direito escapa aos nossos poderes subjetivos. Quer dizer que ao descrever a vida perceptiva em termos de fé perceptiva, não se exclui a possibilidade de que o ser exceda o aparecer. Essa seria a grande diferença conceitual entre a *Fenomenologia da Percepção* e *O visível e o Invisível*: na primeira obra, Merleau-Ponty descreve a vida perceptiva em estrita correlação com o ser; já na segunda, o autor descreve as doações originárias do ser ao sujeito, e não exclui a doação de ausências, ou seja, daquilo que não se apresenta sensivelmente. E o que seria esse algo que excede o manifestar-se, algo que só podemos conhecer como ausência? Parece-nos que se trata daquilo que Merleau-Ponty anuncia com o título de *invisível*, termo que resume tudo aquilo que excede o sensível. Para desvendar com detalhe o que o autor entende como *ser que se encobre* seria preciso então analisar finamente essa noção de invisível. Não vamos realizar essa análise aqui. Neste texto, pretendemos apenas explicitar um importante pressuposto para o estudo do tema do *invisível* na obra de Merleau-Ponty, a saber, o abandono de uma ontologia fenomenológica (quer dizer, de uma concepção que identifica ser e aparecer) nos últimos textos do autor.

Bibliografia

MERLEAU-PONTY, M. *Le Visible et le Invisible*. Paris: Gallimard, col. Tel, 2001.

_____. *Phénoménologie de la Perception*. Paris: Gallimard, col. Tel, 1997.

Sartre

Intencionalidade e cisão ontológica do Para-si e do Em-si em Sartre

Michelle Weltman

Nesse trabalho procuraremos mostrar de que forma Sartre se apropria da ideia husserliana de intencionalidade em *O Ser o Nada* de maneira a dar conta de correlacionar as categorias ontológicas do Em-si e do Para-si. Embora seja verdade que Sartre esteja inserido na tradição fenomenológica por tentar encontrar a relação entre o Para-si e o Em-si, isso não quer dizer que encontremos a mesma correlação feita entre o existente transcendente e os modos subjetivos de doação de Husserl, como nos mostra Renaud Barbaras em seu artigo "Desejo e falta em *O Ser e o Nada*: o desejo como falta". Segundo Barbaras, na *Crise das Ciências Europeias* Husserl aponta como objetivo da fenomenologia a elucidação do *a priori* universal da correlação que liga de maneira essencial o existente transcendente e os modos subjetivos de doação.

> Esta relação, a partir da qual Husserl caracteriza a aparência, é constitutiva de cada um dos termos, do subjetivo e do transcendente: eles não se dissolvem em uma unidade superior da qual seriam momentos abstratos,

190 ENSAIOS SOBRE FILOSOFIA FRANCESA CONTEMPORÂNEA

> pois a diferença dos termos se mantêm na relação. Isso significa, primeiramente, que o existente transcendente envolve por essência uma relação com o subjetivo, que seu ser implica seu aparecer e que uma transcendência que não aparecesse seria uma contradição fenomenológica [...]. Correlativamente, a consciência, sujeito da correlação, não existe fora de sua relação com o existente transcendente e é por assim dizer essa relação mesma, de modo que uma consciência que não fosse manifestação do transcendente não seria uma consciência.[1]

Por um lado, o existente transcendente envolve, por essência, uma relação com o subjetivo pois seu ser implica no seu parecer. Por outro lado, através da intencionalidade, vemos de que forma o ser da consciência visa aquilo que ela não é. Assim, tanto o fenômeno quanto a consciência precisam um do outro em sua própria essência.

Veremos que o Para-si e o Em-si de Sartre são categorias ontológicas bastante distintas da consciência e do objeto tais como estes são vistos por Husserl e isso implica em uma nova concepção de intencionalidade. Em oposição à consciência como plenitude impressional dos vividos, Sartre coloca o vazio, o nada. Já ao existente como sua série de aparições (e que Sartre mostrará ser um não-ser), há um existente Em-si, fora da consciência e independente da mesma. É isso que tentaremos mostrar nesse trabalho, não através de uma comparação feita com base na análise de textos de Husserl, mas apenas buscando elementos nos próprios textos de Sartre, nos quais o filósofo francês defende se afastar do filósofo alemão.

---

1   Barbaras, Renaud. "Désir et manque dans L'Être et le Néant: le désir manqué" in *Sartre - Désir et Liberté*. Paris: Presses Universitaires de France, 2005, p. 113-4.

A relação de Sartre com Husserl não é uma relação entre mestre e discípulo: Sartre é dono de uma fenomenologia original e apenas retém de Husserl aquilo que lhe é conveniente. Sendo assim, se Sartre é apenas elogios à ideia de intencionalidade no pequeno artigo "Uma ideia fundamental da fenomenologia de Husserl: a intencionalidade", não é verdade que a aceita sem ressalvas, tal como podemos ler de maneira mais explícita em *O Ser e o Nada*. Não devemos entender essa mudança de tonalidade entre o artigo de 1939 (mas que na verdade foi redigido em 1934 quando Sartre estava estudando como bolsista no Instituto Francês de Berlim) e o livro de 1943, como uma mudança da teoria sartreana ou como um ganho de maturidade. Como bem assinala Vincent Coorebyter, devemos compreender o artigo publicado em 1939 como um deslumbramento, fruto de um primeiro estudo mais aplicado de Husserl.

Uma tal tensão entre os dois textos explica-se mal se postulamos que o artigo foi redigido exatamente antes de sua publicação em janeiro de 1939, mas ela não espanta mais se temos em vista o testemunho de uma redação operada desde 1934, no momento mesmo no qual Sartre está deslumbrado por sua descoberta de Husserl.[2]

No artigo sobre a intencionalidade, Sartre descreve essa ideia de Husserl como a "necessidade da consciência de existir como consciência de outra coisa que não ela mesma",[3] ou, numa formulação mais conhecida, "toda consciência é consciência de

---

2 Coorebyter, V. Introdução de *La Transcendance de l'Ego,* p.10. (Em Sartre, J-P, *La Transcendance de l'Ego et Conscience de Soi et Connaissance de Soi: Précédés de Une Idée Fondamentale de la Phénoménologie de Husserl: l'Intentionnalité*, textes introduits et annotés par Vincent de Coorebyter. Paris: Vrin, 2003.)

3 Sartre, J-P, "Uma ideia fundamental da fenomenologia de Husserl: a intencionalidade" São Paulo: Cosac Naify, 2005, p. 57.

alguma coisa". A intencionalidade faz com que a consciência não possua mais conteúdos dentro de si mesma, mas seja um vazio, uma perpétua fuga de si mesma em direção a alguma coisa fora dela. "De um só golpe a consciência está purificada, está clara como uma ventania, não há mais nada nela a não ser um movimento para fugir de si, um deslizar para fora de si; se, por impossível, vocês entrassem 'dentro' de uma consciência seriam tomados por um turbilhão e repelidos pra fora, para perto da árvore, em plena poeira, pois a consciência não tem 'interior': ela não é nada senão o exterior a si mesma, e é esta fuga absoluta, essa recusa de ser substância, que a constitui como uma consciência".[4]

Tal definição, segundo Sartre, permite escapar da "filosofia digestiva", do "empiriocriticismo", do "neokantismo" e do "psicologismo".[5] A "filosofia alimentar" a qual Sartre se refere seria a de uma assimilação das coisas às ideias, como se um objeto que nos aparece não fosse mais do que o conteúdo atual de nossa percepção. Através da intencionalidade husserliana, as coisas voltam a estar no mundo. Diz Sartre: "Vocês veem esta árvore aqui-seja. Mas a veem no lugar onde ela está: à beira da estrada, em meio à poeira, só e curvada sob o calor , a vinte léguas da costa mediterrânea".[6] Mas não cairíamos assim num realismo onde os objetos são absolutos e que apenas de maneira secundária entrariam em comunicação com a consciência? Na verdade, "a consciência e o mundo são dados de uma só vez: por essência exterior à consciência, o mundo é, por essência, relativo a ela".[7] Vemos assim que através das teses

---

4   Sartre, J-P, *"Uma Ideia Fundamental da Fenomenologia de Husserl: a Intencionalidade"* São Paulo: Cosac Naify, 2005, p. 56.

5   *Ibidem.*

6   *Ibidem.*

7   *Ibidem.*

husserlianas podemos, segundo Sartre, escapar tanto ao realismo quanto ao idealismo aos quais a academia francesa estaria presa. Embora Sartre mantenha a definição de intencionalidade em *O Ser e o Nada* também como "consciência é consciência *de* alguma coisa",[8] nessa obra podemos encontrar críticas severas a Husserl. Aqui Sartre chega a afirmar que a intencionalidade husserliana seria uma intencionalidade meramente caricatural, não sendo capaz de sair da instantaneidade do cogito, e, ao contrário do texto de 1934, afirma que Husserl não escapou ao idealismo. É o que podemos ver explicitamente dito na seguinte passagem de *O ser e o nada*:

> Ao longo de toda sua carreira filosófica, Husserl foi obcecado pela ideia de transcendência e ultrapassamento. Mas os instrumentos filosóficos de que dispunha, em particular sua concepção idealista de existência, privaram-no de meios para dar conta desta transcendência: sua intencionalidade é apenas uma caricatura. A consciência husserliana, na verdade, não pode transcender nem para o mundo, nem para o futuro, nem para o passado.[9]

Essa intencionalidade seria caricatural porque tanto a noção de consciência como a de existente em Husserl estariam equivocadas.

Coloca-se para Sartre a necessidade de criticar e reinventar a noção de fenômeno tal como o autor interpreta que ela apareça na tradição fenomenológica, nomeadamente, Husserl e Heidegger. Segundo Sartre, o "pensamento moderno realizou progresso considerável ao reconduzir o existente à série de aparições que o manifestam. Visava-se com isso suprimir um certo número de dualismos que embaraçavam filosofia e substituí-los pelo monismo

---

8   Sartre, J-P. *O Ser e o Nada* (São Paulo: Abril Cultural, 1973), p. 34.

9   Sartre, J-P. *O Ser e o Nada*, p. 161.

do fenômeno".[10] Para estes fenomenólogos "o ser de um existente é exatamente o que o existente *aparenta*".[11] O fenômeno assim definido teria a princípio como resultado suprimir dualismos como o do ser e o aparecer, tal como o que existe entre o fenômeno e a coisa em si de Kant. Nessa noção moderna de fenômeno, "a aparência remete à série total das aparências e não a uma realidade oculta que drenasse para si todo ser do existente. E a aparência, por sua vez, não é uma manifestação inconsciente deste ser".[12] Agora, a aparência não é mais um "puro negativo" ou "aquilo que não é o ser". Não há um ser absoluto por trás do fenômeno, pois o fenômeno mesmo é este absoluto e é totalmente indicativo de si mesmo.

Porém, reduzindo o existente à série de aparições que o manifestam, surge um novo dualismo que é uma armadilha tão grande quanto o dualismo que o pensamento moderno pretendia suprimir. Trata-se do dualismo entre o finito da aparição e do infinito da série total de aparições da qual cada aparição faz parte. Toda aparição remete à série total, ou não seria mais do que uma plenitude intuitiva e subjetiva. Essa série, no entanto, é infinita, afinal, cada manifestação representa uma relação com um sujeito que está em perpétua mudança. Ora, esse dualismo apenas substitui o do ser e do aparecer, pois temos as aparições que remetem a uma série infinita que não aparece nunca por ser infinita, ou seja, é um não-ser. É claro que há um avanço com relação a Kant, não há mais um ser por trás dos fenômenos, pois a série total só remete a si mesma, a aparição não pode ser sustentada por um ser além do seu. Todavia, manter-se na concepção de fenômeno de Husserl e Heidegger significa permanecer no idealismo, já que uma aparição

---

10 *Idem*, p.15.

11 *Idem*, p.16.

12 *Idem*, p.15.

que remete a um infinito inacessível nos mantem meramente no nível das aparências e não do concreto.

Para Sartre é necessário um ser que seja fundamento do fenômeno, o que significa que um existente não pode ser reduzido a uma série de aparições que o manifestam: há um ser da coisa percebida enquanto percebida. Se o existente fosse apenas a série de aparições que o manifestam, cairíamos no idealismo do "ser é ser percebido" de Berkeley. Sartre acusa Husserl de ter chegado nesse ponto ao ter feito a redução fenomenológica:

> O que mede o ser da aparição é, com efeito, o fato de que ela *aparece*. E, tendo limitado a realidade ao fenômeno, podemos dizer que o fenômeno *é* tal como aparece. Por que então não levar a ideia *in extremis* e dizer que o ser da parição é o seu aparecer? Apenas uma maneira de escolher palavras novas para revestir o velho *esse est percipi* de Berkeley. Com efeito, foi o que fez Husserl, depois de efetuar a redução fenomenológica, ao considerar o noema como *irreal* e declarar que seu *esse* é um *percipi*.[13]

Se é, portanto, preciso um "ser do fenômeno" que seja diferente do "fenômeno de ser", esse ser poderia ser a consciência? Não, graças a duas características do percebido: ele é "passivo" e é "relativo". Sendo passivo o percebido, a consciência não pode ser seu ser, pois "a passividade do paciente exige igual passividade no agente – é o que expressa o princípio da ação e reação: justamente porque podemos destroçar, apertar, cortar nossa mão, pode nossa mão destroçar, cortar e apertar. Que parte da passividade pode ser destinada à percepção, ao conhecimento? Ambos são pura atividade,

---

13 Sartre, J-P. *O Ser e o Nada*, p. 21.

pura espontaneidade".[14] Por outro lado, o percebido pressupõe uma relatividade, mas, pergunta Sartre: "é possível conceber o ser do conhecimento relativo ao conhecimento? Que pode significar a relatividade de ser para um existente, senão que este tem seu ser em outra coisa que não si mesmo, quer dizer, em *um existente que ele não é?*".[15]

Assim, é preciso que o ser do fenômeno exista fora da consciência. É precisamente o que demonstra a prova ontológica de Sartre: toda consciência é consciência de alguma coisa. Isso pode ser entendido de duas formas: ou a consciência é constitutiva do ser do objeto, o que já verificamos ser impossível, ou a consciência é relação com um ser transcendente. Ora, o caráter essencial da ideia de intencionalidade é ser intuição reveladora de alguma coisa, de um ser transcendente que a consciência não é, e que se dá como existente quando ela o revela, já que, como vimos, ela não pode constituí-lo. Dessa forma, "a consciência exige apenas que o ser do que *aparece* não exista *somente* enquanto aparece. O ser transfenomenal do que existe para a *consciência* é, em si mesmo, *em si*".[16]

Mas, se Sartre não quer ficar preso à consciência, é necessário estabelecer a relação dessa com esse ser-Em-si que acabamos de descobrir. Nosso autor nos diz que não devemos primeiro separar os dois termos para apenas depois reuni-los, já que os resultados da análise não irão coincidir com os momentos da síntese. Além disso, ao considerar cada um dos termos separadamente, caímos numa abstração, pois são termos que, nesse caso, não foram feitos para existir isoladamente. De fato, "a consciência é abstrata, pois esconde uma origem ontológica no Em-si, e, reciprocamente, o fenômeno

---

14   Sartre, J-P, *O Ser e o Nada*, p. 31.

15   *Idem*, p. 32.

16   Sartre, J-P. *O Ser e o Nada*, p. 35.

também é abstrato, já que precisa 'aparecer' à consciência. O concreto só pode ser totalidade sintética da qual tanto a consciência como o fenômeno são apenas momentos".[17]

Assim o Para-si e o Em-si devem ser compreendidos como membros de uma relação sintética. Talvez essa afirmação pareça contraditória com o fato de Sartre afirmar que é preciso partir do cogito. Essa é a verdade absoluta, ela nos é evidente e a apreendemos sem intermediários. Apenas partindo dela podemos alcançar outras verdades.

> Toda teoria que considera o homem fora desse momento é antes mais uma teoria que suprime a verdade, porque, fora deste cogito cartesiano, todos os objetos são apenas prováveis, e uma doutrina de possibilidades que não está ligada a uma verdade desfaz-se no nada; para definir o provável, temos de possuir o verdadeiro.[18]

Porém, esse cogito não é o mesmo que o de Descartes. Como nos mostra Gerd Bornheim em seu livro *Sartre: Metafísica e Existencialismo*, o cogito de Sartre possui uma dimensão que não faz parte do cartesiano, uma "dimensão existencial". "Admitindo a ideia de mundo é que Sartre consegue atribuir ao cogito uma dimensão existencial que não se encontra em Descartes. Dessa forma, desintelectualiza–se o *cogito*".[19] Segundo Bornheim, isso acontece porque Sartre admite que a consciência é "ser-no-mundo" e esse mundo se impõe com um caráter imediato que dispensa a reflexão. Descartes questiona o cogito apenas no seu caráter

---

17 *Idem*, p. 43.

18 Sartre, J-P., "O existencialismo é um humanismo". São Paulo: Abril Cultural, 1973, p. 21.

19 Bornheim, G. *Sartre*. São Paulo: Editora Perspectiva, 1971, p. 19.

198 ENSAIOS SOBRE FILOSOFIA FRANCESA CONTEMPORÂNEA

funcional e, por passar sem fio condutor à dialética existencial, fica preso ao cogito.

Assim como Descartes, Heidegger e Husserl também não teriam lidado corretamente com a questão do cogito, embora tenham seguido caminhos opostos. Husserl peca por ficar totalmente restrito ao cogito e Heidegger, não tendo partido desse e começado com a analítica existencial, não conseguiu dar conta da subjetividade.

> Husserl permaneceu receosamente no plano da descrição funcional. Por isso, nunca ultrapassou a pura descrição da aparência enquanto tal, encerrou-se no cogito, e merece ser chamado, apesar de seus protestos, mais de fenomenista que de fenomenólogo; e seu fenomenismo beira a toda hora o idealismo kantiano. Heidegger, querendo evitar tal fenomenismo descritivo, que conduz ao isolamento megárico e antidialético das essências, aborda diretamente a analítica existencial, sem passar pelo *cogito*. Mas o 'Dasein', por ter sido privado desde a origem da dimensão da consciência, jamais poderá reconquistar essa dimensão.[20]

Sartre situa-se em um meio-termo: quer partir do cogito, mas não ficar preso nele, alcançando a dimensão existencial. Dessa forma, se é preciso partir do cogito, é verdade também que devemos "encontrar no próprio cogito o meio de escaparmos da instantaneidade rumo à totalidade do ser que constitui a realidade humana"[21] e por isso não é contraditório que, embora seja necessário analisar o Para-si e o Em-si a partir de uma relação sintética, seja preciso também partir do cogito.

---

20 Sartre, J-P. *O Ser e o Nada*, p. 121.

21 Sartre, J-P. *O Ser e o Nada*, p. 122.

Seguindo o caminho de Sartre, partamos do cogito, analisando primeiramente o que é a consciência. Em primeiro lugar, veremos que a consciência "é um ser para o qual, em seu próprio ser, está em questão o seu ser".[22] Isso significa que o ser da consciência não coincide com seu ser em uma adequação plena. Essa é a adequação do Em-si, seu ser é o que é. "O Em-si é pleno de si mesmo, e não poderíamos imaginar plenitude mais total, adequação mais perfeita do conteúdo ao continente: não há o menor vazio no ser, a menor fissura pela qual pudesse deslizar o nada".[23] Em completa oposição ao Em-si "a característica da consciência [...] é ser uma descompressão de ser".[24]

Na introdução de O Ser e o Nada, lemos que toda consciência é consciência de alguma coisa, "não há consciência que não seja posicionamento de um objeto transcendente".[25] Porém, há uma condição necessária para que haja consciência posicional: que ela seja consciência de si. Isso pode ocorrer por conta do cogito pré-reflexivo, graças ao qual toda consciência de alguma coisa (consciência posicional) é consciência (de) si (consciência não-tética de si) como sendo consciência de alguma coisa. A consciência (de) si é condição necessária para que exista a consciência posicional ou esta seria "uma consciência ignorante de si, uma consciência inconsciente – o que é absurdo".[26] Dessa forma, podemos afirmar que há uma distância que separa a consciência dela mesma. A consciência não pode ser a si mesma na forma de uma identidade, tal como ela seria se fosse esse "si" do para-si, que representa uma relação de identidade consigo mesmo. O sujeito é e não é si mesmo, não é como "identidade

---

22 *Idem, Ibidem.*

23 *Idem, Ibidem.*

24 *Idem, Ibidem.*

25 *Idem*, p. 22.

26 *Idem*, p. 23.

enquanto coesão absoluta", mas "unidade enquanto síntese de uma multiplicidade".[27] É isso que significa dizer que a consciência existe como "presença a si".

Mas o que cria essa distância de si, o que separa a consciência dela mesma? É o Nada. "O ser da consciência, enquanto consciência, consiste em existir *à distância de si* como presença a si, e essa distância nula que o ser traz em seu ser é o Nada".[28] Ora, se fosse um elemento exterior que fizesse a separação, então haveria algo que romperia a translucidez e a unidade da consciência. Por isso, trata-se de um "negativo puro" que some quando tentamos contemplá-lo, mas aparece quando tentamos contemplar a consciência com algo idêntico a si mesmo.

Já descrevemos de que maneira é o ser da consciência. Sabemos que ele existe ao modo da presença a si e que há um nada que o separa de si mesmo. Porém, o que revela o sentido do Para-si de maneira mais profunda é a questão de seu fundamento. Por um lado, o Para-si é seu próprio fundamento, mas, por outro lado, não o é. Contraditório? Não. Acontece que o Para-si é seu próprio fundamento no sentido de ser fundamento de seu nada, mas não no de ser fundamento de seu ser.

Sartre utiliza dois argumentos principais para provar que o Para-si não poderia ser fundamento de seu ser. O primeiro consiste em mostrar de que se ele o fosse, então seria exatamente da maneira como se concebe: "um ser que fosse seu próprio fundamento não poderia sofrer o menor desnível entre o que ele é e o que ele concebe, pois se produziria a si conforme sua compreensão de ser e só poderia conceber-se como é".[29] O segundo argumento, mais abrangente, mostra que toda vez que tentamos conceber um ser que seja seu

---

27 Sartre, J-P. *O Ser e o Nada*, p. 125.

28 *Idem*, p. 127.

29 *Idem*, p. 129.

próprio fundamento, caímos novamente num ser como o do Para-si, que não pode ser seu próprio fundamento: "Para fundamentar seu próprio ser, seria necessário que existisse à distância de si, o que implicaria em certa nadificação do ser fundamentado, bem como do ser que fundamenta, uma dualidade que fosse unidade: recairíamos no caso do Para-si".[30]

Nesse sentido, o Para-si é contingente. Mas a contingência não exige o fundamento de um ser necessário? Tal premissa, segundo Sartre, apenas exprime o desejo de encontrar fundamento. Esse fundamento não poderia vir do Em-si. O Em-si, na tentativa de fundamentar-se, pois também é contingente, converte-se em Para-si, mas não é capaz de fundamentar-se, já que ele sacrifica a si mesmo nessa conversão. Assim, é preciso admitir que o Para-si é absolutamente contingente, contingente em seu próprio ser e só pode ser fundamento de seu nada, pois é ele que se constitui como não sendo o Em-si, ou seja, como sendo falta de ser, nada.

A vinculação original entre o Em-si e o Para-si é a nadificação do ser pelo Para-si: "O Em-si concreto e real acha-se inteiramente presente no âmago da consciência como aquilo que ela se determina a não ser".[31] A nadificação do Em-si pelo Para-si é de um tipo particular de negação; ela estabelece um vínculo interno entre aquilo que é negado e aquilo de que isso é negado. Esse tipo de negação é denominado por Sartre como "falta". Assim, quando dizemos que a vinculação original do Para-si e o Em-si é a nadificação do Em-si pelo Para-si, queremos dizer que o Para-si determina-se como falta. Observemos que o Para-si não nega qualquer Em-si, mas seu "si". Assim, "o que falta ao Para-si é o si-ou o si mesmo como Em-si".[32] Esse si é o que é, uma identidade consigo mesmo, ou seja, o

---

30 Sartre, J-P, *O Ser e o Nada*, p. 129-30.

31 *Idem*, p. 135.

32 *Idem*, p. 139.

contrário do Para-si, que é o que não é e não é o que é. É aquele ser que ele não consegue ser, ou seja, o ser que seria fundamento do seu ser e não apenas do seu nada, sendo seu fundamento enquanto coincidência consigo mesmo. Por outro lado, é desse "si", dessa relação primitiva de identidade consigo mesmo, que Para-si extrai seu sentido, pois, como diz Sartre, "é o si concebido como o que seria o que é que permite captar o para-si enquanto não sendo o que é".[33] O sentido do Para-si só pode ser apreendido como fracasso em presença do ser que não conseguiu ser.

Como nos mostra Sartre, essa é a origem da transcendência, a realidade humana é seu transcender rumo aquilo que lhe falta. Mas é preciso observar que desde a origem a realidade humana não existe primeiro para somente depois ser falta, "ela existe primeiramente como falta em vinculação sintética imediata com o que lhe falta".[34] Dessa forma, podemos ver que a relação que se estabelece entre o Para-si e o Em-si afeta o Para-si desde a origem e é o Em-si que ele não é que lhe dá sentido, "é por sua própria aparição que ele [o cogito] se transcende rumo ao ser qualificando-se em seu ser como ser ao qual falta, para ser o que é, a coincidência consigo mesmo".[35]

Mas a totalidade almejada pelo Para-si não é um Em-si, é como o Para-si que o Para-si reivindica o Em-si. O ser que o Para-si almeja é a síntese impossível do Para-si e do Em-si. Esse Em-si-Para-si, "um ser que seria seu próprio fundamento, não enquanto nada, mas enquanto ser, e manteria em si a translucidez necessária da consciência, ao mesmo tempo que a coincidência consigo mesmo do ser Em-si".[36] Porém, como mostra Sartre, essa totalidade é

---

33 Sartre, J-P, *O Ser e o Nada*, p. 139.

34 *Idem*, p. 140.

35 *Idem, Ibidem.*

36 *Idem*, p. 141.

impossível por natureza: "esta totalidade não pode ser dada por natureza, pois reúne em si os caracteres incompatíveis do Em-si e do Para-si".[37]

Todavia, se a totalidade Em-si-Para-si é impossível de ser realizada, isso não quer dizer que ela não exista, ou seja, há um ser do Em-si-Para-si. Mas qual é esse ser? É um "ser daquilo que não tem ser". Trata-se do valor. Se ele é apreendido como ser, então ele se torna uma exigência de fato, porém, se o apreendermos como idealidade, suprimimos o ser e o valor se desmorona. Por isso, ele deve ser compreendido como um ser que está para além do ser. Ao mesmo tempo que é a realidade humana que faz surgir o valor, ela é transcendida por este, como algo que está mais-além da realidade humana, que a transcende e fundamenta todas as transcendências.

Assim, a intencionalidade em *O Ser e o Nada* se mostra como sendo a necessidade da consciência ser um vazio, uma falta de ser que, por não ter conteúdo algum em seu interior, precisa transcender-se em direção ao Em-si que ela nega. Dessa forma, ao contrário da consciência possuir em si uma plenitude impressional dos vividos como em Husserl, ela é um vazio. O Em-si, por sua vez, não é mais a sua série infinita de aparições, que, por ser infinita, seria um nada. O Em-si é aquilo que é. A correlação estabelecida por Sartre, é feita a partir de uma intencionalidade caracterizada como falta, pois é pelo fato do Para-si constituir-se como falta frente ao ser que vemos como o cogito pode sair de si mesmo e se relacionar com o Em-si.

É a partir do Para-si apenas que se estabelece a correlação entre o Para-si e o Em-si, pois o Em-si não tem necessidade alguma do Para-si. Se em Husserl havia uma "correlação" no sentido de que tanto a consciência quanto o objeto não existem sem estar em uma relação um com o outro, não podemos dizer que o mesmo ocorre em Sartre.

---

37 *Idem, Ibidem.*

204 ENSAIOS SOBRE FILOSOFIA FRANCESA CONTEMPORÂNEA

Há sim uma "correlação" entre o Para-si e o fenômeno de ser, mas não entre o Para-si e o Em-si.

> O concreto se nos revelou como totalidade sintética da qual tanto a consciência quanto o fenômeno constituem apenas articulações. Mas se, em certo sentido, a consciência considerada em seu isolamento é uma abstração, se os fenômenos – mesmo o fenômeno de ser – são igualmente abstratos, na medida que não podem existir como fenômenos sem *aparecer* a uma consciência, o ser dos fenômenos, como Em-si que é o que é, não poderia ser considerado uma abstração. Só necessita de si mesmo para ser, não remete senão a si mesmo.[38]

É importante essa ressalva pois demonstra mais uma vez como Sartre se coloca contra o idealismo, pois o objeto não se encontra somente na consciência como aparição, mas lá fora, no mundo, e por isso independe da consciência.

Bibliografia

BARBARAS, Renaud. "Désir et manque dans L'Être et le Néant: le désir manqué" in *Sartre – Désir et liberté*. Paris: Presses Universitaires de France, 2005.

BORNHEIM, Gerd A. *Sartre: metafísica e existencialismo*. São Paulo: Editora Perspectiva, 1971.

DANTO, Arthur C. *As Ideias de Sartre*. Trad. de James amado. São Paulo: Cultrix, 1975.

MOUTINHO, Luiz Damon Santos. *Sartre: psicologia e fenomenologia*. São Paulo: Brasiliense, 1995.

---

38 Sartre, J-P. *O Ser e o Nada*, p. 232.

SARTRE, Jean Paul. "O existencialismo é um humanismo". Trad. De V. Ferreira. São Paulo: Abril Cultural, 1973.

_____. "Uma Ideia Fundamental da Fenomenologia de Husserl: a Intencionalidade" em *Situações I: Crítica Literária*. Trad. de C. Prado. São Paulo: Cosac Naify, 2005.

_____. *A Imaginação*. Trad. de L. R. S. Fortes. São Paulo: Abril Cultural, 1973.

_____. *O Imaginário*. Trad. de Duda Machado. São Paulo, SP: Editora Atica, 1996.

_____. *O Ser e o Nada: Ensaio de Ontologia Fenomenológica*. Trad. de P. Perdigão. Petrópolis : Vozes, 2005.

_____. *La Transcendance de l'Ego et Conscience de Soi et Connaissance de Soi: Précédés de Une Idée Fondamentale de la Phénoménologie de Husserl: l'Intentionnalité*, textes introduits et annotés par Vincent de Coorebyter. Paris: Vrin, 2003

SEEL, Gerhard. *La Dialectique de Sartre*, trad. de E. Müller, Ph. Muller et M. Reinhardt. Lausanne: L'Age d'Homme, 1995.

SPIEGELBERG, Herbert. *The phenomenological movement: a historical introduction*. Boston: Martinus Nijhoff, 1982.

VARET, Gilbert. *L'ontologie de Sartre*. Paris: Presses Universitaires de France, 1948.

Consciência e conhecimento na fenomenologia de Sartre

Simeão Donizeti Sass[1]

Sartre pronunciou em 1947, na Sociedade Francesa de Filosofia, a conferência intitulada *Consciência de si e conhecimento de si*.[2] Como o próprio título indica, o tema central é a diferença estabelecida entre consciência e conhecimento. Para traçar todas as distinções entre estes dois conceitos uma síntese da reflexão fenomenológica sartreana é exposta. Consciência e conhecimento são pensados a partir de uma origem comum: a *vivência*, noção forjada na tradição filosófica alemã que a pensa a partir do conceito de *Erlebnis*. Para tentar esclarecer o sentido e a relevância do conceito de vivência para o pensamento sartreano elaboramos a presente reflexão.

A noção de vivência aparece em diversos momentos da conferência. Para compreender melhor o seu significado faremos

---

1   Doutor em Filosofia. Docente do Departamento de Filosofia da Universidade Federal de Uberlândia.

2   Sartre, J.-P. "Consciência de si e conhecimento de si" in *A Transcendência do Ego*. Tradução de Pedro M. S. Alves. Lisboa: Edições Colibri, 1994. Doravante esta obra será indicada pelas siglas (CC) acompanhadas pelo número da página da tradução portuguesa.

uma exposição de alguns argumentos que colocam em destaque a sua vinculação ao conceito central da fenomenologia que é a consciência intencional.

Uma definição que pode dar início ao nosso plano de exposição é a seguinte: "o filósofo que primeiro recorreu a esta consciência não-tética de si, Husserl, e que a referiu nomeadamente na consciência interna do tempo, mostrou muitas vezes que a característica de uma *Erlebnis*, quer dizer, em suma, de uma consciência vivida e reflectida, é o facto de ela se dar como tendo já existido, como estando já aí" (CC, p. 100). Desta citação destacam-se alguns pontos. O primeiro é que a *vivência* é a base daquilo que se entende por consciência não-tética. A distinção entre tético e não-tético é fundamental para a fenomenologia em geral e para a sartreana em particular. Estes dois "modos de ser" da consciência são indispensáveis para a compreensão de uma atitude de cunho psicológico ou moral. Ao final de nossa exposição teremos a oportunidade de esclarecer o que queremos dizer com esta afirmação. Devemos grifar, portanto, que o ponto de partida de uma "tomada de consciência" é a vivência. Esta, por sua vez, comporta a necessidade de entendermos a consciência intencional como um ato de transcendência que se realiza em direção ao objeto. Isto é por demais conhecido para insistirmos, contudo, nunca é demais ressaltar que é a vivência a "origem" de uma "tomada de consciência". Viver, experienciar, entrar em contato é já ter consciência de algo. Esta vivência carrega consigo a condição de estabelecer uma ligação entre a consciência que experiencia e o objeto que é experienciado. Na verdade, a consciência é, neste ato, a própria experiência; o seu ser é esta ligação com o objeto. Daí a dimensão de transcendência inerente ao ato de intencionar. A transcendência surge como termo forte desta ação porque o si mesmo não é posto como fim da atitude de "tomada de consciência". A vivência, no caso de um visar, por exemplo, é a experiência de um objeto que eu não sou. Isto se dá por causa da "mundaneidade" dos objetos intencionados. É esta dependência do mundo que constitui o ponto de partida da ontologia sartreana. Não podemos conceber o ser da consciência sem o mundo. Para a consciência experienciar-se ela necessita "sair de si". Podemos dizer que o entendimento que a consciência tem de si é sempre mediado, nunca imediato. Sartre demonstra em *O Ser e o Nada* que a consciência em sua dimensão *para-si* é a "aventura" do Ser. Podemos afirmar, neste contexto, que a consciência possui uma "predisposição" não-tética. A consciência "não é simplesmente o 'si mesmo' (CC, p. 105), ela é, em sua dimensão fundamental, "questão levantada sobre si, ela é, na realidade, presença a si" (CC, p. 105). Daí também o sentido de *correlação* necessária entre as partes. Esta correlação transforma os dois lados em um todo. Consciência e objeto são um para o outro. O não-tético, pensa Sartre, contém o "*já aí*". É por esta razão fundamental que a reflexão se dá. Ela é como que o desdobramento possível – mas não necessário – de uma vivência. Se precisássemos estabelecer qual dos dois é indispensável ao outro, deveríamos optar pela vivência. O primado existencialista: "a existência precede a essência" (CC, p. 104) ganha aqui todo o seu peso. Somente porque a consciência intencional sempre se dá como vivência é que podemos operar a reflexão. É porque algo foi vivido – passado – que esta consciência pode ser objeto de reflexão. Insistimos neste aspecto da vivência porque ela é fundamental para a distinção entre consciência e conhecimento.

Se esta fundação da consciência na vivência mantém uma vinculação estreita com a fenomenologia de Husserl, um desdobramento que Sartre extrai desta "verdade" ultrapassa a fenomenologia husserliana e reforça a interrogação heideggeriana do Ser. A focalização no âmbito ontológico da vivência tenta "mesclar" a verdade husserliana e a ontologia fundamental. Se a consciência é a vivência de um objeto, seja ele real, ideal ou possível, ela é também tomada de consciência de sua diferença ontológica relativa ao objeto que interpela. Na verdade, ela sai de si para tentar retornar a si. Este ato de transcendência visa atingir a plena consciência de si, pois sai em busca do conhecimento do mundo para responder ao questionamento central: "qual é o *ser* da consciência?". Nesta diferença entre os modos de ser, o mundo é o objeto questionado e a consciência a conduta interrogativa, mas também é interrogação do mundo porque é inquietação. Nesta interroção reside a sua negatividade original. A consciência é ação porque é a constante e ininterrupta adoção de uma interrogação como "modo de ser". Nesta relação entre objeto interrogado e consciência interrogante reside o vínculo entre dois modos fundamentais de ser, o *em-si* e o *para-si*.

Não vamos adentrar na explicitação destes modos fundamentais pois nosso objetivo é simplesmente o de explicitar o que Sartre entende por consciência e conhecimento. Porém, podemos adotar uma terminologia mais simplificada e estabelecer que o *em-si* existe sob o modo de uma coisa *inerte* e o *para-si* sob o modo da *inquietação*. Tomando estes dois modos de ser como referência, podemos enunciar uma primeira distinção entre consciência e conhecimento afirmando que o segundo existe de modo análogo ao do *em-si* e a *consciência* existe como um ser *para-si*. Para esclarecermos esta distinção devemos partir do seguinte ponto de vista: "o conhecimento é" (CC, p. 96). As implicações desta definição são inúmeráveis, tentaremos destacar algumas para ratificar o destaque que damos ao tema.

Um primeiro tópico que pode ser explorado é o da confusão feita entre consciência e conhecimento, ou melhor, a identificação entre os dois termos. De forma alguma Sartre reduz um ao outro. Explicando melhor, Sartre não defende a tese de que a consciência seja só reflexão, isto é, que o seu modo de ser seja o da reflexão. Não há identidade aqui entre consciência e reflexão, ao contrário, a segunda é um desdobramento da primeira, mas não a sua essência.

Esta tese significa, por exemplo, que a "realidade humana", isto é, o homem que "existe no mundo", vive tentando "tomar consciência de si". *Sendo* esta inquietação ele não passa o tempo todo somente "tomando conhecimento" de sua existência. Esta é uma consequência necessária do caráter essencialmente pretérito de toda atitude reflexiva. A reflexão sempre se debruça sobre uma "tomada de consciência", podemos dizer também que a reflexão sempre toma uma vivência como seu objeto. É esta dimensão ontológica da intencionalidade que Sartre explora em *O Ser e o Nada*. Consciência e conhecimeno *são* diferentes modos de "tomada de consciência do mundo". Aqui vemos uma "função" reservada ao existencialismo, como ressaltará Sartre décadas depois em *Questões de Método*: a filosofia de cada tempo precisa de uma ideologia que reafirme a "insuperável subjetividade". Em outros termos, uma filosofia precisa sempre considerar a "condição humana" a partir da inquietação. A elaboração de um "conhecimento" sobre o homem não exclui a constante "colocação da pergunta acerca do *sentido* de sua exisência". É por esta razão também que o existencialismo sartreano pretende elaborar um método *heurístico*. A atitude interpretativa admite que há uma inquestionável "impossibilidade de conhecimeno de nosso ser" (CC, p. 98). Esta impossibilidade é o resultado da *condição existencial* do ser humano. Exatamente porque ele é ser histórico, situado, agente, em suma, inquietude, um conhecimento absoluto de seu ser fica relegado ao âmbito do possível. As chamadas "Ciências do Homem" devem considerar esta "condição ontológica" como o verdadeiro ponto de partida. É neste contexto que surge a necessidade de uma "psicanálise existencial". O conhecimento possui, então, a função básica de ser uma *consciência reflexiva*. Ele é sempre um objetivo do homem, mas não um objetivo realizável na sua plenitude. Como ensina a *Crítica da Razão Dialética*, o mundo humano é o reino da "totalidade-destotalizada".

212 Ensaios sobre filosofia francesa contemporânea

A redução da filosofia francesa ao âmbito da teoria do conhecimento foi alvo das críticas sartreanas desde o seu ensaio *Uma Ideia Fundamental da Fenomenologia: a Intencionalidade*. O "espírito aranha" era o da redução do vivido ao inerte, da transformação da existência em "reino da natureza", que encontrava seu coroamento na definição de "natureza humana". Não é por acaso que sua conferência mais famosa *O Existencialismo é um Humanismo* recusa estabelecer uma "natureza" para homem, defendendo a sua "condição situacional" como o verdadeiro ponto de partida da compreensão. A natureza é o campo da inércia, a condição humana é a aceitação da historicidade e da vivência. É, possivelmente, por esta razão que Sartre prefere o termo existencialismo, por encerrar uma inscrição da inquietude no reino da ciência dos seres inertes. Admitir que o homem tem uma natureza é aceitar o mundo da fatalidade e da repetição. Natureza, conhecimento, passado, tudo isto expressa o modo de ser *em-si*. Devemos ressaltar, entretanto, que estas dimensões da mundaneidade são também as que existem no mundo humano. O *sentido* destas dimensões é enunciado somente pelo homem. A própria facticidade é o mundo das determinações. O que é proposto pelo existencialismo sartreano é uma postura de atividade diante deste *em-si*. É por isto que o *para-si* é negação em seu ser, porque ele surge em um mundo que lhe é "estranho e hostil". O homem *resiste* ao mundo existindo nele. É também por esta razão que a vida humana é uma incessante *luta* contra a inércia. Vida e morte, vitalidade e inércia, ação e repouso são os polos correlatos da vivência "no mundo". Um conhecimento "preciso" desta correlação deve admitir a passagem pela interpretação do sentido destes entes, isto é, pela constante "tomada de consciência" que o homem realiza. Em uma palavra, *o conhecimento é a dimensão inerte, cristalizada, pretérita da vivência humana*.

Com o estabelecimento do "ser do conhecimento" como um modo de ser *em-si* Sartre intenciona, dentre outras coisas, compreender a existência humana a partir do modo de ser *para-si*. Não temos condições de reconstruir toda a maquinaria conceitual característica do "Ensaio de ontologia fenomenológica" para descrever a consciência como a única "aventura possível do ser". Vamos circunscrever somente um dos aspectos desta teoria para demonstrar a relevância da noção de vivência para a compreensão sartreana da intencionalidade. De modo esquemático, podemos estabelecer que o *para-si* é o modo de ser da consciência. Este *para* reforça a condição transcendente. A imagem que Sartre usa para representar este movimento é a do redemoinho. Assim, a consciência é remissão, projeção, saída de si. Se ela é transcendência, é consciência do mundo. Se ela posiciona sua atenção em um ser outro, o seu interior, seu si mesmo, deixa de ser o foco desta intenção. É por este motivo que a transcendência é um sentido determinante daquilo que a tradição fenomenológica chama de consciência *não-tética*. O que intencionamos demonstrar é que o não-tético pressupõe o vivido. Forçando mais a proposição, é possível dizer que *a consciência não-tética é a própria vivência*. Na verdade, esta relação é estabelecida pelo próprio Sartre quando diz: "a consciência não-tética atinge-se a si mesma sem recorrer ao discursivo e às implicações, pois, com efeito, ela é consciência, mas não se deve confundi-la com um conhecimento. Atingir-se a si mesmo é ser luminoso para si mesmo, mas tal não é coisa nomeável, por si mesma exprimível" (CC, p. 100). Aqui identificamos uma discussão delicada que foi muito explorada pelos críticos de Sartre. É a questão do não discursivo e daquilo que é arredio a um conhecimento total, o *inominável, inexprimível*. Esta questão será retomada adiante. A tese de que a consciência não-tética "pode ter acesso a si mesma" é de destacada relevância para nossa reflexão.

A valorização da consciência não posicionada é um dos temas mais recorrentes da conferência *Consciência de si e conhecimento*

214 Ensaios sobre filosofia francesa contemporânea

de si. E ela vem acompanhada da possibilidade da própria reflexão. De certo modo, Sartre inverte a prioridade dada aos distintos momentos quando diz: "o problema não é tanto procurar a existência da consciência não-tética de si: qualquer um a *é* em cada momento; qualquer um dela desfruta, se posso dizer assim. O problema é mais saber como podemos passar da consciência não-tética de si, que é o ser da consciência, para o conhecimento reflexivo que se fundamenta nela" (CC, p. 100). Sartre explicita aqui o ponto que queremos destacar. O seu existencialismo quer ser uma postura que coloca a consciência como o absoluto, mas um absoluto fundado no concreto. Por esta razão, *o vivido é a própria realidade*. Assim, *viver no mundo é ter consciência do mundo*. Esta tese deve ser bem mais explorada. Para a posição existencialista o homem não vive *inconscientemente* suas emoções ou ações para depois lançar um "olhar reflexivo" sobre tais condutas. Esta cisão não tem lugar na teoria sartreana. Agir, emocionar-se, ao contrário, são distintas "tomadas de consciência". O privilégio da atitude reflexiva perde o status de verdade que se funda em si mesma. Como o próprio texto sartreano diz, o conhecimento reflexivo está fundamentado na consciência não posicionada. Não se trata, então, de explicar como a emoção – tantas vezes considerada como uma paixão irracional – é "pensável", mas como a passagem para a reflexão se faz. Com esta mudança de foco, Sartre recusa simultaneamente as soluções irracionalistas e idealistas, filhas da mesma dicotomia estabelecida entre consciência e objeto. Vivenciar é estar presente, é estar com...

Sartre vai além ao dizer que a atitude mais comum é a que se limita a *descrever* a consciência de si. Este simples conhecer é substituído pela compreensão que afirma que ela *"é e que nós a somos"*[3] (CC, p. 100), ou seja, o homem não só conhece uma

---

3 Grifo nosso.

consciência, ele é aquilo que tenta conhecer. Daí a necessidade de uma ontologia que investiga o modo como a consciência se apresenta. O seu existencialismo visa investigar "qual é esse *modo* de consciência" que é também vivência. A dificuldade de compreensão desta tese figura reiteradas vezes entre os críticos de Sartre. Não é por acaso que L. Althusser, na esteira das acusações de Lukács, combate o "romantismo" dos existencialistas. A defesa do vivido soa para estes críticos como o retorno de uma "filosofia da vida" destilada nos cafés parisienses. Filosofia que, segundo eles, é obscurantista e retrógrada. Para Sartre, a questão se coloca do seguinte modo: como saber o que é a consciência vivida se, por um lado, ela é "indispensável e, por outro lado, não é conhecimento" (CC, p. 100). Sartre considera que a "consciência não-tética não é um conhecimento. Eis-nos precisamente agora levados para o plano ontológico. Abandonamos o conhecimento, pois ele parecia-nos insuficiente para se justificar a si mesmo. Procurávamos justificações do conhecimento que fossem acessíveis a uma experiência. *Esta experiência não é outra coisa senão uma maneira de ser.*[4] Cada fato consciente, como se dizia outrora, é completamente consciente. O seu modo de ser é precisamente a consciência" (CC, p. 102-103). Esta afirmação é significativa porque menciona outro sentido do termo *Erlebnis* que é a *experiência vivida*. A consciência não-tética é uma experiência, uma correlação entre sujeito e objeto, de forma alguma a defesa de um irracionalismo. Certamente o existencialismo não é a defesa da metafísica, tampouco do idealismo. Esta interpelação da consciência deve partir do cogito, não do "*cogito* cartesiano, mas do cogito não-tético" (CC, p. 103), momento em que consciência e objeto estão coligados.

Esta crítica – irracionalismo de base – seria completada pelo *voluntarismo incurável*, argumento recorrente dos comunistas. Tal

---

4   Grifo nosso.

216   Ensaios sobre filosofia francesa contemporânea

crítica pode encontrar amparo em posições que Sartre defende: "diremos também que a consciência se faz ser o que é,[5] expressão ambígua, tal como a de *ato*, que é necessário elucidar ainda. Não se trata aqui de uma potência, de uma energia, de uma vontade, mas, se nada provindo de fora pode dar prazer a uma consciência, nada pode lhe dar dor, pois não podemos introduzir de fora, num sistema fechado e passivo, uma certa modificação" (CC, p. 103). Sartre extrai todas as consequências possíveis de sua ontologia dos dois modo fundamentais de ser. Se a consciência é em seu ser *para-si*, isto significa que ela nunca é involuntariamente passiva. Até a sua completa passividade é *decidida*. Não se trata de voluntarismo romântico, mas de determinação de ser. Só o *em-si* é *passivo*. Surgindo como negação, necessariamente o *para-si* existe de modo *ativo*, esta é a sua *condição ontológica*. O argumento que tenta enfraquecer esta tese acusando a ontologia sartreana de ser uma nova forma de metafísica deve, ao menos, admitir que não é muito difícil constatar que cada homem decide o rumo de sua existência. Nem mesmo para os defensores do materialismo histórico-dialético, pois neste o homem é feito pela História na estrita medida em que a faz. Para Sartre, o homem não pode decidir se é ativo ou não, esta é a sua inegável condição. O que ele pode decidir é viver como agente ou como paciente. Assim como ele não pode duvidar de sua liberdade. O que ele pode fazer é agir de *má-fé* e forjar um projeto de viver como uma coisa. Livre projeto de recusa da liberdade. Em suma, "é evidente que a consciência decide a cada momento acerca de si mesma por via da sua simples estrutura de ser o que ela é" (CC, p. 104). É por esta razão que a consciência não se retringe ao âmbito do conhecimento, ela permeia fundamentalmente o plano da existência. A consciência não é só

---

5   Esta é uma das consequências do estabelecimento da diferença ontológica entre a coisa e a consciência; a primeira *é*, a segunda *se faz*.

conhecimento de si, *ela decide o que quer ser*. Ao contrário do *em-si* que jamais pode modificar seu modo de ser, dado que ele *é*, a consciência decide o que vai ser porque está imersa na facticidade e na contingência. A consciência é "prazer em questão, alegria em questão, profundidade, clareza, segurança, boa-fé, má-fé em questão, com essa total responsabilidade que lhe incumbe de que só ela decida do grau de clareza ou de má-fé, ou de boa-fé, em que se encontra" (CC, p. 104). É porque o homem é consciência de si no mundo que seu ser "está para ser feito". Ao dispor nestes termos a consciência, fica impossível admitir outras visões "antropológicas" como as propostas pela psicanálise ortodoxa ou pelo marxismo mecanicista. Sartre não admite nem a total determinação exterior agindo sem uma reação do indivíduo nem a adoção da tese de um inconsciente que também tomaria o lugar de determinação última. Sartre é um convicto crítico de qualquer teoria determinista, pois "há duas coisas estabelecidas antes de toda interpretação: eu encontro-a em mim, eu posso a cada momento, por um lado, fazê-la sair pela reflexão e, por outro lado, não se trata apesar de tudo de um inconsciente, se bem que não seja um conhecimento" (CC, p. 128). Fica claro, portanto, que, para Sartre, toda "ciência" que tenha como fim a abordagem do homem deve partir deste princípio: a consciência não-tética. Segundo o exemplo utilizado por Sartre, esta vivência "está aí, quer dizer que, agora, ao vos falar, absorvido em vos falar, estou apesar de tudo consciente não-teticamente de mim; e é qualquer coisa que se não deve exprimir em termos de conhecimento, mas que é mesmo assim uma *plena possessão de mim*.[6] É portanto qualquer coisa de que tenho experiência" (CC, p. 128). A existência humana coloca a vivência como o verdadeiro fundamento de todo conhecimento. Para resumir o argumento:

---

6   Grifo nosso.

"*a existência precede a essência* é uma característica interna da consciência não-tética" (CC, p. 104).

A consciência no plano não posicional manifesta o modo de ser do *para-si*. Isto representa a recusa do "si mesmo" como sua essência. A caracterização da consciência como vivência representa a determinação de seu ser como uma "presença ausente". Vivenciar algo é estar presente a si estando presente ao objeto. Esta ambiguidade é sua marca original. Se o *em-si* é identidade plena, a consciência é negação desta, sendo, ao contrário, afirmação da não-identidade. Falta ao ser da consciência esta identidade de base. Podemos dizer até que ela carece de identidade. Sua história se faz pela tentantiva de suprir esta *falta* ontológica.

Além da diferença estabelecida entre a identidade e a falta, Sartre afirma que a consciência pode tomar a si como objeto. Estando a reflexão fundada em uma vivência concreta, este "tomar a si como objeto de consciência" pode ser efetivado pela via da reflexão *impura* (o psíquico) ou pela reflexão *pura* (o plano moral). Não vamos desenvolver esta diferenciação. Somente interessa esclarecer que estas duas possibilidades devem ser tomadas no plano da vivência. Sartre nunca separa a vivência da atitude reflexiva, pelo simples fato de que esta última é intenção voltada para o vivido. A clássica supremacia do mundo das "ideias" em relação ao "mundo da vida" não tem lugar aqui. Podemos afirmar, parafraseando outro defensor da *Erlebnis*, Dilthey, que a reflexão também é uma vivência.

Finalizando a exposição dos argumentos de Sartre que colocam a vivência como fundamento da atividade intencional, vamos citar um longo trecho da conferência *Consciência de si e conhecimento de si* para indicar que esta temática envolve a dimensão ética. Sartre afirma:

> [...] há a moral, que me parece ser o plano da reflexão pura [...] É possível passar da consciência imediata para a reflexão pura? Não sei. Talvez se possa fazê-lo depois do exercício da reflexão pura, mas eu não poderei dizer que, *a priori*, um ser que vive no imediato puro seja capaz de reflexão pura.
>
> Penso que o que se encontra mais frequentemente é pessoas que passam tranquilamente do imediato para a reflexão impura. Aquele que está sedento, que não tem muito dinheiro, que tem os seus problemas com a mulher, está mergulhado em tudo isto e exclama um belo dia: 'como sou infeliz'! É uma reflexão que surge por reflexão impura, que é já uma concepção da psique.
>
> Não vejo no entanto o indivíduo a sair daí para ver a realidade ontológica do seu ser, coisa que o levaria talvez a deixar a sua mulher e a mudar de profissão; e estaríamos então no plano da moral[7] (CC, p. 130-1).

Segundo a esquematização apresentada por Sartre, a vivência, "tomada de consciência do mundo", seria o ponto de partida tanto da dimensão *psíquica* quanto *moral*. Se o homem *é* consciência, se a sua existência tem como marca indelével o "colocar-se sempre em questão", a vivência é, simultaneamente, ato de visar e consciência de si como ser intencional. Sendo consciência de si no modo de ser consciência do mundo circundante, vivenciar já é ser consciente de algo. Desaparece aqui a célebre separação entre vivência e "tomada de consciência". Em outros termos, elimina-se a identidade entre ser e conhecer, no seu lugar surge a correlação entre viver e ter consciência de...

Não temos a intenção de abordar o tema da moral no pensamento de Sartre. Tal discussão envolve um universo temático que ultrapassa nossas pretensões. Gostaríamos de grifar somente que

---

7   A situação descrita por Sartre guarda algumas semelhanças com o romance *A Náusea*.

é a vivência que está na base de todas as "tomadas de consciência" que o homem realiza. Vivência é ação humana. Ação que envolve a totalidade homem-mundo. A vivência também envolve a dimensão subjetiva do homem. Esta, por sua vez, somente pode ser concebida a partir da intersubjetividade. Nesta "trama" de significações que tem início com a vivência, a moral é parte constitutiva. Não propriamente o seu lado normativo, que diz respeito ao campo da lei e do inerte. A moral sartreana, repetindo Dilthey, preocupa-se mais com a "validade" do que é moral. Isto pode ser compreendido se admitirmos que a ação humana envolve consciência dos fins, decisão e responsabilidade. Uma das consequências da consciência ser *para-si* é a de necessitar constantemente de uma "reafirmação" de seu ser. A consciência *não é*, "ela é o que não é e não é o que é". Se assim é, a noção de *decisão* mostra-se capital. A consciência decide o que vai ser. A decisão ocorre porque a consciência é liberdade absoluta. Se o homem é consciência, se o seu ser tem o curso de sua existência marcado pela "tomada de consciência", existir conscientemente significa "ter de decidir". Na citação acima, Sartre projeta duas possibilidades para a vivência: tornar-se reflexão *impura* ou reflexão *pura*.

A reflexão impura é aquela que decorre de uma postura *passiva* que o ser humano adota diante das vicissitudes de sua existência. A palavra de ordem é *ser*, isto é, coisa *acabada* e *imutável*. Ser é sinônimo de *fatalidade*. Diante de um quadro de atrocidades a pessoa *adota* a postura de ver-se como o "resultado de forças estranhas e imutáveis". A constatação "como sou infeliz" é o resumo desta maneira de tomar consciência dos resultados de uma série de escolhas e ações feitas ao longo de um período da existência. Grifamos o termo *adota* porque esta constatação, esta "tomada de consciência" das vivências desta pessoa, não é ditada pela situação, é o próprio indivíduo que enuncia a "sentença de morte". Esta reflexão, isto é, consciência reflexiva de uma vivência, tem como autor aquele que realizou o conjunto das escolhas que resultaram em fracasso. Quem enuncia o veredicto é o próprio autor das ações fracassadas. Mesmo que outras pessoas repitam o veredicto, é o autor que reconhece como seu o fracasso dos empreendimentos. A constatação não "cai do céu", não brota como erva daninha, ela é construída por cada momento da ação, desde o projeto até a consolidação do fracasso. E é construída pelo *sujeito* das ações e pelo *objeto* dos juízos. A constatação é algo que se apresenta ao sujeito em questão como obra sua. Sempre há autoria para a perspectiva sartreana da moral. Cada homem é seu próprio autor. Neste sentido, a reflexão é impura porque tenta desconsiderar todos os aspectos desta existência ativa e livre. Ela é impura porque é uma reflexão permeada de *justificativas*, de excusas, de referências a tudo o que diz respeito ao que não é a autonomia do sujeito. Esta reflexão é impura porque está determinada pelo psicológico, isto é, pela afecção. O psicológico, para Sartre, é o objetal, o lado *em-si* do homem, o modo pelo qual se toma como fruto de determinações alheias ao seu querer. Ver-se como um derrotado é ver-ser como "sempre derrotado", é "*ser* um derrotado em essência". Esta atitude perante a vida é sempre possível. A literatura sartreana faz desta conduta o lugar comum de seus temas. É este homem frágil e inquieto que sempre vemos em seus romances. A reflexão impura é uma espécie de "espírito do tempo" contemporâneo.

A reflexão pura, ao contrário, é a tomada de consciência que percorre um caminho divergente. Ela é a "tomada de consciência" da contigência e da necessidade, da ambiguidade que se dá na coexistência dessas dimensões na vida humana. O homem reconhece que a natureza é pura contingência, isto é, ausência de fim último e, ao mesmo tempo, constata que isto requer a total responsabilidade pela existência. Se o fim último não se coloca, todos os fins são inventados, escolhidos e reafirmados. A própria noção de valor se dá como *decisão*. Parafraseando Dilthey, podemos dizer que *o valor não é, ele adquire ser por obra do homem.* Na verdade, é o homem que constrói e destrói valores de acordo com a sua historicidade. Algo que era lei e bem supremo em determinada época e lugar, em outro momento histórico, deixa de ter o mesmo *status.* Em poucas palavras, o valor é histórico, ou seja, não é. O valor se faz pela atitude que os homens adotam. Ele é um ser relativo. E sua relatividade decorre da condição ativa e histórica do homem. A reflexão pura, em suma, é a "tomada de consciência" da historicidade do homem e do mundo. A reflexão pura parte do princípio de que *no mundo humano nada é, tudo se faz e também pode se desfazer.* Admitir esta precariedade da existência é operar uma reflexão pura acerca da vida. A reflexão pura é moral porque descarta o plano das justificativas para as decisões e atos humanos. A moral está, por esta razão, no plano da liberdade.

Nos últimos anos de sua vida Sartre retornou ao tema da vivência. Esta tese reveste-se de importância ainda maior porque repercute na definição sartreana de *psique.* A questão pode ser exposta suscintamente nos seguintes termos: desde *A Transcendência do Ego* Sartre insiste na teoria não substancialista do ego, tal posição anularia as filosofias de cunho solipsista. Contra a afirmação subjetiva da consciência de si, isto é, contra a tese da certeza subjetiva, Sartre visa demonstrar que o ego é um objeto psíquico transcendente. Em suma, é no mundo que a consciência coloca a si como ego, pela operação da reflexão. Originariamente não há identidade entre consciência e ego. A primeira instância torna possível a segunda mas esta não é o fundamento daquela. Na teoria da consciência de si desenvolvida posteriormente nas páginas de *O Ser e o Nada* a figura da outra consciência ganha papel de destaque. É somente quando a consciência é visada de fora que o ego surge. Sendo objeto de juízo alheio, o ego também passa a ser objeto para a consciência reflexiva. O desdobramento desta teoria não solipsista da consciência de si e da existência de outrem desencadeia a alienação quase inevitável da consciência. Admitindo a sua dependência relativamente ao juízo alheio, o seu "destino" estaria nas mãos dos outros. Nesta luta pelo reconhecimento, o ego seria objeto constituído na correlação com o mundo da alteridade. A consciência seria, neste caso, pura transparência, ou melhor, uma "hemorragia" infinda.

O problema que estamos tentanto delinear surge quando tomamos a consciência como uma vivência. Se a consciência é transcendência, hemorragia, "descompressão", o *em-si* não faz parte de seu modo de ser próprio. O *em-si* é o horizonte do *para-si*, não a sua realidade concreta. Ele é a possibilidade que deve ser concretizada, é o *ideal* do *para-si*. Para ser mais preciso, o ideal do *para-si* é a síntese *em-si-para-si*. A vivência, por seu turno, é caracterizada pelo "estar-aí", o que significa que a presença a si é também "testemunho" daquilo que se apresenta. Nas palavras de Sartre:

> a noção de vivência constitui um esforço de preservação dessa presença para si mesmo,[8] o que para mim parece indispensável para a existência de qualquer fato psíquico, embora ao mesmo tempo essa presença seja tão opaca e tão ofuscada diante de si mesma que acaba sendo também uma ausência de si própria. A vivência está sempre presente e ausente diante de si mesma, de modo simultâneo [...] cada fato psíquico encerra uma intencionalidade que por sua vez visa a determinado objetivo, enquanto, entre eles, um determinado número de fatos somente podem existir se forem compreendidos, mas não nomeados ou conhecidos.[9]

---

8 Grifo nosso.

9 Sartre, J.-P. "Itinerário de um pensamento – Sartre" in *Vozes do Século*. São Paulo: Paz e Terra, 1997, p. 214.

224 Ensaios sobre filosofia francesa contemporânea

É este aspecto específico da vivência que buscamos analisar.

O trecho citado acima encontra-se em uma entrevista concedida em 1969 para a *New Left Review*. Sartre toca em uma questão que causou muita polêmica. Época em que maio de 68 ainda repercute no meio intelectual. Momento em que Sartre escreve *O Idiota da Família*. Todos estes fatores convergem para uma tentativa de fazer do existencialismo que ele representava uma bandeira a favor de uma atitude, ao mesmo tempo, transformadora e crítica. A *Crítica da Razão Dialética* revelou o direcionamento da investigação sartreana para a avaliação metodológica da história socialmente referenciada. Também refletiu um certo desencanto com a aparente vitória do *status quo*. Tudo isto reforçava uma aposta cada vez mais radical na ação renovadora. O apoio ao panfleto revolucionário *A Causa do Povo* era a expressão desta mistura de decepção e revolta do ícone do existencialismo que chegava ao seu ocaso.

Não devemos esquecer também que os anos sessenta representaram a consolidação de uma corrente filosófica na França, o estruturalismo.[10] Afirmar a vivência em um ambiente fortemente influenciado pela "novidade" teórica era, mais uma vez, remar contra a maré. Embora sua antropologia tivesse a intenção de ser, simultaneamente, estrutural e histórica, o método dialético ainda era a sua referência básica. Mesmo "enxertado" pela psicanálise existencial, o referencial histórico-dialético era parte integrante de sua "ideologia". Sartre cometia vários "pecados" teóricos simultâneos ao defender a vivência e a dialética em um meio cultural que entronizava o inconsciente, a estrutura, as determinações materiais e outros tantos conceitos pós-fenomenológicos. Para resumir, o *humanismo* era a besta a ser abatida. Neste meio intelectual, Sartre surge como um ser em extinção, derrotado pelos novos paradigmas das ciências humanas. Passadas

---

10 A revista L'Arc reuniu uma série de artigos somente para abordar a relação de Sartre com o estruturalismo.

algumas décadas, uma visão mais distanciada das revoltas típicas dos "anos de chumbo" pode avaliar os erros e acertos metodológicos. Não vamos empreender tal inventário, somente intencionamos resgatar um aspecto deste debate teórico para demonstrar que a "aposta" de Sartre no vivido não era tão extravagante assim.

O campo que escolhemos para a demonstração da tese – a vivência como conceito capital da teoria sartreana da consciência – é a tentativa reiterada de Sartre de produzir biografias. Em outra entrevista concedida a Michel Contat e Michel Rybalka, publicada no *Le Monde* em 1971, Sartre expõe, em linhas gerais, suas intenções ao escrever a biografia de Flaubert. Vamos destacar desta entrevista somente o modo como ele descreve o *vécu*.

Identifica-se previamente a oposição estabelecida entre o *conhecimento* e a *compreensão*. Antes de abordar esta oposição Sartre comenta o emprego de dois outros termos, *conceito* e *noção*. Para ele há vinculação entre a noção e o método compreensivo. Sartre afirma que sua intenção, em *O Idiota...*, é apresentar uma compreensão da obra e da vida de Flaubert, demonstrando a vinculação estreita entre vivência e narrativa. Para conseguir tal intento, lança mão de um método centrado na empatia. Nas palavras de Sartre,

> a distinção que eu faço entre conceito e noção recupera aquela que eu estabeleço entre conhecimento e compreensão. Para compreender um homem, a atitude necessária é a da empatia.[11]

---

11 Sartre, J.-P. *"Sur L'Idiot de La Famille"* in *Situations X*. Paris: Gallimard, 1976, p. 95, "la distincion que je fais entre concept et notion recoupe celle que j'établis entre connaissance et compréhension. Pour comprendre un homme, l'attitude nécessaire est celle de l'empathie".

226 ENSAIOS SOBRE FILOSOFIA FRANCESA CONTEMPORÂNEA

Esta afirmação é importante porque demonstra que Sartre conserva basicamente as mesmas posições defendidas na conferência *Consciência de si...* quando pensa na distinção entre conhecimento e compreensão. Devemos ressaltar, contudo, que o termo compreensão não aparecia na conferência *Consciência de si e conhecimento de si*, mas a ideia estava implícita. Sabemos que o termo compreensão não é estranho ao pensamento de Sartre do final dos anos 30. No ensaio sobre as emoções o termo *Verstehen* aparece e é ele que caracteriza o procedimento do psicólogo inspirado pela fenomenologia. Compreender é tomar o homem em seu "ser-no-mundo". O conhecimento conceitual é contraposto ao modo de "tomar consciência de si" (anos 40) ou ao modo compreensivo de abordagem (anos 70).

Na entrevista de 1971 a definição de vivido (*vécu*) é apresentada da seguinte forma:

> quando eu mostro como Flaubert não se conhece e como, ao mesmo tempo, ele se compreende admiravelmente, eu indico aquilo que denomino vivido, quer dizer a vida compreendendo a si mesma, sem que seja indicado um conhecimento, uma consciência tética.[12]

Identifica-se claramente que o método psicanalítico surge como um dos recursos para a compreensão do homem Flaubert. Este método, entretanto, é tomado juntamente com o marxismo. A intenção desta combinação de abordagens é posta desde as páginas de *Questões de método*. Na entrevista de 1971 Sartre reafirma as suas pretensões quando estabelece que a *psicanálise existencial* seria

---

12 *Ibidem*, p. 110-1, "quand je montre comment Flaubert ne se connaît pas lui-même et comment en même temps il se comprend admirablement, j'indique ce que j'appelle le vécu, c'est-à-dire la vie en compréhension avec soi-même, sans que soit indiquée une connaissance, une conscience thétique".

o método apropriado para "elucidar completamente a vida de uma pessoa". Esta forma de conceber a psicanálise, entretanto, demonstra uma interpretação muito particular da metodologia freudiana. A psicanálise, para Sartre, seria, antes de mais nada, uma abordagem histórica da vida de uma pessoa. Os complexos seriam pensados a partir da história narrada da vida de um indivíduo. Narrada pelo próprio protagonista ou pelos relatos daqueles que enunciaram juízos sobre o protagonista. A célebre divisão estabelecida por Dilthey entre vivência, expressão e compreensão serviria, acreditamos, para estruturar esta psicanálise existencial. Em poucas palavras, podemos afirmar que *O Idiota da Família* é a "demonstração" deste método que foi sendo forjado ao longo do tempo. Outras tentativas foram realizadas com as biografias de Baudelaire, Genet e Mallarmé. O conceito de vivido parece ser, portanto, a tentativa sartreana de "incorporar" de forma original, e com os seus recursos, a teoria psicanalítica do inconsciente. Sartre tenta, com a noção de vivência, abarcar aquilo que ele chama de "compreendido sem ser conhecido", "a vivência da compreensão da vida". Este procedimento teórico tentaria identificar o *que há entre o irrefletido e a consciência tética*.

Concluindo, nossa reflexão buscou somente apontar a relevância da noção de vivência para a compreensão da teoria da consciência. Os desdobramentos da valorização desta noção para a constituição da *psique* serão apontados em outro lugar. Fica a certeza de que a definição de intencionalidade deve ser pensada a partir da correlação estabelecida entre vivência subjetiva e expressão objetiva.

Bibliografia

SARTRE, J.P. "Consciência de si e conhecimento de si" in *A Transcendência do Ego*. Tradução de Pedro M. S. Alves. Lisboa: Edições Colibri, 1994.

_____. "Itinerário de um pensamento – Sartre" in *Vozes do Século*. São Paulo: Paz e Terra, 1997.

_____. "*Sur L'Idiot de La Famille*" in *Situations* X. Paris: Gallimard, 1976.

Os descaminhos da liberdade — Sartre e o impossível romance da autenticidade

Thana Mara de Souza[1]

Na trilogia *Os Caminhos da Liberdade* Sartre pretendia, a partir do momento em que o Acordo de Munique ocorre e ele decide incorporá-lo no romance, mostrar como o personagem Mathieu passa do individualismo ao coletivismo, da abstração ao concreto, de uma concepção absoluta e abstrata de liberdade a uma concepção concreta e situada.

Do mesmo modo que Sartre diz que, ao ter sido preso durante a guerra, caiu na "história", passou de um estoicismo que aceita resignado o que lhe acontece como sendo algo que vem de fora – a guerra, por exemplo, sendo uma doença que era necessário aceitar –, para uma compreensão de que ele era responsável por tudo que lhe acontecia e por tudo que acontecia ao mundo o autor quis mostrar em sua trilogia a passagem da má-fé, da alienação para a autenticidade, a saída de uma abstração que impede o personagem de assumir seus atos e as consequências deles e a chegada na

---

1 Doutoranda em Filosofia pela USP e bolsista da Fapesp. Autora do livro *Sartre e a Literatura Engajada: Espelho Crítico e Consciência Infeliz*, publicado pela Edusp em 2008.

concretude de uma liberdade que se assume enquanto situação – é, enfim, mostrar como Mathieu percorre os caminhos da liberdade que interessa a Sartre.

E o que faria Mathieu passar da má-fé à autenticidade, de uma concepção negativa e abstrata de liberdade para uma concreta e positiva, era justamente a guerra, que começa a surgir em *Sursis* como uma ameaça que modifica o horizonte de todos e que é o palco principal de *Com a Morte na Alma*, o terceiro volume da trilogia. Teríamos, então, o caminho de uma história totalmente individual e abstrata – com um Mathieu em *A Idade da Razão* que se recusa a casar e a assumir o filho pensando que isso anularia sua liberdade tão querida – para uma história coletiva, com o mesmo personagem compreendendo, não através de teorias filosóficas mas por meio da própria ação, que ser livre é justamente não se abstrair do mundo real, da concretude da história, que é ao mesmo tempo total e individual, de todos e de cada um.

Mas como Sartre mostra o caminho percorrido por Mathieu?

No primeiro volume, em *A Idade da Razão*, vemos o personagem, professor de filosofia em férias, diante de uma questão totalmente particular, que dizia respeito a ele e a sua amante apenas: a gravidez indesejada dela. E embora escrito antes do Acordo de Munique e por isso inicialmente não previsto para ser o "momento negativo" de Mathieu, retrospectivamente, no momento mesmo da publicação do romance, que ocorreu anos depois, juntamente com o segundo volume, *A Idade da Razão* passou a ser visto e pensado para mostrar como Mathieu era antes da guerra, como ele lidava de modo alienado com sua liberdade tão desejada.

Diante da gravidez indesejada, Mathieu quer fugir, nada assumir – e para ele era justamente nisso que consistia sua liberdade: era livre para nada, era livre para se abstrair dos problemas cotidianos e reais. Sua liberdade era seu álibi, sua desculpa para negar as consequências dos atos que fazia... já que qualquer ação limitaria ou anularia sua liberdade, era necessário esperar por um ato grandioso e não por atos tão banais quanto o casamento ou um filho. Apenas um acontecimento importante seria um atrativo para que Mathieu aceitasse perder sua liberdade; e um filho e uma esposa não faziam parte desses acontecimentos grandiosos.

Liberdade e ação, portanto, parecem se excluir para o Mathieu professor de filosofia do primeiro romance da trilogia. Em *A Idade da Razão* o personagem parece assimilar a liberdade à negatividade, à abstração, à revolta e não à revolução, apenas ao instante destrutivo e negativo, sem o momento seguinte. A liberdade é, para ele – e como todos os outros personagens o dizem – um vazio, mera ilusão. Era o modo dele se colocar acima das situações que vivenciava, de não vivenciá-las de verdade. Tudo que Mathieu queria era ser livre, e ser livre era não se prender aos pequenos acontecimentos do dia a dia. O cotidiano, a gravidez, o filho aparecem a ele como limitação e até mesmo anulação dessa sua liberdade abstratamente absoluta – que é, portanto, liberdade para nada.

A liberdade que Mathieu tantas vezes defende é uma liberdade alienada, que tem como fim a fuga do real, o colocar-se abstratamente no mundo absoluto onde amantes e filhos não existiam, onde compromissos não existiam. Enquanto os amigos e irmãos o criticam, exigem que ele assuma seu ser na forma de ser (que ele se case e tenha o filho, que ele se filie ao PC, do mesmo modo como uma mesa é uma mesa – que se defina de modo absoluto), Mathieu insiste no contrário, em negar seu ser, em querer "não-ser na forma de não-ser", negando todas as atitudes que mantém, pensando que sua liberdade é justamente para isso, para evitar assumir os atos que faz e que não faz.

É certo que sempre se pode dizer que de qualquer modo Mathieu age – que negar seus atos é uma ação e ele necessariamente se compromete com isso. Negar o compromisso é se comprometer com a negação; e por isso não há, portanto, como fugir absolutamente do engajamento. No entanto, é a partir da perspectiva do próprio Mathieu que tentamos compreender o romance, e para ele, em *A Idade da Razão*, ainda existe a possibilidade de alienação, de abstração e fuga do real, que se daria por meio de sua concepção negativa de liberdade.

Mas em *Sursis* tudo começa a se modificar. Alguns meses depois, de junho de 1938 a setembro do mesmo ano, Mathieu não pode mais agir do mesmo modo. A Alemanha de Hitler avança em seus ataques e exige parte da Tchecoslováquia, causando assim uma grande ameaça de uma outra guerra mundial, já que também a França, a Inglaterra e a Itália interferem nas negociações.

Se agora Mathieu estava livre para sua liberdade, já que a amante se casara com Daniel, seu amigo pederasta, e se poderia exercer com mais tranquilidade essa liberdade que não o engaja em nada; agora é a história que reclama um compromisso seu. Não mais uma amante com uma gravidez indesejada, mas um país prestes a entrar em uma guerra. E dessa vez Mathieu decide aceitar o pedido, não porque via nesse possível início de guerra um acontecimento grandioso que merecia seu compromisso, a perda da liberdade, mas porque era totalmente indiferente a ela, porque entrara naquela idade da razão que para ele era idade da resignação.

Totalmente indiferente, decide respeitar as ordens do governo francês de se apresentar à guerra. Mas quando volta para Paris antes de pegar o trem até a cidade em que se apresentaria, Mathieu passa a noite em claro a pensar no quanto a guerra transforma as pessoas, no quanto seu passado tão pacifista agora se tornava um passado para essa guerra. A ameaça da guerra transforma os atos anteriores: se eles tinham por fim a paz, agora, com a guerra quase declarada, o fim desses mesmos atos passa a ser seu oposto, a guerra.

Andando por Paris antes de se apresentar, o filósofo, no momento mesmo em que vê que tudo estava fora, que nada havia "dentro" e portanto que ele era nada e por isso livre, ri e continua a pensar:

> Essa liberdade, procurei-a bem longe; estava tão próxima que não a podia ver, não a podia tocar, era apenas eu. Eu sou a minha liberdade [...] Fora. Fora. Fora do mundo, fora do passado, fora de mim mesmo: a liberdade é o exílio e estou condenado a ser livre.[2]

Estamos bem longe do Mathieu de *A Idade da Razão*, que pensava que sua liberdade era algo que vinha de fora e que as ações anulariam essa liberdade abstratamente absoluta. Aqui, na noite antes de partir para a guerra, ele compreende que a liberdade era ele mesmo e que ele não era uma interioridade psíquica mas estava também fora, fora do mundo, do passado e dele próprio: a liberdade é o exílio e ele estava condenado a ser livre. Do mesmo modo como as árvores estavam fora, ele próprio estava fora dele, e a liberdade se identificava com ele nesse exílio que ambos eram. Não tinha portanto como fugir dessa liberdade que era ele mesmo. Nenhuma ação, seja assumir a amante e o filho ou ir para a guerra ou se jogar nas águas do Sena, poderia anular essa liberdade que não é uma "característica" da pessoa mas a própria pessoa. Essa liberdade procurada nos céus da metafísica se mostra agora como uma condenação da qual não pode se livrar.

Em *Sursis* Mathieu dá um primeiro passo nesses "caminhos da liberdade". Se no primeiro romance ele acreditava que a liberdade era abstrata, absoluta, não compatível com qualquer engajamento, agora ele compreende que a liberdade era ele mesmo e que não havia como fugir dela. Mas se temos o início da lucidez, da compreensão da liberdade como condenação angustiante da qual não nos distinguimos, não há ainda o assumir dessa liberdade.

234   Ensaios sobre filosofia francesa contemporânea

Mathieu compreende que a ação não anularia a liberdade, mas não se decide realmente a agir. Continua seu caminho para a guerra, tão indiferente quanto estava antes dessa "descoberta". E quando o acordo de Munique é assinado, dando a impressão de que a guerra estava afastada do horizonte francês, Mathieu ainda é capaz de pensar que "voltaria para casa, poria a chave na fechadura, retornaria à sua cátedra no Liceu Buffon. E nada teria ocorrido. Nada"[2]. Mesmo que pense que a noite anterior não seria esquecida, que sua liberdade agora era ele e que portanto continuaria livre, com ou sem guerra, Mathieu acha que toda aquela noite em que acreditou que iria para a guerra não passaria de uma pequena cicatriz invisível na continuidade de sua vida. Mas como a compreensão tão angustiante da liberdade como condenação poderia persistir se Mathieu já se via fazendo tudo como antigamente fazia, sem que nada seja mudado?

É isso que Sartre diz em uma entrevista concedida após a publicação de *A Idade da Razão* e *Sursis*, em dezembro de 1945: "Mathieu não se compromete de modo mais forte na guerra, que se torna *sua* guerra. Ele a aceita, mas não a reivindica como sendo sua. Ele se sente excluído da aventura histórica que acontece [...] Mathieu é a liberdade da indiferença, liberdade abstrata, liberdade para nada. Mathieu não é livre, ele não é nada, pois está sempre fora".[3] Mesmo quando aceita a guerra e se encaminha para ela, quando reconhece que a liberdade não é uma propriedade, uma característica, mas é ele próprio, Mathieu continua não sendo livre, continua se vendo acima dos outros e fora dos acontecimentos,

---

2   *Idem*, p. 399–400.

3   Sartre, *Oeuvres Romanesques* - p. 1915. "Mathieu ne s'engage pas davantage dans la guerre, qui devient sa guerre, par cela même qu'il l'accepte. Il l'accepte, mais il ne la revendique pas comme sienne. Il se sent exclu de l'aventure historique qui se joue [...] Mathieu c'est la liberté d'indifférence, liberté abstraite, liberté pour rien. Mathieu n'est pas libre, il n'est rien, parce qu'il est toujours dehors."

achando que é possível colocar-se de lado, à parte do que acontece aos outros e ao mundo.

Assim, se um passo é dado em direção à compreensão e busca da liberdade que somos, esse passo ainda não é suficiente para transformar Mathieu. É preciso um passo a mais, que talvez seja descrito no próximo volume. Como o próprio Sartre diz na mesma entrevista:

> A caminhada do homem livre em direção à sua liberdade é o paradoxo da liberdade e ao mesmo tempo o tema de meu livro. É a história de uma doação e de uma liberação. Mas não está terminada. *A Idade da Razão* e *Sursis* são apenas inventários de falsas liberdades, mutiladas, incompletas, uma descrição das aporias da liberdade. É somente em *A Última Possibilidade* que as condições de uma verdadeira liberdade irão se definir.[4]

Mas se os dois primeiros volumes ainda não são a descrição dessa liberdade verdadeira, será que em *Com a Morte na Alma* finalmente veremos os caminhos percorridos? Será que no terceiro volume, que embora não se chame *A Última Possibilidade*, veremos Mathieu engajado em uma liberdade concreta?

Aparentemente parece-nos que sim.

Em *Com a Morte na Alma*, Mathieu parece finalmente agir sem pretensões metafísicas e abstratas. Junto com um grupo, encontra-se em meio à guerra que já parecia no fim mas na qual

---

4   *Idem, Ibidem.* "Ce cheminement de l'homme libre vers sa liberté, c'est le paradoxe de la liberté et c'est aussi le thème de mon livre. Il est l'histoire d'une délivrance et d'une libération. Mais il n'est pas achevé. *L'Âge de Raison* et *Sursis* ne sont encore qu'un inventaire des libertés fausses, mutilées, incomplètes, une description des apories de la liberté. C'est seulement dans *La Dernière Chance* que se définiront les conditions d'une liberté véritable."

ainda não tinha realmente lutado. Com Paris tomada pelos alemães, esses soldados abandonados por seus superiores já pensavam em serem feitos prisioneiros. Mas logo um outro grupo francês chega na cidade em que estavam e armados dizem que defenderiam a cidade dos alemães, e que aceitariam qualquer um que tivesse um fuzil.

Um colega de Mathieu, Pinette, não pensa duas vezes e vai à noite pegar um fuzil para lutar junto com os outros, e se no início Mathieu não pega armas, logo depois, quando vê o colega escolhendo seu fuzil, decide também lutar. Pega um fuzil, se junta ao grupo no campanário de uma igreja, e espera ali pelos alemães. Mesmo achando que isso levaria todos à morte, que não seria o recomeço de nada mas sim o fim, Mathieu pega o fuzil e começa a atirar nos alemães que já chegavam, com o grande objetivo de aguentar ao menos por quinze minutos.

E se em *Sursis* o personagem já começa a compreender que sua liberdade era sua condenação, que ela se identifica mesmo com ele, e por isso exigia alguma ação, agora em *Com a Morte na Alma* Mathieu finalmente age, age simplesmente. A guerra parece transformar o personagem, fazendo-o sentir e não apenas entender que a ação é necessária. Sem razões ou justificativas, é preciso agir... e é isso que ele faz no final do romance: pega a arma e atira, mata.

É assim que muitos comentadores vem o romance de Sartre, com Mathieu se engajando na guerra assim como o próprio Sartre se engajou, descobriu a história e a coletividade. De acordo com a teoria e a vida sartriana, o fim da trilogia mostra um personagem que saiu da abstração e individualismo de *A Idade da Razão* e se encaminhou para o concreto de uma guerra mundial, agindo junto com camaradas, descobrindo a historicidade.

No entanto, vejamos melhor como Mathieu narra sua ação, no que ele pensa enquanto mata alemães e tenta, se não mudar o rumo da história da guerra, ao menos sobreviver um pouco mais e defender por alguns minutos a mais aquela cidade:

Aproximou-se do parapeito e pôs-se a atirar de pé. Era um enorme revide: cada tiro vingava-o de um antigo escrúpulo. Um tiro em Lola, que não ousei roubar, um tiro em Marcelle, que deveria ter largado, um tiro em Odette, que eu não quis comer. Este para os livros que não ousei escrever, este para as viagens que recusei, este para todos os sujeitos, em conjunto, que tinha vontade de detestar e procurei compreender. Atirava, e as leis voavam para o ar, amarás o teu próximo como a ti mesmo, pam! nesse salafrário, não matarás, pam! nesse hipócrita aí da frente. Atirava no Homem, na Virtude, no Mundo: a Liberdade é o Terror; o incêndio destruía a Prefeitura, destruía-lhe a cabeça [...] Atirou sobre o belo oficial, em toda a Beleza do Mundo, na rua, nas flores, nos jardins, em tudo o que amara. A Beleza deu um mergulho obsceno e Mathieu atirou de novo. Atirou: era puro, todo-poderoso, livre.[5]

Embora ele atire e mate alemães, o que Mathieu pensa é no que não ousara fazer, é nos conceitos de Homem, Virtude, Mundo, Beleza, Liberdade e Terror. Mesmo que seja para negar todas essas abstrações, que seja para se desnudar dessas concepções, é nela que ele pensa e não nos alemães sendo mortos. Mesmo no momento da ação, o que importa e interessa a Mathieu é ele próprio, é ser livre e todo poderoso, é sim negar as abstrações mas de modo abstrato. Se Mathieu quer atirar na Virtude, no Mundo, no Homem em que talvez acreditava, ele o faz justamente no momento em que está no meio de uma guerra mundial, lutando com alemães. Lutar contra a abstração do mundo em que vivera talvez fosse simplesmente atirar nos alemães, matá-los. E não é isso que Mathieu faz: ele atira nos alemães mas com isso quer se vingar dos atos que não fizera, quer negar toda a abstração... e paradoxalmente, nega o abstrato

---

5 Sartre, *Com a Morte na Alma*, p. 221–2.

238 ENSAIOS SOBRE FILOSOFIA FRANCESA CONTEMPORÂNEA

não vendo o concreto, não vendo os alemães que tenta matar. O filósofo, quando age contra o abstrato, o faz de modo abstrato.

Como bem diz Prince:

> No fim de *A Idade da Razão*, Mathieu se encontra tão enrolado com sua liberdade quanto no início do livro, e nós continuamos a nos perguntar, junto com ele, o que fará dela. Em *Sursis*, as conclusões às quais alguns personagens chegam são apenas um novo ponto de partida: '*Eu permanecerei livre*', pensa Mathieu. E o fim de *Com a Morte na Alma* projeta o leitor no futuro: 'Amanhã virão os pássaros negros'. Do mesmo modo, não é verdade que as ações dos personagens são previsíveis, que elas dão a esses romances o aspecto de uma demonstração. Pelo contrário, é surpreendente ver Daniel casar-se com Marcelle, ver Mathieu atirar. Este último episódio mostra muito bem, aliás, a que ponto alguns críticos se enganaram porque quiserem provar a todo preço a existência de uma tese em *Com a Morte na Alma*. Maurice Nadeau não viu que esse ato não é um ato de comprometimento; é, ao contrário, um ato 'para nada', manifestação de uma liberdade terrorista, não responsável: 'Ele atirava no homem, na Virtude: a liberdade, é o Terror...[6]

---

6 Prince, *Metaphysique et Technique dans l'Oeuvre Romanesque de Sartre*, p. 15–6. "A la fin de *L'Âge de la Raison*, Mathieu est aussi embarrassé de sa liberté qu'au début et nous continuons à nous demander avec lui ce qu'il en fera. Dans *Le Sursis*, les conclusions auxquelles aboutissent certains personnages ne sont q'un nouveau point de départ: 'Je resterai libre', pense Mathieu. Et la fin de *La Mort dans l'Âme* projette le lecteur dans le futur: 'Demain viendront les oiseaux noirs'. De même, il n'est pas vrai que les actions des personnages soient prévisibles, qu'elles donnent à ces romans l'aspect d'une démonstration. Au contraire, il est surprenant de voir Daniel épouser Marcelle, de voir Mathieu faire le coup de feu. Ce dernier épisode montre d'ailleurs très bien à quel point certains critiques se sont trompés parce qu'ils voulaient prouver à tout prix l'existence d'une thèse dans *La Mort dans l'Âme*. Maurice Nadeau prétend qu'on peut facilement prévoir le dernier acte de Mathieu: un

O ato de Mathieu no final da primeira parte de *Com a Morte na Alma* é um ato que não "engaja" Mathieu no mundo, que se coloca contra as abstrações e ao mesmo tempo como abstrato. Na afirmação de que a liberdade é o Terror, Mathieu se mostra igual ao que pensava nos dois primeiros romances – e é o próprio Sartre que diz na entrevista já citada de 1945, que seu personagem não era livre, pois sempre se colocava fora dos acontecimentos e pensava que a liberdade era o terror (remetendo, assim, a Hegel), apenas o instante absolutamente negativo.

Portanto, o ato positivamente livre de Mathieu não é narrado nessa última cena de *Com a Morte na Alma* em que ele aparece. Se Sartre o coloca em ação, é uma ação que só visa a negação, a abstração. Talvez seja por isso que o filósofo não quis terminar seu romance aqui e pensou em um quarto volume, esse sim denominado *A Última Possibilidade*, no qual finalmente Mathieu mostraria a passagem da concepção negativa e abstrata de liberdade para uma que fosse concreta e situada .

No entanto, justamente o romance em que a liberdade seria descrita positivamente não é terminado por Sartre. Nos fragmentos escritos e publicados vemos um Mathieu prisioneiro que, saindo da enfermaria depois de meses machucado, começa a ajudar os camaradas presos e a organizar ajuda para aqueles que desejavam fugir. Dessa vez não se trata de uma tentativa de se juntar ao grupo ao qual não pertence, como acontecia em *Com a Morte na Alma* (como no momento em que Mathieu primeiro não quer beber e depois bebe com os outros soldados mas de nenhum dos dois modos consegue se sentir um igual nem mesmo ser aceito como um igual). Se no romance anterior Mathieu se colocava de fora

---

héros sartrien doit finir par s'engager. Mais Nadeau n'a pas vu que cet acte n'est pas un acte d'engagement; c'est, au contraire, un acte 'pour rien', manifestation d'une liberté terroriste, non responsable: 'Il tirait sur l'homme, sur la Vertu, sur le Monde: la liberté, c'est la Terreur...'".

e só com esforço tentava se juntar aos soldados que estavam na mesma situação com ele, agora não é isso que ocorre. Da mesma maneira que os outros, se junta à situação de prisioneiros de uma guerra mundial.

Podemos perceber essa mudança no diálogo que ele mantém com o antigo amigo Brunet, tão fiel ao Partido Comunista Francês (PCF) e que agora, decepcionado com a arbitrariedade e autoritarismo do PC, decide fugir e recorre ao grupo que faz esse serviço ali no campo de prisioneiro. Quando Mathieu e Brunet ficam a sós e conversam, nosso personagem assim explica sua função:

> Não forçamos ninguém, não fazemos trapaças: simplesmente, se eles decidem fugir, nós estamos aqui. Somos ocasiões, não os julgamos, não pedimos a eles nada em troca de nossos serviços, nem mesmo que sejam bons republicanos. Estamos aqui para todos. No fundo não é isso que você sempre quis: ser para os outros uma ocasião de eles serem livres?[7]

É apenas aqui que surge o "Nós" no lugar do "Eu". Mathieu se define como sendo um grupo, como sendo um "nós" que não julga ninguém, que não pede nada em troca de seus serviços. Ele não só não se coloca mais à parte dos acontecimentos e dos grupos, como fizera desde o momento em que a guerra se inicia, desde quando se encontra no trem em *Sursis*, mas também se recusa a dizer que há um chefe no grupo e tudo que fala é a voz do grupo. Não é

---

7   Sartre, *La Dernière Chance*, p. 1646. "On ne force personne, on ne fait pas de boni-ment: simplement, s'ils décident de s'évader, nous sommes là. Nous sommes des occasions, des marchepieds, nous ne le jugeons pas, nous ne leurs demandons rien en échange de nos services, pas mêmes d'être bons républicains. Nous sommes à tous. Est-ce que ce n'est pas ce que tu as toujours voulu, au fond: être pour les autres une occasion dêtre libres?"

propriamente Mathieu quem está falando e sim um "nós". Um nós que não quer se colocar acima dos outros que não façam parte do grupo, um nós que não julga.

Não é à toa que Brunet e Mathieu comentam que ambos fizeram uma caminhada, um em direção ao outro – Brunet saindo da mancha anônima do PCF e se encaminhando ao reconhecimento do outro enquanto sujeito; e Mathieu deixando seu mundo habitado apenas por ele mesmo e se encaminhando ao reconhecimento do outro como seu igual. Mas se ambos caminham, se para Mathieu a liberdade começa a se mostrar em ato e de modo mais concreto, o caminho é interrompido sem chegar ao fim. E nem há como chegar a ele, já que chegar a uma história em que já se alcançou plenamente a liberdade é chegar ao fim da história, é chegar à impossibilidade de narrar qualquer coisa, já que a história, a narração e a vida se dão justamente nos percalços que encontramos no meio do caminho – é o caminhar que interessa e importa e não o chegar impossível à liberdade plenamente concreta e positiva.

Assim como a moral anunciada no final de *O Ser e o Nada* como necessária nunca foi concluída, assim como a autenticidade como fuga radical da má-fé nunca passou de uma nota de rodapé, de algo que era possível mas cuja descrição não cabia naquele momento – a narração de um homem exercendo plenamente a liberdade construtiva e concreta não é concluída. E nem poderia ser. Concluir uma moral, descrever uma atitude que seja totalmente autêntica, narrar o exercício pleno da liberdade é incluir um conteúdo normativo em algo que se define justamente por ser construído a cada momento, a cada ato, a cada palavra e silêncio. A teorização de uma moral e a narração de uma autenticidade e liberdade plenas poderiam determinar um momento no qual elas seriam "congeladas", determinadas... e isso seria a negação mesma da moral e da liberdade.

Uma moral que se define como construção contínua não pode ser teorizada, transformada em um edifício já totalmente construído. E uma liberdade que se define como exercício de libertação não pode ser narrada como conquistada, como plenamente vivida. A teorização da moral e a narração da autenticidade conquistada poderia levar à negação delas, à má-fé, a vê-las como definidas definitivamente. Por isso talvez só seja possível teorizar a má-fé e não a autenticidade, por isso talvez só seja possível narrar o caminho de libertação e nunca a liberdade conquistada.

E essa impossibilidade que Sartre só descobriu na própria tentativa de teorização e narração nos mostra que viver a autenticidade talvez seja compreender que os caminhos da liberdade são feitos de descaminhos, que a má-fé não está no meio do caminho, tal como uma pedra de que podemos desviar, mas que o caminho é feito de pedras com as quais temos que conviver.

Bibliografia

SARTRE, J.P. *A Idade da Razão*. São Paulo: Abril Cultural, 1972.

_____. *Sursis*. Rio de Janeiro: Nova Fronteira, 1991.

_____. *Com a Morte na Alma*. Rio de Janeiro: Nova Fronteira, 1983.

_____. "La Dernière Chance" in *Oeuvres Romanesques*. Paris: Gallimard, 1981.

_____. *Oeuvres Romanesques*. Paris: Gallimard, 1981.

PRINCE, Gerald Joseph. *Métaphysique et Technique dans l'Oeuvre Romanesque de Sartre*. Genève: Librairie Droz, 1968.

Ricouer, Onfray, Camus, Foucault

Figurações da subjetividade pela literatura: perspectivas a partir da hermenêutica de Paul Ricoeur

Hélio Salles Gentil

Como todos sabem, há muitas maneiras de se compreender as relações entre filosofia e literatura e muitos modos de estabelecer relações entre elas, maneiras e modos já implicados na própria compreensão do que seja a filosofia e qual seja a tarefa e os meios de "fazer" filosofia, seja lá o que for que se entenda por isso.

Esse texto, que mantém sua forma original de uma apresentação oral, pretende apenas oferecer à discussão um possível ponto de partida para uma leitura filosófica de obras literárias, algumas ideias básicas que, parece-nos, podem servir de guia para uma tal leitura, aceitando como princípio que: (a) há uma distinção fundamental entre as obras de discurso que se pretendem "literárias" e as obras de discurso que se pretendem "filosóficas" – ainda que, evidentemente, não seja uma distinção de "essências" imutáveis mas uma distinção entre formas de discurso, construída historicamente, fazendo-se e refazendo-se ao longo do tempo, com delimitações contingentes de fronteiras e passagens entre elas; (b) o reconhecimento dessa

248 ENSAIOS SOBRE FILOSOFIA FRANCESA CONTEMPORÂNEA

distinção é importante para uma boa compreensão do que cada uma delas pode nos dizer sobre a realidade e é importante para o estabelecimento de relações fecundas entre elas.

O que o título dado à apresentação – figurações da subjetividade pela literatura – já indica é que as obras de literatura – incluindo-se sob essa designação ampla tanto a narrativa de ficção quanto a poesia e o texto dramático – configuram, através de um trabalho de linguagem, de composição de linguagem, determinadas formas de experimentar o mundo: "desenham" formas de estar e de compreender esse estar no mundo, apresentam "figuras" desse estar no mundo.

Figuras que são, antes de tudo, construções imaginárias fixadas em linguagem, materializadas pela linguagem, inscritas no mundo pelo trabalho sobre a linguagem realizado pelo autor, trabalho que tem como produto uma obra. O caráter *imaginário* dessas figuras desenhadas pelas narrativas de ficção – detenhamo-nos inicialmente nesse gênero, deixando para outro momento a consideração da poesia, que certamente traz outras características e coloca outros problemas – não pode ser ignorado. E já diz algo sobre a especificidade do discurso literário em relação ao discurso filosófico.

Entendemos, com Paul Ricoeur, que uma narrativa de ficção propõe um mundo, um mundo possível de ser habitado. Propõe esse mundo narrando uma experiência, a experiência de uma personagem em uma determinada situação, desenhando ou esboçando essa personagem e essa situação através de palavras, palavras encadeadas a outras palavras de uma certa maneira, compondo um texto, uma totalidade configurada de uma certa maneira, uma unidade com começo, meio e fim, uma totalidade delineada em seus limites, com um sentido próprio, advindo de sua totalidade e não de suas partes isoladas.

A passagem do mundo do texto ou mundo do personagem (ficção) ao mundo da ação ou mundo do leitor (realidade), na prática da leitura comum se dá pelo que Gadamer nomeou como sendo uma *fusão de horizontes* e Ricoeur como *refiguração* desse último mundo, num processo não consciente, num processo não controlado pelo leitor, num processo também não apropriado pelo leitor, do qual ele não necessariamente toma consciência, não tem saber claro dele.

Fazer essa passagem reflexivamente, como trabalho consciente de interpretação do texto, interpretação reflexiva, de um leitor que não quer apenas se entregar ao prazer da leitura e sofrer a consequente transformação de seu mundo, é parte do trabalho de leitura filosófica de um texto literário. Inclui a compreensão e a explicitação, na medida do possível, da natureza dos elementos envolvidos e da totalidade do processo. Do mundo do texto ao mundo da ação do leitor, à chamada "realidade", eis um passo que não deve ser dado apressadamente – que não deve ser dado senão com muito cuidado, com muito trabalho e atenção às mediações...

É preciso evitar o equívoco de ler a obra literária como uma descrição direta do mundo da ação, ignorando que ela propõe um mundo próprio, o mundo do texto, que, enquanto ficção, não faz referência direta à realidade. Do mesmo modo que é preciso evitar o equívoco de tomar essa ausência de referência direta como sendo ausência de qualquer referência à realidade. A referência das obras de ficção é uma referência de segundo grau, como bem mostrou Paul Ricoeur, que se instaura a partir da suspensão da referência de primeiro grau do discurso descritivo direto pela constituição de um outro tipo de discurso, o literário ou ficcional, instituindo novas distâncias e mediações entre as palavras e as coisas, entre a linguagem e a experiência.

Ao abordar uma obra literária, a meditação filosófica debruça-se sobre uma experiência humana trazida à linguagem sob a modalidade de uma narrativa de ficção. Ora, a forma linguística na qual essa experiência é apreendida ou a forma na qual ela é trazida

250 ENSAIOS SOBRE FILOSOFIA FRANCESA CONTEMPORÂNEA

à linguagem não é indiferente para sua posterior compreensão. Pois trazer a experiência à linguagem já é, de alguma forma, encontrar nela, atribuir a ela ou dar a ela uma certa racionalidade, um certo encadeamento significativo e torná-la acessível a uma reflexão sobre ela, uma busca de sentido ou de explicação de segundo grau, que se dá sobre a experiência já nomeada de alguma forma, já articulada portanto num primeiro grau, linguisticamente, pelo dizer/nomear/narrar.

Assim, trazer à linguagem a experiência humana na forma de um texto ficcional escrito implica a consideração, primeiro, de que a totalidade dela enquanto "obra" é significativa; e, em segundo lugar, de que há ao menos dois importantes "distanciamentos" específicos – além daquele mais geral, da linguagem em relação à experiência – que têm de ser levados em consideração no momento de sua interpretação. Primeiro, o distanciamento da escrita em relação à fala, que permite a autonomia do texto em relação ao seu contexto original, incluindo-se aí o autor, suas intenções e o mundo no qual vivia ou a realidade imediata do entorno. Segundo, o distanciamento da ficção em relação à realidade comum, do mundo do texto em relação ao mundo da ação.

Considerar essas dimensões próprias do texto literário nos ajuda a compreender melhor o valor ou o sentido de uma *ideia* exposta por uma personagem numa narrativa de ficção ou de uma ideia exposta por um narrador distinto das suas personagens. Parece-nos que elas não podem ser tomadas imediatamente como sendo do mesmo valor ou sentido de uma ideia exposta num tratado ou num ensaio filosófico. Basicamente porque as ideias ou afirmações feitas num texto filosófico ou científico referem-se ao *mundo da ação*, enquanto que as ideias ou afirmações feitas numa obra literária referem-se ao *mundo do texto*, o mundo imaginário apresentado por aquele texto, posto diante do leitor por aquele texto. Só indiretamente, mediadas pela totalidade desse mundo do texto, por sua configuração determinada pela linguagem, construída na linguagem como uma totalidade de sentido que propõe um mundo, um mundo possível de ser habitado, como diz Ricoeur, só através de toda essa mediação é que essas ideias ou afirmações fazem referência à realidade do mundo da ação.

Ignorar a mediação desse mundo imaginário configurado pela e na linguagem, é tomar tais ideias ou afirmações pelo que elas não são. É ignorar o caráter específico da linguagem próprio da ficção, sua intencionalidade específica e seu modo específico de fazer sentido, de dizer algo. É desconsiderar ou jogar fora todo esse mundo construído que constitui propriamente o cerne da literatura, sua razão de ser, sua finalidade ou o que constitui a sua especificidade entre as muitas possibilidades de realização linguística, de efetivação da linguagem como discurso. É ignorar que se pode fazer coisas muito diferentes com a linguagem ou, em outros termos, que a linguagem tem muitas funções ou serve a distintas finalidades. É ignorar que o esforço e trabalho aplicados à linguagem são dirigidos segundo uma certa intencionalidade que, no caso da literatura, é a construção de uma obra, um texto delimitado cujo sentido advém de sua totalidade. Assim, destacar uma ou outra afirmação de um ou outro personagem, é desfazer a obra, é ficar só com frases soltas, isoladas, como se pudessem ser assim tomadas, como se, enquanto partes de uma totalidade estruturada, não tivessem seu sentido e seu valor determinados justamente por essa totalidade, por sua participação na totalidade.

Nada impede alguém de tomar uma frase de um texto literário e incluí-la em seu discurso – e seu pensamento – sobre a realidade que vive, e nada impede que essa frase seja adequada ou inspiradora de bons pensamentos ou que dê continuidade a uma reflexão interessante, mas ao fazer isso transformamos essa frase em outra coisa, lhe damos um sentido que será próprio a esse novo contexto em que ela estará inserida. Já não é mais a frase, afirmação ou ideia própria daquela obra literária, é apenas uma afirmação qualquer, que poderia ser feita por qualquer um. Não se trata, portanto, de uma leitura filosófica de uma obra literária. A literatura desapareceu, foi apenas pretexto ou ponto de partida. É evidente que se pode buscar ou tirar ideias de qualquer lugar, e desenvolver uma reflexão mais ou menos fecunda a partir delas, mas é bom nomear bem o que se está fazendo.

Assim, da perspectiva que estamos tentando estabelecer aqui, trata-se antes de descrever bem o mundo do texto, revelá-lo em sua profundidade, elucidar esse mundo da melhor e mais completa maneira possível, sem procurar vinculá-lo imediatamente a qualquer outra realidade. Ele não é a descrição direta do mundo da ação, nem do leitor nem do autor, não faz referência direta a este mundo, embora indiretamente, pela mediação da ficção – da imaginação e da linguagem, da imaginação materializada em linguagem – narre uma experiência humana.

A tarefa de uma interpretação filosófica seria trazer à luz essa experiência narrada, elucidar da melhor maneira possível – em profundidade e coerência – seus significados e suas implicações para a compreensão do humano. Como fazer isso?

A dificuldade está em estabelecer um método sistemático para essa leitura, uma vez que entram nela (e devem mesmo entrar) todos os recursos que o leitor puder mobilizar ou que são mobilizados nele à sua própria revelia. O leitor vai encontrar na obra aquilo que toda a sua experiência e formação anteriores lhe permitirem encontrar. Como Schleiermacher já reconhecia nos primórdios da hermenêutica filosófica, nomeando um dos momentos da interpretação como sendo de "adivinhação". O que se passa é um encontro do leitor com o texto, encontro em que toda sua pré-compreensão do que seja um texto, do que seja o texto que ele está lendo, do que seja o mundo ou a vida (incluindo aí "pessoas", situações, relações, valores, intenções, ações, motivos, consequências etc.), tudo isso que lhe faz entender o que está lendo, é que lhe permite entrar no mundo do texto. E é a totalidade dessa sua pré-compreensão que é refeita por essa passagem pelo mundo do texto. Trata-se de uma dialética entre as expectativas com as quais o leitor se dirige ao texto, expectativas que vão, ao mesmo tempo, permitindo-lhe acompanhar a história narrada e sendo alteradas nesse acompanhamento, refeitas pelo próprio desenrolar da história.

Por esse caminho talvez possamos compreender melhor para que podem servir as ideias ou conceitos de um filósofo sobre determinado tema para a leitura de uma obra literária. Elas podem servir para nomear e compreender melhor a situação narrada, a posição da personagem em uma determinada situação, o desdobramento dessa situação e da posição da personagem no decorrer do tempo, a articulação feita – que Ricoeur nomeou como síntese do heterogêneo promovida pela tessitura da intriga/enredo – entre a personagem principal, as outras personagens, suas ações, seus motivos e intenções, os resultados de suas ações e suas consequências.

Os conceitos e ideias de um filósofo, o modo de ele pensar, os problemas que ele aborda, as questões que ele coloca e, às vezes, as respostas que ele propõe, os argumentos que usa para sustentar suas ideias e descartar outras, tudo isso serve para nos ajudar a ler melhor o texto literário, enxergar melhor o mundo proposto por esse texto, lançando luz sobre certos aspectos desse mundo (inclusive sobre o modo como ele é construído pela linguagem) como ilumina ou pode iluminar o mundo da ação, a chamada realidade comum, chamando a atenção para essa ou aquela dimensão, problematizando um ou outro aspecto daqueles articulados na narrativa.

Por sua vez, a narrativa de ficção, por narrar o que narra do modo como o faz, pode lançar luz sobre ou tornar problemáticas as ideias ou conceitos de um determinado filósofo, corroborando ou mostrando seus limites, revelando que há algo ou dimensões da experiência humana do mundo que aqueles conceitos não dão conta, colocando em xeque algumas das ideias do filósofo pela experiência revelada na narrativa, pelo mundo proposto, provocando então um pensar mais, convidando o filósofo a rever aquelas suas ideias, refazer seus conceitos, mudar de perspectiva e ampliar seu pensamento.

As teorias filosóficas de que se dispõe constituem parte da pré-compreensão com a qual o leitor se dirige ao texto. Como sabemos, é a teoria que informa – dá forma e orienta – a investigação da realidade, que não fala por si só, apenas responde às nossas perguntas. A mesma coisa pode-se dizer da investigação de um texto literário: ela é orientada pela teoria, que nos permite formular as perguntas que dirigimos a ele, perguntas que orientam nossa leitura.

Assim, propor uma investigação das "figurações da subjetividade pela literatura" já é propor uma certa perspectiva teórica para a leitura das obras, que se estabelece fundada numa certa compreensão da totalidade dos elementos envolvidos em tal proposição, com a noção de "figurações" situando essa perspectiva como hermenêutica, na vertente de Gadamer, Ricoeur e Kearney, e a especificação "da subjetividade" determinando uma direção para essa leitura, um foco para o olhar ou a escuta interpretativa desse mundo.

Trata-se de uma determinação, parece-nos, bastante aberta, que define uma perspectiva de abordagem da obra literária, orienta sua leitura e compreensão, sem fechar as portas a nenhuma contribuição: todo e qualquer trabalho de pensamento que puder ajudar a ver mais e melhor esse modo de ser/ estar expresso na obra será bem-vindo, qualquer filósofo, teoria ou obra poderá ajudar a perceber e dizer melhor essa "figuração da subjetividade" proposta/ apresentada por aquela narrativa de ficção. Quanto mais rico o olhar ou a escuta do leitor, mais se poderá extrair da obra, mais se poderá ver nela – respeitando o texto como seu limite e referencial básico para as interpretações propostas. Essas interpretações terão de estar assentadas no texto, na sua totalidade e em cada uma de suas partes, bem como na articulação entre elas; serão do texto os indicadores da validade da interpretação proposta: quanto mais coerente com o que ele apresenta no todo e em suas partes, quanto mais assentada em múltiplos detalhes e na configuração geral, mais sustentável será a leitura proposta, maior será a sua validade.

Algumas perguntas bem básicas podem servir de guia para o início desse trabalho – a pertinência e relevância dessas perguntas é o que se propõe à discussão:

Qual é a história narrada? (exposta em uma boa síntese)

Qual é a situação-chave dessa história narrada?

Como a personagem principal age nessa situação?

Que consequências tem a sua ação?

Quais são as características dessa personagem? (Tanto as nomeadas explicitamente, quanto as que se revelam indiretamente e por interpretação do texto.)

Que relações ela mantém com as outras personagens?

Assim, da leitura da obra deve emergir uma descrição, uma primeira descrição da principal situação narrada e seu desdobramento no tempo, abrangendo os personagens envolvidos, suas ações, suas relações, seus desafios e dilemas – uma síntese bem feita, que indique o foco, o centro em torno do qual se estrutura aquele mundo, o que será considerado inicialmente na interpretação. Uma descrição inicial que será refeita no decorrer do trabalho, mas que lhe serve de ponto de partida e norte orientador, terreno básico sobre o qual se erguerá a leitura, núcleo em torno do qual se procurará esboçar a subjetividade figurada, o modo de ser ali desenhado, o modo de estar no mundo, naquele mundo.

A partir de uma "descrição" mais alargada, decorrente de uma penetração na obra através da leitura e seguidas releituras, pode-se passar a questões de um outro nível, talvez mais propriamente filosóficas:

Que experiência de mundo é assim apresentada?

Que aspecto(s) da existência humana é (são) abordado(s), revelado(s) ou enfatizado(s)?

Personagem, situação, experiência: que mundo revelam? (Qual é o mundo desse texto?)

E então, fazendo a passagem desse mundo do texto para o nosso mundo da ação e da vida, pode-se perguntar ainda de forma mais ampla:

O que ele pode nos dizer sobre a *nossa* experiência do mundo?

O que ele pode nos dizer sobre a condição humana em geral?

Um exemplo claro dos primeiros passos desse movimento está no ensaio de Antonio Candido sobre Joseph Conrad, intitulado "Catástrofe e sobrevivência".[1] Escreve ele essa síntese exemplar do romance *Lord Jim*:

> O livro conta a história de um oficial da marinha mercante que abandona o posto em momento de perigo. Julgado, perde o certificado, leva uma vida precária, fugindo sempre que identificado, até recolher-se a Patusan, lugar perdido no interior da Malásia. Lá, onde se ignora o seu passado, torna-se uma espécie de árbitro forte e bom, visto pelos nativos de um ângulo que o redime. Um grupo de aventureiros europeus assalta a povoação; Jim (que se mostra estranhamente fascinado e intimidado pelo seu chefe, Brown), depois de neutralizá-los concorda em os deixar partir livres. No caminho eles assassinam o filho do chefe indígena a quem se

---

1 *Tese e Antítese*. São Paulo: Nacional, 3ª ed., 1978, p. 57-93.

aliara como conselheiro e amigo. Expiando essa culpa final, deixa-se matar pelo velho. (p. 80)

De sua leitura refinada, Antonio Candido aponta o problema existencial da personagem central, esse problema que a caracteriza, a coloca no centro do romance e faz dela o eixo em torno do qual a história se desenrola:

> O cerne do problema de Jim [...] é o do homem normalmente digno, sequioso de aventuras brilhantes, à espera do momento ideal para dar a sua medida; e que no entanto falha quando é posto realmente à prova, sem saber exatamente por quê. (p. 80)

Em outra síntese exemplar, apresenta a situação-chave do romance e o modo como o personagem agiu nela, tornando claro o sentido da formulação anterior, mostrando sua manifestação na história, como acontecimento:

> Ele era imediato de um velho vapor enferrujado, o Patna, comandado por um patife alemão com mais três brancos maquinistas e tripulação nativa, que conduz oitocentos peregrinos para Meca. Certa noite, ouve-se um baque surdo. Investigando o que houvera, Jim verifica por um portaló que a chapa de ferro, fraca, roída de oxidação, havia cedido a algum impacto e a água entrava. Os peregrinos dormiam, espalhados pelos tombadilhos; os botes de salvamento eram insuficientes; o tempo de afundamento provavelmente tão rápido que seria impossível baixá-los. Vendo a situação, o comandante e os maquinistas tratam de safar-se escondidos de Jim. Mas como a roldana do bote não funciona, ele acaba por chegar e presenciar os

258 ENSAIOS SOBRE FILOSOFIA FRANCESA CONTEMPORÂNEA

esforços grotescos que fazem para descê-lo, sem nisso tomar parte, sem intenção definida, recusando auxiliar os outros, paralisado pela perplexidade da situação. Um dos homens morre de emoção; os outros, que já haviam conseguido arriar o barco, não percebem e o chamam repetidamente. Mas é Jim quem, numa decisão brusca, salta a amurada e vai cair nele; o bote se afasta e todos têm a impressão de que a nave afundara dali a momentos, pois além da chuva e da na névoa, o adernamento ocultava a luz aos fugitivos. No dia seguinte são recolhidos por um navio e Jim, passado certo tempo, fica sabendo que o Patnã não afundara, mas fora rebocado a salvo por um cruzador francês. É a vergonha, o crime profissional, o julgamento, a carreira acabada, a pátria interdita pelo pudor de encontrar os parentes e amigos. (p. 80-81)

E o próprio Antonio Candido avança para uma interpretação da experiência da personagem e de suas consequências que, tal como formulada, se já não é uma interrogação filosófica, certamente é convite direto a ela:

[...] Quando surge a ocasião inesperada, ela não vem como conjuntura adequada ao heroísmo brilhante, não traz nenhuma das características que cercam os feitos, nas narrativas exemplares dos livros de belas ações. É apenas o momento, como qualquer outro, que ele não previa (como não se preveem os momentos obscuros), mas que é decisivo, que impõe uma opção de vida ou morte. E aí, ante essa emergência que não era a ideal para que se tinha preparado longa e confiadamente, um Jim inesperado, que o surpreenderá e atormentará durante o resto da vida, reponta e age como os patifes que escapavam do dever, abandonando ao seu destino o navio, os comandados,

os oitocentos peregrinos maometanos. [...] "Por quê? –
indaga Jim e nós com ele [...] (p. 81-2)

É bom lembrar, ao tomar como referência esses fragmentos de
Antonio Candido, que alcançar essa capacidade de interpretação e
de síntese é resultado de muitos e muitos anos de trabalho, de muita
leitura, de um longo mergulho na literatura, na filosofia e, por que
não dizer, na vida.

Bibliografia

CANDIDO, A. *Tese e Antítese*. São Paulo: Nacional, 3ª ed., 1978.

GENTIL, H.S. *Para uma Poética da Modernidade*. São Paulo: Loyola, 2004.

KEARNEY, R. *Poética do Possível: Fenomenologia Hermenêutica da Figuração*. Tradução de João Carlos da Silva. Lisboa: Instituto Piaget, 1997.

RICOEUR, P. *Du Text à l'Action: essais de Herméneutique II*, Paris: Seuil, 1986.

_____. *Temps et Récit, I, II e III*, Paris, Seuil, 1983-1985.

_____. *Teoria da Interpretação: A Linguagem e o Excesso de Significação*. Tradução de Artur Morão, Lisboa: Edições 70, s.d.

Ateísmo e liberdade em Michel Onfray

Paulo Jonas de Lima Piva[1]

1. Ateísmo e História da filosofia

Numa breve, porém desbragada e grandiloquente diatribe contra a divindade judaico-cristã, intitulada *Fantasmas*, Marquês de Sade paradoxalmente lamenta as atrocidades e os sofrimentos humanos que foram cometidos no decorrer da história em nome do sagrado, e expressa sua ira contra o homem que, numa certa feita, criou a fábula Deus:

> Tu que só surgiste para o suplício do gênero humano, quantos crimes seriam poupados na terra se houvessem degolado o primeiro imbecil que ousou falar em ti![2]

---

1 Pesquisador de pós-doutorado vinculado ao Projeto Temático da Fapesp "O significado filosófico do ceticismo" e professor do Programa de Graduação e de Mestrado em filosofia da Universidade São Judas Tadeu.

2 Sade, 2001, p. 15.

Em outras palavras, se o Deus-pai-todo-poderoso da tradição ocidental não tivesse sido inventado, se essa "nojenta quimera", se esse "monstro", se esse "fantasma execrável"– expressões do próprio Marquês[3] –, enfim, se tal excrescência da insanidade humana não tivesse se apoderado da consciência, do coração e do desespero dos homens, muito sangue teria sido poupado, além de que, historicamente, teríamos gozado mais e melhor, isto é, sem medos, culpas nem traumas, tampouco acontecimentos funestos.

Quanto aos principais inventores e difusores desse "Ser quimérico e vão", desse "execrável aborto" – termos também da própria pena de Sade[4] –, o romancista-filósofo não é menos indulgente. Em *Diálogo entre um Padre e um Moribundo*, por exemplo, de 1782, lemos:

> Teu Jesus não vale mais que Maomé, Maomé não mais que Moisés, e todos os três não são melhores que Confúcio, que apesar de tudo ditou alguns bons princípios, enquanto que esse trio disparatou. Mas ao fim das contas são todos impostores de quem o filósofo caçoou, em quem os canalhas creram, e quem a justiça deveria ter enforcado[5]

Nota-se nessas invectivas, ecos do célebre e lendário *Tratado do Três Impostores*, texto anônimo surgido ainda na Idade Média,

---

3 *Idem*, p. 16.

4 *Idem*, p. 15-16.

5 *Idem*, p. 25

provavelmente, que muito circulou na forma de manuscrito nos mercados clandestinos do século XVIII com o título *O Espírito de Espinosa* e cuja influência foi decisiva não apenas na elaboração do pensamento de Sade, mas na de toda uma corrente iluminista anticlerical e anticristã composta por materialistas, deístas, panteístas e ateus.[6] É o caso de Denis Diderot, por exemplo, nas suas *Adições aos Pensamentos Filosóficos*, uma reunião de aforismos de 1762 – portanto, concernente à fase materialista e ateísta do enciclopedista –, em que a ideia de Deus aparece como obra de um misantropo, isto é, como um expediente concebido minuciosa e friamente por alguém bastante ressentido e furioso com as perfídias da humanidade para dela se vingar. E a forma mais perfeita de vingança encontrada pelo misantropo no refúgio de sua caverna foi fazer os seres humanos sofrerem muito, por sucessivas gerações, mediante desentendimentos fratricidas, intolerâncias e perseguições motivados pela crença cega numa ficção absurda, a existência de uma divindade:

> [...] Deus! Deus!... Este nome terrível é levado de um polo ao outro e em toda parte ouvido com espanto. Primeiro os homens se prosternam, em seguida se levantam, interrogam-se, disputam, irritam-se uns com os outros, anatematizam-se, odeiam-se, estrangulam-se, e o desejo fatal do misantropo é cumprido. Pois assim foi no tempo passado, assim será no tempo futuro, a

---

6   A respeito de Moisés, Jesus Cristo e Maomé como trapaceiros, charlatães e impostores ver em Anônimo, 2002, respectivamente os capítulos V, VII a X, e XI. Há uma tradução brasileira feita por José Raimundo Maia Neto, lançada recentemente pela editora Martins Fontes com o título *A Vida e o Espírito de Baruch Espinosa — Tratado de Três Impostores*.

264 ENSAIOS SOBRE FILOSOFIA FRANCESA CONTEMPORÂNEA

história de um ser sempre igualmente importante e incompreensível (Cf. Diderot, 1994, p. 48).[7]

Análise semelhante a esta encontramos em outro pensador francês materialista e ateu do século XVIII, Jean Meslier, para o qual grande parte dos abusos, embustes, manipulações e carnificinas históricas teria como causa a religião, ou seja, estaria fundada

> sobre a crença e sobre a persuasão ou opinião de que há deuses ou ao menos de que há um Deus, isto é, sobre a crença e sobre a persuasão de que há um Ser soberano todo-poderoso, infinitamente bom, infinitamente sábio e infinitamente perfeito que quer ser adorado e servido pelos homens [...], é preciso agora provar e fazer manifestamente ver que os homens se enganam ainda com isso e que não há tal Ser, quer dizer, que não há Deus [...][8]

Michel Onfray é herdeiro direto dessa linhagem filosófica precedida pela subversão profana do *Tratado dos Três Impostores* e que tem no Marquês de Sade sua culminância e o seu grau extremo de radicalidade. Trata-se do ateísmo militante, cujo precursor, segundo o próprio Onfray, é Jean Meslier, também um anunciador das Luzes, uma vez que antecedeu Voltaire, Rousseau e Diderot no intuito de tirar o homem da superstição, do obscurantismo e da heteronomia. No seu *Tratado de Ateologia*, Onfray refere-se ao padre Jean Meslier como "santo, herói e mártir da causa ateia", como autor de "uma filosofia materialista autêntica e inaugural e

---

7 Diderot retoma esta hipótese bastante criativa no *Diálogo de um Filósofo com a Marechala de...*, um dos seus últimos escritos (Cf. Diderot, 1979, p. 203).

8 Meslier, 1971, p. 149.

um ateísmo hedonista de espantosa modernidade".[9] E refletindo sobre os escritos do padre ateu na perspectiva da história da filosofia, Onfray constata:

> Pela primeira vez na história das ideias, um filósofo
> – quando haverá acordo a esse respeito? – dedica uma
> obra à questão do ateísmo; ele o professa, o prova, o
> demonstra, argumenta, cita, relata suas leituras, suas
> reflexões, mas apoia-se também em seus comentários do
> mundo como está[10]

Em seguida, ainda ponderando sobre a obra de Meslier e o seu papel na história da filosofia, o autor do *Tratado de Ateologia* arremata: "A história do verdadeiro ateísmo começa..."[11]

Façamos com Onfray mais ou menos o que este faz com Meslier. Entender as suas reflexões e os seus posicionamentos ousados e polêmicos situando-os no processo de desenvolvimento do pensamento ateu – filosofia que, de acordo com o próprio Onfray, a historiografia dominante esforça-se para ocultar[12] –, portanto, fazendo de Meslier e Sade seus "avós tutelares"[13] – Diderot nem tanto, uma vez que, para Onfray, este seria um ateu hesitante[14] –, parece ser a maneira mais adequada de interpretar nosso autor para além de todo preconceito, de toda má vontade ou má-fé, e de todo reducionismo que um autor oriundo da filosofia universitária, que ocupa um lugar de destaque na mídia, mas que não escreve

---

9 Onfray, 2007a, p. 19.

10 *Idem, ibidem.*

11 *Idem, ibidem.*

12 *Idem, ibidem.*

13 *Idem*, p. 4.

14 Idem, p. 195.

266 ENSAIOS SOBRE FILOSOFIA FRANCESA CONTEMPORÂNEA

prioritariamente para um público acadêmico, está sujeito. Nesse sentido, e ressaltando a sua proposta de que a história da filosofia também precisa ser contada do ponto de vista dos vencidos – isto é, do ponto de vista dos sofistas, dos cirenaicos, dos cínicos, dos libertinos, dos materialistas franceses, dos anarquistas, etc.[15] – e não apenas mediante a versão hegemônica da tradição socrática e racionalista – ou seja, a dos "bem pensantes" –, convém ressaltar a preocupação deste filósofo com a história do ateísmo, em particular com os estudos e a bibliografia dedicados ao assunto.

O desprezo e a negligência da historiografia filosófica dominante com o pensamento ateu, argumenta Onfray, pode ser verificada, por exemplo, nas pesquisas sobre o iluminismo francês. A imagem que dele se propaga na maior parte das ocasiões é a de um movimento que teve no deísmo – em particular no deísmo voltairiano – sua expressão mais significativa. Quanto aos materialistas e aos ateus – a "ala esquerda" do movimento, assinala Onfray[16] –, estes foram combatidos "com força" não só por Rousseau, Voltaire, D'Alembert ou pela antifilosofia da época patrocinada pelo cristianismo, mas sobretudo pelos especialistas do ramo, que fizeram dessa corrente – e não gratuitamente por certo[17] – "um polo de radicalismo esquecido mas hoje suscetível

---

15 Ver a esse respeito os sete volumes de sua autoria até agora editados com o título *Contra-história da Filosofia*. O volume sete em especial é sobre os subterrâneos filosóficos das Luzes francesas, e nele tem destaque Meslier ao lado de Maupertuis, La Mettrie e do Barão de Holbach (Cf. Onfray, 2007b). A ousada iniciativa também foi lançada em versão de CD.

16 *Idem*, p. XXII.

17 Olivier Bloch (Bloch, 1997, p. 349) e Jean-Claude Bourdin (Bourdin, 1998, p. 28), importantes nomes dos estudos sobre o materialismo, em particular do materialismo francês do século XVIII, denunciam que, durante o século XIX, o então influente professor Victor Cousin capitaneou na França uma campanha ideológica de marginalização do materialismo ateu. Esta posição de considerar pensadores como Meslier, Diderot, Helvétius e Sylvain Marechal meros "sofistas das Luzes" (Cf. *Idem*,

de ser solicitado".[18] Onfray destaca que materialismos como o do médico La Mettrie e de Diderot e ateísmos como os de Meslier e Holbach foram doutrinas "mais vivas, mais francas, nitidamente mais audaciosas" no interior do pensamento do século XVIII francês do que outras mais consagradas (*Idem, ibidem*).

Já no que concerne à bibliografia sobre o ateísmo, Onfray lamenta a sua escassez e precariedade:

> A bibliografia sobre a questão ateia é indigente. Rara em comparação com as publicações dedicadas às religiões quem conhece uma estante sobre ateísmo nas livrarias? ao passo que todas as variações sobre o tema religioso dispõem de suas subseções, e além disso de má qualidade (*Idem*, p. 191).[19]

1992, p. 50) teve continuidade e se intensificou com os seus asseclas idealistas e religiosos. O resultado disso foi a não inclusão ou a inclusão caricata dos autores materialistas e ateus nas edições francesas dos livros de história da filosofia e a ausência ou a presença subestimada desses pensadores e de seus escritos nos programa universitários. Tal episódio merece ser sempre lembrado e refletido quando fazemos história da filosofia.

18 *Idem, ibidem.*

19 Livros introdutórios ao tema do ateísmo como *O Ateísmo*, do professor da Universidade de Paris X, Henri Arvon, de 1967, lançado pela coleção "Que sais-je?", da Puf (Cf. Arvon, s/d) – traduzido para o português – e o volumoso *História do Ateísmo*, de Georges Minois – também traduzido e publicado por uma editora de Portugal (Cf. Minois, s/d) –, autor também de outras histórias como *História do Riso e do Escárnio* e *História do Suicídio* – todos muito extensos, diga-se de passagem –, não são poupados pelo exame implacável e franco de Onfray. Na avaliação do nosso autor, estes são livros extremamente equivocados e levianos na abordagem conceitual e sobretudo na consideração histórica do ateísmo. Arvon, por exemplo, comete "gafes" – termo do próprio Onfray (Onfray, 2007a, p. 191) – imperdoáveis, como classificar Hegel – logo Hegel! – como ateu. Já na obra de Minois, a falta de critério e a imprecisão com que são empregados os conceitos de ateísmo e ateu são aberrantes. Como bem nota Onfray, na análise de Minois há um "uso abusivo do epíteto para qualificar politeístas, deístas, cristãos heterodoxos", enfim, quase todo posicionamento metafísico-religioso destoante da doutrina monoteísta, em

Onfray vai mais além e chama a atenção para as confusões em torno do conceito de ateísmo e da falta de rigor na definição de ateu cometidas pelos poucos que se aventuraram a tratar o assunto como um problema filosófico relevante:

> A historiografia do ateísmo rara, parcimoniosa e bastante ruim... comete pois um erro ao datá-lo dos primeiros tempos da humanidade. [...] O ateísmo não começa com aqueles que a historiografia oficial condena e identifica como tais. O nome de Sócrates não pode figurar decentemente numa história do ateísmo. Nem o de Epicuro e os dos seus. Tampouco Protágoras, que se limita a afirmar em *Sobre os Deuses* que a respeito deles nada pode concluir, nem sua existência, nem sua inexistência. O que, pelo menos, define um agnosticismo, uma indeterminação, até um ceticismo, se quisermos, mas certamente não um ateísmo, que supõe uma franca afirmação da inexistência dos deuses.[20]

Em face desse quadro bastante desfavorável ao ateísmo, Onfray defende uma retomada do projeto da *Aufklärung*, porém,

---

particular judaico-católica (Cf. *Idem, Ibidem*). Poderíamos enquadrar neste mesmo julgamento, destacando equívocos e procedimentos semelhantes, o livro de James Thrower intitulado *Breve História do Ateísmo Ocidental*, bastante conhecido entre nós brasileiros – coincidentemente também lançado por uma editora portuguesa (Cf. Thrower, 1982). De onde se conclui que seria melhor para a reputação do ateísmo que tais livros nunca fossem lançados. Por outro lado, embora Onfray não lhes faça alusão, há o pequeno livro de Jean Vernette, *L'Athéisme*, da mesma coleção "Que sais-je?", de 1998 – feito talvez para compensar os equívocos do livro de Arvon –, infelizmente ainda não traduzido para o nosso idioma (Cf. Vernette, 1998), e *Les Athéismes Philosophiques*, uma compilação resultante de um colóquio sobre o assunto, realizado em 1999, em Chauvigny (Cf. Chubilleau et Puisais, 2000) – do mesmo modo, salvo engano, sem tradução para o português. Nestes livros, o ateísmo é por certo tratado com mais profundidade e rigor.

20 *Idem*, p. 13.

especifica que tal iniciativa deve ser efetivada de forma mais radical. "Contra Kant, sejamos kantianos", exorta[21], na medida em que o filósofo alemão desaconselhou o uso da razão na esfera religiosa. Como é possível tornar-se adulto assim?, indaga Onfray.[22] Antes, porém, assevera algo que merece ser expressado com as suas próprias palavras:

> Kant prima nas audácias contidas. *A Crítica da Razão Pura* oferece em seiscentas páginas material para fazer explodir a metafísica ocidental, mas o filósofo renuncia. A separação entre fé e razão, númenos e fenômenos, consagra dois mundos separados, o que já é um progresso... Um esforço suplementar permitiria que um desses dois mundos – a razão – reivindicasse direitos sobre o outro – a fé. E que a análise não poupe a questão da crença. Pois, declarando esses dois mundos separados, a razão renuncia a seus poderes, poupa a fé, *a religião está salva* [grifo nosso]. Kant pode então postular (!) (que necessidade de tantas páginas para se reduzir a postular...) Deus, a imortalidade da alma e a existência do livre-arbítrio, três pilares de toda religião.[23]

Ora, para que a retomada do projeto da *Filosofia das Luzes* seja então levada adiante, é necessário que ela seja protagonizada pela esquerda iluminista, ou seja, arrancar os homens da menoridade pela via não só de um ateísmo militante, como já foi salientado, mas também por um materialismo hedonista, orientado pelo cálculo epicurista do prazer, e, sobretudo, pela *ateologia*, termo, a propósito, que Onfray toma emprestado de George Bataille:

---

21 *Idem*, p. XXIII.

22 *Idem, ibidem.*

23 *Idem*, p. XXII.

270 ENSAIOS SOBRE FILOSOFIA FRANCESA CONTEMPORÂNEA

> Nessa zona metafisicamente virgem, uma disciplina inédita pode nascer: vamos chamá-la de *ateologia*.[24]

Em linhas gerais, a *ateologia* seria uma disciplina para associar-se às demais instâncias do saber como a história, a biologia, a psicologia, a psicanálise, a arqueologia, a paleografia, a metafísica, entre outras, auxiliando-as e nelas buscando subsídios para se contrapor às explicações religiosas e fantasiosas do universo e da condição humana no seu interior. A propósito, Onfray justifica o seu ateísmo militante, portanto, o seu iluminismo radical, além da necessidade de uma *ateologia*, da seguinte maneira:

> Meu ateísmo se ativa quando a crença privada torna-se assunto público e em nome de uma patologia mental pessoal organiza-se também para os outros o mundo que convém.[25]

2. Ateísmo e Revolta

Inerente a esta estirpe de ateísmo está a *revolta*. Onfray examina esta mistura de sentimento e conceito — que poderíamos dizer, num primeiro momento, em que consiste a revolta — num artigo intitulado "Em companhia de Satã", publicado no dossiê *Elogio da Revolta*, da edição de número 365 da conceituada *Magazine Littéraire*, uma revista voltada ao grande público francês[26] .

O artigo é em essência um elogio ao que Satã (ou Lúcifer) representa no interior da mitologia judaico-cristã e, de certo modo,

---

24 *Idem*, p. XXIV.

25 *Idem*, p. XXI.

26 Cf. Onfray, 1998, p. 18-22.

da cultura ocidental. No entender do porta-voz da *ateologia*, Satã consiste no símbolo da primeira e exemplar revolta humana no universo das fábulas bíblicas, a primeira experiência bem-sucedida do proferimento de um *Não!* crucial a um poder absoluto e despótico. Essa atitude pioneira não se restringiu ou se esgotou em si mesma. Satã deixou descendentes. E esses "filhos de Lúcifer", à maneira do pai, reivindicaram ao longo da história e ainda reivindicam uma humanidade livre e autônoma. Eles se posicionaram e se posicionam contra todo tipo de opressão, isto é, contra todo dogma e proibição moral, contra todas as crenças, preceitos e dispositivos que vitimam o desejo, que maceram o corpo, que violam e independência e a autonomia do indivíduo. Ao desafiar o todo-poderoso Deus do imaginário bíblico, Satã ensinou aos seres humanos que a rebelião é a via privilegiada e segura para a liberdade. "A revolta", escreve Onfray, "manifesta soberbamente a assinatura humana"[27].

Eva, "a mulher rebelde", e Adão mostraram isto ao se entregarem à retórica sedutora da serpente para que infringissem a proibição divina do acesso ao conhecimento, revelando ao antigo Senhor que este não era tão onipotente ou onisciente assim. Encarnado neste animal, Satã ensinou ao casal a grande potência da desobediência, o "soberano gozo" do dizer *Não!*: um eloquente *Não!* ao poder, ao servir, à proibição, àquela existência insossa e sem perspectivas dentro de um paraíso concebido sem consultá-los e a eles preestabelecido; um ousado *Não!* à impossibilidade de distinguirem por si mesmos o bem e o mal, o certo e o errado; enfim, um *Não!* autônomo e destemido ao destino que Deus arbitrariamente tentou lhes impingir. A toda perfeição e sabedoria da vontade divina Adão e Eva preferiram a inteligência humana, o conhecimento, a autonomia e, por conseguinte, o risco e a responsabilidade a ele inerente. Ambos recusaram ser criaturas

---

27 *Idem*, p. 18.

272 ENSAIOS SOBRE FILOSOFIA FRANCESA CONTEMPORÂNEA

para serem criadores de si mesmos. Em outras palavras, Onfray encontrou no mito de Satã a inspiração para o que ele mesmo definirá como "imperativo categórico do rebelde".[28]

Mas em que consiste esse tal imperativo categórico? Onfray nos explica que é a divisa de Satã: "Não servir a nada nem a ninguém".[29] Trata-se exatamente da máxima sobre a qual Onfray irá fundamentar a sua ética ateísta e libertária, cujos princípios e valores também fazem dele um filho e herdeiro de Lúcifer, "o portador das luzes".[30] Assim sendo, além de Onfray, quem seriam os outros rebeldes e irmãos luciferinos do nosso mundo real, aqueles que viram o rosto, que se recusam a olhar o que é obrigado a ver, metáfora que nosso filósofo evoca para se referir à revolta?[31]

Em primeiro lugar, obviamente, seriam os deicidas e todos os negadores da ideia de divindade e de criação; também os negadores dos messias e dos que pregam um além-mundo em detrimento deste; os inimigos dos dogmas, das verdades reveladas e absolutas, das cartilhas e breviários morais; do mesmo modo, os destruidores do poder, da tradição, da ordem burguesa e da razão clássica; os anunciadores da morte do mundo da transcendência, os que lutam contra os detratores do corpo e dos sentidos, ou seja, os que combatem os ascetas, os espiritualistas e todos os "recicladores de ideais cristãos em fórmulas laicas";[32] em suma, todos os que seguem a própria consciência e vontade em meio aos destroços de deuses, livros sagrados, salvações, transcendências, verdades absolutas e morais universais. Mais concretamente falando, estamos falando dos ateus, dos cínicos gregos, dos libertinos, dos anarquistas, dos

---

28 *Idem*, p. 19.

29 *Idem, Ibidem*.

30 *Idem, ibidem*.

31 Cf. *Idem, ibidem*.

32 *Idem, ibidem*.

que resistiram à ocupação nazista durante a Segunda Guerra, dos que resistem ao neoliberalismo, dentre outros. Jean Meslier e Sade, Max Stirner e Rimbaud, Nietzsche e Ravachol, os zapatistas e o movimento antiglobalização por certo.

Mas nem todos que despertam para a própria humanidade por meio da revolta agem como um revoltado. Ainda nesse pequeno artigo, Onfray prossegue exalando o seu enxofre. Desta vez, ele faz uma distinção similar à que empreendeu Albert Camus em *O Homem Revoltado*, descosendo o vínculo necessário entre o revoltado e a figura do revolucionário. Em oposição a esse equívoco muito comum, o revolucionário é descrito por Onfray como alguém que opta pelo projeto utópico da revolução e pelo seu significado universal em detrimento da noção e da concretude singular do indivíduo. Ademais, o revolucionário seria um indivíduo que coloca o ideal da justiça e de uma transformação radical da sociedade acima de tudo, cegamente, inclusive acima da vida humana real. Em contrapartida, o revoltado ou rebelde é aquele que sustenta o seu ideal radical, sacrifica-se até pelos seus valores humanitários, porém, recusa-se a colocar o ideal da revolução como um valor absoluto, superior ao valor da dignidade e da vida dos seres humanos, independentemente das classes sociais a que pertençam.[33] Dito de outro modo, Onfray define como revoltado ou rebelde aquele para o qual jamais os fins de uma ação justificarão os seus meios, ao contrário do que pensaria e faria o revolucionário. Enquanto o revolucionário persegue, oprime, assassina e morre tendo em vista o êxito da sua revolução, o revoltado denuncia as arbitrariedades e o terror político cometidos por esta revolução, e o faz sempre em nome da liberdade e da justiça. Para o revoltado, totalitarismos não justificam revoluções nascidas de aspirações libertárias. Ao contrário, revoluções que não são animadas pela

---

33 Cf. *Idem*, p. 22.

revolta durante o seu processo — como ocorreu com a Revolução Francesa e com a Revolução Bolchevique de 1917 — geram regimes mais reacionários até do que os que foram substituídos. Trata-se, no fundo, do histórico duelo que opõe na filosofia e na prática políticas Maquiavel a La Boétie, Robespierre a Danton, Ravachol a Proudhon, Sartre a Camus.[34] De um lado, os defensores do vale-tudo para se alcançar o paraíso, do outro, os que desprezam o paraíso pela liberdade.

3. Ateísmo para as massas

A Revolução Francesa foi uma das mais monumentais obras do espírito de Satã. Aos olhos libertários de Onfray, "1789 fez tábua rasa da transcendência e dos seus bibelôs"[35]. Entretanto, embora tenha decapitado o rei e negado Deus, este Deus negado foi a representação oficial da divindade e não a divindade em si mesma. Convém lembrar que deístas voltairianos compuseram a vanguarda do período girondino do processo político. Já na fase do terror, em que Robespierre era o homem forte, este mostrou-se um admirador do deísmo sentimental de Rousseau. Em outros termos, o levante do Terceiro Estado não levou a revolta ao seu extremo, isto é, não foi hegemonicamente ateísta. Houve na verdade uma substituição de divindades. Mesmo assim ele teve a sua insígnia luciferina. Foi preciso esperar por 1917 para que o ateísmo destronasse Deus e, num primeiro momento, a revolta fosse completa. Contudo, infelizmente, o ateísmo se tornou ideologia e, o que é pior, uma ideologia patrocinadora do terror de Estado stalinista, perdendo, portanto, a sua força emancipadora.

---

34 Cf. *Idem, ibidem*.

35 *Idem, ibidem*.

Como vimos, o ateísmo consiste numa expressão peculiar da revolta, desse poder negador baseado no indivíduo e que o liberta. Num sentido específico – e emprestando de Albert Camus a expressão –, o ateísmo é uma "revolta metafísica"[36], uma atitude bem mais radical e contundente do que a do herege, do blasfemador ou até mesmo do profanador. E é esta a característica marcante e singular do pensamento de Onfray: preconizar a retomada do tema do ateísmo, associado ao da liberdade, num momento da história da filosofia em que a existência ou não de Deus tornou-se há muito um problema filosófico irrelevante, considerado um pseudoproblema, aliás, para os nossos epistemólogos e filósofos analíticos, bem como para os nossos mais destacados filósofos políticos das universidades.

Ocorre que, como já dissemos, o público-alvo de Onfray não são os pesquisadores universitários, afinal, estes desprezam este assunto, mas para aqueles que nos seus cotidianos de Sísifo pautam-se pelas explicações religiosas e pela fé para tentar entender os seus infortúnios e dilemas existenciais. Estamos falando aqui da esmagadora maioria da humanidade. Dito de outra maneira, se para os filósofos universitários falar sobre a existência ou não de Deus é, por assim dizer, perda de tempo, para os demais seres humanos esta reflexão por certo não é. Prova disso são os mais de 200 mil exemplares do *Tratado de Ateologia* vendidos só na França, número que fez de Onfray, além de um autor de best-seller, figura constante nos meios de comunicação de massa na Europa. Na maioria das vezes, sua presença foi em debates calorosos com sacerdotes e ideólogos dos mais variados matizes religiosos. Nesse sentido vale recordar também uma pesquisa recente que mostra que a esmagadora maioria da população brasileira crê numa divindade e valoriza a religião. Seja como for, o fato é que, ao direcionar a sua

---

36 Cf. Camus, 1999, p. 39

276 Ensaios sobre filosofia francesa contemporânea

obra para um público mais amplo, Onfray faz-se uma iluminista à maneira dos enciclopedistas.

4. Ateísmo e Morte de Deus

Em termos metafóricos, a revolta metafísica do ateu manifestar-se-ia no deicídio ou, no mínimo, no anúncio da morte de Deus. Entretanto, ao contrário do célebre diagnóstico nietzschiano da modernidade, Onfray sustenta que "Deus ainda respira", embora a notícia da sua morte por completo fosse uma boa notícia, ou seja, um "campo fecundo" para que uma nova cosmovisão fosse concebida.[37] O fato é que o anúncio tonitroante da morte de Deus é falso, diagnostica Onfray:

> Pois Deus não está morto nem moribundo ao contrário do que pensam Nietzsche e Heine. Nem morto nem moribundo porque ele não é mortal. Uma ficção não morre, uma ilusão não expira nunca, não se refuta um conto infantil. [...] Ora, Deus pertence ao bestiário mitológico, como milhares de outras criaturas repertoriadas em dicionários de inúmeras entradas, entre Deméter e Dioniso. O suspiro da criatura oprimida durará tanto quanto a criatura oprimida, equivale a dizer para sempre...[38] .

Além de diagnosticar a morte de Deus como um "falso crime", Onfray inverte a situação. Ele declara, curiosamente, que quem mata, na verdade, é Deus: Deus mata a razão, a inteligência, o espírito crítico, enfim, tudo o que lhe representa resistência e

---

37 Cf. *Idem*, p. 3.

38 *Idem*, p. 4.

ameaça.[39] Não obstante, Onfray lamenta o equívoco: "Estamos a anos-luz de um tal progresso ontológico...".[40]

O autor do *Tratado de Ateologia* nega que Deus esteja morto, porém, não deixa de constatar que o niilismo existe e que este seja um fenômeno filosófico, cultural e moral que precisa ser superado. Apenas um ateísmo revigorado será capaz de vencer esse *nada vale a pena* e esse *tudo é permitido* dos que creem que a morte de Deus é um fato.

Contra aqueles que objetam as suas reflexões com o argumento de que suas críticas à fé e à religião não acrescentam nada de original às críticas já feitas pelos pensadores dos séculos XVIII e XIX, Onfray diz nas entrelinhas de seus livros que a originalidade não é uma das metas do seu projeto filosófico e que tampouco está preocupado com isso. Denunciar a fé como um "infantilismo mental", a religião como um deprimente "espetáculo de alienação" e "miséria espiritual"[41] e Deus como um subterfúgio ficcional motivado por uma "vontade de cegueira" para que o real não seja visto de frente[42], isto sim é relevante. Mais relevante ainda é difundir a ideia de que o ateísmo reconcilia o homem com o mundo, desperta-o para o real e para a vida, enfim, o reconduz de maneira dionisíaca à lucidez:[43]

> O ateísmo não é uma terapia mas uma saúde mental recuperada (*Idem*, p. XXI).

---

39 Cf. *Idem*, p. 5.

40 *Idem, ibidem*.

41 *Idem*, p. XIX.

42 Cf. *Idem*, p. XX.

43 Cf. *Idem*, p. XVIII.

278 ENSAIOS SOBRE FILOSOFIA FRANCESA CONTEMPORÂNEA

Cabe à filosofia, portanto, assumir o seu papel desalienador, ou seja, ela precisa ser não apenas mais racional, estar cada vez mais íntima das descobertas científicas e desintoxicada da teologia e da religião, ela precisa ser sobretudo ateísta. Iluminar os homens com essas luzes significa subsidiá-los com elementos para que, a partir de si mesmos, possam atingir a liberdade e a autonomia tão almejadas pela *Aufklärung*. Contudo, para evitar que esse ateísmo ressuscitado e revigorado, que tem como principais adversários os três monoteísmos imperantes no mundo (cristianismo, islamismo e judaísmo), não resvale nos abusos que ele tanto denuncia e combate – o dogmatismo e a intolerância particularmente –, Onfray ressalta:

> Não desprezo os crentes, não os acho ridículos nem lastimáveis, mas desespera-me que prefiram as ficções tranquilizadoras das crianças às certezas cruéis dos adultos (*Idem*, p. XIX).

Bibliografia

ANÔNIMO. *Traité des Trois Imposteurs: Moise, Jésus, Mahomet*. Paris: Max Milo Editions, 2002.

ARVON, Henry. *O Ateísmo*. Tradução de M. de Campos. Lisboa: Publicações Europa-América, s/d.

BLOCH, Olivier. *Matière à Histoire*. Paris: Vrin, 1997.

BOURDIN, Jean-Claude. *Hegel et les matérialistes français du XVIII siècle*. Paris: Méridiens Klincksieck, 1992.

_____."Préface: Redécouvrir d'Holbach". In: Holbach. *Oeuvres philosophiques*. Paris: Alive, Tome I, 1998.

CAMUS, Albert. *O Homem Revoltado*. Tradução de Valérie Rumjanek. Rio de Janeiro: Record, 1999.

CHUBILLEAU, Emmanuel et PUISAIS, Éric. *Les Athéismes Philosophiques.* Paris: Kimé, 2000.

DIDEROT, Denis. *Addition aux Pensées Philosophiques.* In: *Oeuvres.* Paris: Robert Laffot, Tome I, 1994.

_____. *Diálogo de um Filósofo com a Marechala de...* In: *Textos escolhidos.* Tradução de J. Guinsburg e Marilena Chauí. São Paulo: Abril Cultural, Col. "Os Pensadores", 1979.

MESLIER, Jean. *Mémoire des Pensées et Sentiments de Jean Meslier.* In: *Oeuvres Complètes.* Paris: Anthropos, Tome II, 1971.

MINOIS, George. *História do Ateísmo.* Tradução de Serafim Ferreira. Lisboa: Teorema, s/d.

ONFRAY, Michel. "En compagnie de Satan". In: *Magazine Littéraire Dossier Eloge de la Révolte,* Paris: n. 365, Mai 1998.

_____. *Tratado de Ateologia: Física da Metafísica.* Tradução de Monica Stahel. São Paulo: Martins Fontes, 2007a.

_____. *Contre-histoire de la Philosophie.* Paris: Grasset et Fasquelle, Volumes 1 a 7, 2007b.

SADE, Marquês de. *Diálogo entre um Padre e um Moribundo e Outras Diatribes e Blasfêmias.* Tradução de Alain François e Contador Borges. São Paulo: Iluminuras, 2001.

THROWER, James. *Breve História do Ateísmo Ocidental.* Tradução de Ana M. Tello e Mariana P. Monteiro. Lisboa: Edições 70, 1982.

VERNETTE, Jean. *L'Athéisme.* Paris: Puf, Coll. "Que sais-je?", 1998.

Revolta, revolução e nostalgia de unidade em Albert Camus

Rita Paiva[1]

Na obra de Albert Camus, a primeira formulação propriamente teórica acerca do movimento da revolta no espírito humano configura-se em *O Mito de Sísifo* e surge atrelada à noção de absurdidade. O absurdo – a conjunção entre a consciência que clama por lógica, por significados, e o mundo que silencia –, atualiza permanentemente a cisão fundamental inscrita em toda subjetividade. Com ele, a nostalgia da unidade eclode. A expectativa tácita, oblíqua, de que a unidade possa enfim ser experienciada se traduz no desejo inconsciente – por vezes, incontrolável – de que a dimensão objetiva da realidade simbólica e humana se delineie, conferindo solidez às significações humanamente forjadas.

Uma atitude que incorpore visceralmente o desamparo de viver sem respostas para os anseios mais pungentes da consciência não se traduz em resignação, mas na revolta. Com ela, uma ambiguidade se instaura. Por um lado, o indivíduo que assume sua tragicidade sabe que existir é injustificável; não há como ignorá-lo.

---

1 Rita Paiva é professora de filosofia na Universidade Federal de São Paulo – Unifesp.

Em contrapartida, mesmo uma inteligência lúcida não obsta que, nos confins de seu ser, o anseio por superar o nada que a dilacera viceje ostensivamente.

Com *O Homem Revoltado,* uma novidade. Doravante, à enunciação da revolta, subjaz uma consciência que ultrapassa a vivência dolorosa do paradoxo incomensurável que contrapõe o seu anelo por unidade e coerência ao mundo desmedido. Para além do estado de indignação, a revolta impulsiona o sujeito a agir: "[...] seu ímpeto cego [*da revolta*] reivindica a ordem no meio do caos e a unidade no próprio seio daquilo que foge e desaparece. A revolta clama, ela exige, ela quer que o escândalo termine e que se fixe finalmente aquilo que até então se escrevia sem trégua sobre o mar. Sua preocupação é transformar".[2] Ancorada num juízo de valor, a consciência revoltada transpõe para uma representação de justiça a sua razão de ser. Ela compreende que só pode viver se for livre. Impõe-se, pois, a urgência em fundar uma ordem outra, na qual o homem se reconheça como seu autor, e com a qual, enfim, se harmonize.

O anseio por um mundo justo envolve uma apreciação, um sentido em função do qual é possível viver ou morrer. A despeito do assédio veemente dessa paixão, o espírito revoltado não nega a cesura que o habita. O não proferido pela revolta é secundado pelo sim ao mundo antinômico em que o homem é lançado. A compreensão desse conceito solicita a lucidez acerca do caráter trágico da condição humana, o qual implica recusa e aceitação da realidade que a esta se opõe. No último ensaio, essa tensão, antes fundamentalmente subjetiva, é acrescida de um imperativo. Prevalece a clareza de que a vacuidade, a experiência do nada, já não concernem apenas ao indivíduo; também na cultura, na sociedade e em todos os homens repercutem os apelos da unidade que se transmudam em desejo de liberdade e de justiça. Daí que uma consciência desperta reconheça,

---

2   Camus, 2003, p. 21

antes de tudo, a vida como valor supremo, em suas manifestações de criação e aniquilamento. O enfrentamento da absurdidade, assim como requer a preservação da vida daquele que enfrenta sua dor visceral, repudia o sacrifício do outro, em nome de um sistema ou de uma ideia. A tensão entre a consumação de uma ordem genuinamente humana e o respeito à pluralidade, que, no limite, inviabiliza a unidade, deve ser preservada.

A minimização desse discernimento pulveriza o frágil equilíbrio sobre o qual a revolta se erige e faz preponderar apenas um dos eixos que a compõem: o sim ou o não. Nenhuma ação concreta que acene com a realização plena de um ideal identitário pode amenizar o caráter tenso deste afeto sem que o espírito se enrede no niilismo. Nesse caso, aflora uma representação totalitária que acena com o fim do desajuste entre o pensamento e o ser; generaliza-se um comportamento para o qual a noção de limite se esboroa; seu critério é o excesso, o gozo da excludência, o ofuscamento do trágico e da multiplicidade da vida: "[...] toda revolta que se permite negar ou destruir a solidariedade perde, ao mesmo tempo, o nome de revolta e coincide, na realidade, com um consentimento assassino".[3] Nesse caso, já não importa a liberdade, mas a adesão fundamentalista a um ideal de completude. Essa fantasia de absoluto, avessa à dissidência e à pluralidade, propicia que "o mal que apenas um homem sentia torne-se peste coletiva".[4] O crime justifica-se e sujeita sociedades inteiras a consequências atrozes.

A modernidade, ao romper com as referências transcendentes e ao alicerçar em si mesma – na razão humana – os fundamentos da existência, exacerba a reivindicação por liberdade; ao mesmo tempo, instaura uma consciência de direitos que não concerne apenas ao indivíduo, mas a toda a humanidade. Propícios para

---

3 Camus, 2003, p. 34

4 Camus, 2003, p. 35

284 ENSAIOS SOBRE FILOSOFIA FRANCESA CONTEMPORÂNEA

que a revolta prolifere, os tempos modernos viabilizam que ela se manifeste em registros diversos, mas é em sua dimensão histórica que o espírito revoltado passa a objetivar ações concretas que logrem a evasão da absurdidade e a efetivação de uma ordem de autoria propriamente humana, emancipada das incoerências e das antinomias que martirizam a consciência. A revolta, historicamente inscrita, dá lugar ao desejo de revolução.

A revolta histórica veicula o germe do processo revolucionário; prenuncia, pois, a chama do pensamento que alimentará todo o seu itinerário. No entanto, a especificidade da revolução, assinala Camus, vai além, e consiste em inserir este impulso primevo na história, catalisando um esforço coletivo para destruir e transcender as condições estabelecidas. A revolta não desenha metas, não planeja estratégias de ação, não operacionaliza seus intentos, não edifica um sistema de razões. Seus ecos extinguem-se na manifestação de um protesto, num grito de contestação. Com uma ousadia outra, a revolução pretende inscrever ideias (ou o absoluto metafísico) na história; e objetiva, pelas vias da destruição, a construção efetiva de novas instituições; adquire, assim, uma natureza política incontestável. Fenômeno efetivamente moderno, a revolução aspira por uma origem, um "reino novo e secular", no dizer de Hanna Arendt. A persecução deste horizonte pretende a libertação de todo o gênero humano. Projeto que nunca se concretiza cabalmente. Ao se encontrar na iminência de instaurar, no tempo histórico, um advir sem máculas, a revolta que culmina em revolução se contradita. A princípio, é em nome da liberdade e da justiça, ou seja, de valores humanos, que o movimento revolucionário se delineia, mas o faz no âmbito de uma negação exacerbada do que existe. No encalço obcecado por esse mundo outro, os valores que inicialmente alicerçam seu desdobramento são progressivamente esquecidos, em prol da consumação de seus propósitos finais. O senso ético é substituído pela lógica da eficácia, e os limites morais, que poderiam obstar ações inaceitáveis, pulverizam-se. O espírito revolucionário dota o mundo de finalidades e de lógica, ao mesmo tempo em que sacrifica a liberdade, visto que mergulha com determinação num delírio de absoluto. Destinada a trair-se, a manifestação legítima da revolta confina-se inevitavelmente numa dimensão instituinte, uma vez que a instituição categórica de seus fins não pode se realizar sem que se adultere a sua natureza. Por esse prisma, a instauração de uma ordem em consonância consigo mesma, que libertaria da precariedade todo o gênero humano, não se consuma jamais.

Malgrado o caráter laico desses movimentos, a esperança da redenção neles persevera. "As próprias filosofias ateias que culminam no culto do Estado e do homem, nada mais são que insurreições teológicas".[5] Em sua determinação de implementar a ideia que persegue, de consumar o desejo de fusão entre a consciência e o mundo, a revolução, assevera Camus, consiste numa busca armada pela nostalgia. Seu corolário: o horror ao múltiplo, a legitimação do crime, que já não é suscitado pela paixão, mas pela lógica. O desfecho desse movimento, sempre inacabado, aponta para o terror, porquanto persegue uma representação da unidade que, uma vez consumada, revela-se incompatível com a pluralidade, que não pode ser negligenciada por uma revolta genuína. Nessa senda, todo processo revolucionário finda por erradicar seja a dimensão crítica, seja a solidariedade.

A modernidade, insiste Camus, constitui o mais fértil terreno para as manifestações do espírito revoltado; entretanto, justamente onde encontra as condições propícias para eclodir mais ostensivamente, ela emerge adulterada. No século XX, norteados pela fome coletiva de sentido e de absoluto, os movimentos que deram forma à luta ensejada pela revolta e à procura obstinada pela liberdade revelaram, com um esforço convulsivo e com uma ética amarga, no dizer do autor, sua intolerância às dissonâncias

---

5   Camus, 2003, p. 83.

286 ENSAIOS SOBRE FILOSOFIA FRANCESA CONTEMPORÂNEA

que atestam a persistência do caos e da cisão entre o homem e seu cenário. São elucidativos os dizeres do ensaísta: "Se houvesse uma revolução uma única vez, [...] haveria uma feliz unidade e uma morte satisfeita. É por isso que todos os revolucionários visam à unidade do mundo e agem como se acreditassem no fim da história".[6] Nesse sentido, a despeito da diversidade, no que tange às circunstâncias e aos preceitos perseguidos, as tentativas todas de instaurar uma ordem originária, em que os princípios erigidos pelos próprios homens substituiriam os princípios divinos, emancipando a humanidade, resultaram em tiranias, em sistemas totalitários, com os quais o terrorismo foi promovido à condição de instrumento privilegiado do Estado. Nesse processo, a revolta desvencilhou-se radicalmente da tensão que preserva sua coerência, e o niilismo alcançou o paroxismo; disseminou-se o fascínio pela destruição e a consecução sistemática do mal.

No entanto, vale lembrar que as democracias modernas, cujo ideário, em última instância, antagoniza com a violência e a barbárie, denunciadas por Camus, constituem também uma manifestação desses novos tempos, uma vez que as instituições democráticas derivam dos conflitos sociais que reconfiguram o mundo no limiar da modernidade. Uma interrogação se impõe: a vigência plena e madura do jogo democrático, com sua crescente ampliação e invenção dos direitos, representaria um contraponto contundente a esse processo quase inexorável em que a revolta se inscreve na história e se degrada, resultando no livre trânsito das pulsões mortíferas? A democracia poderia constituir um dos caminhos em que a revolta permaneceria coerente consigo mesma, conduzindo à liberdade e à justiça, sem que se rasgasse a teia da solidariedade, da pluralidade? O amadurecimento das instituições democráticas garantiria o equilíbrio entre o sim e o não, o desvio

---

6 Camus, 2003, p. 133

do terror e da servidão derivados do desejo insano de unidade que nos habita? Uma digressão se impõe.

Em "A imagem do corpo e o totalitarismo", Claude Lefort alude a uma novidade crucial que se instaura com o advento das democracias modernas. A modernidade democrática engendra uma imagem de si que difere substancialmente daquela que respalda a sociedade que a precede e encontra em sua autorrepresentação uma convicção da unidade. Mais claramente, as fontes variáveis de identificação que proliferam no interior do antigo regime se ancoram no âmbito de um grande corpo imaginário cuja integridade é simbolicamente representada pelo corpo do rei. Esta imagem do corpo, imanente à monarquia, perpetua um ideal fundador e totalizante que norteia o universo simbólico medieval, cuja origem remonta a uma dimensão teológico-política. Nesse caso, a imagem do corpo remete à imagem do Cristo, de sorte que ainda que o governante, o rei, amalgame em si os princípios do poder, da lei e do saber, é suposto que ele se submete a uma lei maior, não apenas transcendente a ele, mas à própria sociedade, daí que ele possa figurar como o lugar da sabedoria, mas não se confunda com as leis da razão. Uma cisão persiste, pois, a oposição entre o visível e o invisível, o mortal e o imortal. Como nota o autor, as progressivas transformações históricas que acenam já com a agonia desse sistema político não impedem que a noção de unidade subsista; até que o regime seja completamente superado, ela prevalece como a dimensão "[...] orgânica e mística do reino, do qual o monarca figura, ao mesmo tempo, como o corpo e a cabeça".[7]

A imagem orgânica e teológica que, afinal, opera uma identificação fantástica em que o político, no dizer de Chauí, devora o social, dissolve-se no processo democrático que se desdobra e se perpetua a partir dos oitocentos. A grande mutação

---

7   Lefort, 1987, p. 119

que se instaura com a passagem para a sociedade moderna implica a supressão de uma solidez que ancore e tranquilize a ordem social. A imagem da unidade não tem como subsistir quando o corpo do rei é destruído. Com o eclipse do corpo político, as esferas sociais, até então nele consubstanciadas, iniciam um penoso processo de separação. A sociedade civil se separa do estado; o social e o político já não podem se imbricar; as relações sociais adquirem conotações diversas, com dinâmicas e propósitos específicos, e, sobretudo, a lei, o poder e o saber autonomizados, já não podem se cristalizar, porquanto se tornam vulneráveis aos conflitos que regem as relações sociais. Em síntese, com o advento da democracia, o corpo já não está ligado a uma fonte de poder, o qual, até então, respaldava-se sobre uma referência que atuava como um lastro objetivo, de modo que, ao exercê-lo, aquele que o representava personificava sua solidez. Inteiramente outro o cenário que se descortina com as novas circunstâncias históricas: agora, o poder já não se dissocia de um lugar vazio, aqueles que o exercem o fazem temporariamente e com ele não se confundem. Sustenta Lefort: "[...] não há representação de um centro e dos contornos da sociedade: a unidade não poderia, doravante, apagar a divisão social" . Reino dos conflitos por excelência, nesta nova ordem política, o conforto da estabilidade e da identidade está para sempre banido. Instaura-se, pois, a era dos fundamentos fluídos. Porque produzidos por uma ordem social inapreensível e indomesticável, esses fundamentos estarão sempre suscetíveis a todo e qualquer questionamento. A sociedade passa, pois, a conceber-se como sua própria autora; torna-se imperativa a reinvenção constante de si.

Convém interrogar: ainda que Camus não reflita propriamente sobre a experiência democrática, seria lícito considerar que a democracia, essa ordem política que opera incessantemente sua própria subversão, estaria imune aos assédios da fantasia de unidade? A construção da democracia, à medida que consuma o sonho de uma ordem fundada em critérios substancialmente humanos, lograria o desvio inequívoco das utopias negativas de destruição, fundadas na persecução do todo uno e homogêneo? Voltemos a Lefort.

Histórica por excelência, a democracia moderna aflora eivada de uma radical indeterminação no que tange à constituição da lei, do poder, do conhecimento. Aventura permanentemente inacabada, sua tônica é o movimento, a mutação indômita. A despeito disso, a divisão que a perpassa e a define não obscurece um anseio tácito, uma representação virtual que acena com uma identidade e que lhe restitui a fixidez há muito sacrificada. A dissolução da fusão entre o político e o social e a perda da legitimidade que emanava da figura do rei dão lugar a uma imagem outra, que já não é a do corpo, mas que, em sua pluralidade, apresenta-se como um espaço homogêneo de direito, uma ordem que declara a igualdade sem efetivá-la de fato, na qual a opinião é declarada como soberana. À imagem do corpo sucede, pois, a imagem do povo, a qual, não obstante a indeterminação que lhe é intrínseca, afirma Lefort: "[...] é suscetível de se determinar, de se atualizar fantasmaticamente como imagem do povo-Uno".[8] Daí que esta nova ordem, que aflora fundamentando-se em si mesma, que não encontra outro respaldo que a ação, o discurso ou o desejo humanos é, ainda, assediada pela paixão de um lastro objetivo que a ultrapasse. E a instância na qual esses anseios se projetam reside justamente no poder. Fonte de identidade e de legitimidade, nestas sociedades, ele perde a substância que outrora o constituía. Doravante, o seu núcleo não coincide com uma representação que lhe confira solidez; inversamente, seu caráter latente e indefinido enuncia-se como o poder de ninguém. E nesse ponto, precisamente, mora o perigo. Nos momentos em que os conflitos se acirram,

---

8   Lefort, 1987, p. 119

290 ENSAIOS SOBRE FILOSOFIA FRANCESA CONTEMPORÂNEA

a função simbólica desse lugar que não pode se encarnar corre o risco de se esfacelar.[9] Um espectro vem apaziguar este temor. Lefort outra vez: "Com o totalitarismo, instala-se um dispositivo que tende a exorcizar essa ameaça, que tende a soldar novamente o poder e a sociedade, a apagar todos os sinais da divisão social, a banir a indeterminação que persegue a experiência democrática".[10] A atualização dessa virtualidade encontra sua legitimação no próprio imaginário democrático, que se fundamenta na ideia de um povo uno e na soberania da opinião, pertinente a uma sociedade supostamente homogênea e transparente a si mesma. Destarte, a imagem do corpo, inicialmente diluída, precisa o autor, se recompõe, mas noutros moldes. Já não se trata do corpo que distingue a cabeça de seus membros, de modo que a articulação orgânica garanta a coesão e a integração perenes. Sob o totalitarismo, o corpo político assume uma imagem que se traduz num todo, ou numa parte que a ele se equipara. Paradoxalmente, a parte, eivada da pretensão de valer pelo todo, procede à introdução de um outro, dotado de onipotência e onisciência, o qual, encarnado na figura do dirigente, do líder máximo, transcende sua vulnerabilidade, confundindo-se com a fonte mesma de um poder incontestável. Corpo e cabeça se absorvem

---

9   Aludindo à atmosfera da revolução francesa e aos primeiros momentos da sociedade burguesa, Lefort chama atenção para os discursos que se tornam dominantes e que emblematizam a atmosfera dessa época, os quais, ao mesmo tempo em que expressam uma ordem que já não encontra fundamentos na natureza ou no sobrenatural, são norteados pelo pavor da dissolução: "As instituições, os valores proclamados: a Propriedade, a Família, o Estado, a Autoridade, a Pátria, a Cultura são apresentados como muralhas contra a barbárie, contra as forças desconhecidas de fora que podem destruir a sociedade, a Civilização" (Lefort, 1987, p. 119). Assim, em concomitância com a desintegração institucional, com a mutação incerta dos valores, com a vertigem ante uma sociedade que se desfaz e um movimento feroz que ainda não permite que uma nova ordem se desenhe, constitui-se uma sacralização discursiva das instituições.

10   Lefort, 1987, p. 20

reciprocamente.[11] Por outro lado, o horror a toda alteridade e as práticas – ideológicas ou não – que visam erradicá-la operam uma plena identificação entre a lei, o poder e o conhecimento, instâncias simbólicas cuja fusão antagoniza com a ordem democrática. O obscurecimento da distância entre essas esferas que, no limite, constituem o necessário pressuposto da sociabilidade, mas que não são empiricamente localizáveis, implica, assevera o filósofo, uma simultânea positivação da lei e do conhecimento. A primeira, efetiva-se na exacerbação da atividade legislativa e judiciária, que atuam em prol do Estado; a segunda, na incrementação da atividade ideológica que, delirantemente, almeja solidificar o fundamento último do conhecimento em todos os campos possíveis. Com essa fusão, para além de arbitrário, o poder revela-se totalitário, porquanto não se atém a submeter o direito e a produção de conhecimento, mas ele próprio se apresenta como discurso de poder e de verdade. Um desdobramento inexorável assim advém. Lefort novamente: "Uma vez desfalecida a velha constituição orgânica, o instinto de morte se desacorrenta no espaço imaginário fechado e uniforme do totalitarismo".[12]

Em suma, é como se a imperiosidade, tipicamente moderna, de instituir-se e legitimar-se com base em si mesma não lograsse ofuscar um mal estar subliminar, qual seja, o de reconhecer o nada

---

11 No caso dos sistemas socialistas aos quais o autor alude e que deram forma à ideologia totalitária, a representação do povo e o partido mantém uma relação de identidade. Enquanto guia e consciência da sociedade, o partido figura como a cabeça desse corpo que se pretende coincidente consigo mesmo. Sob esse prisma, o poder burocrático, o partido que se sobrepõe ao social e à própria sociedade, não se distinguem; antes, confundem-se. As diversas instituições que viabilizam a operacionalidade desta ordem, particularmente aquelas de caráter político, atestam sistematicamente a identificação entre o partido e a totalidade social: "A todo momento um órgão é, ao mesmo tempo, o todo e a parte destacada que faz o todo que o institui" (Lefort, 1987, 114).

12 1987, p. 121.

292 ENSAIOS SOBRE FILOSOFIA FRANCESA CONTEMPORÂNEA

como alicerce da ordem autonomamente criada e permanentemente recriada. Mas o discurso e a prática da auto instituição encontram uma forma de se evadir da absurdidade que os assedia. O persistente pavor do esfacelamento subjacente à auto constituição será atenuado com uma representação da unidade, a qual constitui, potencialmente, no seio do jogo democrático, o germe primeiro da aventura totalitária.

Lefort fundamenta: é justamente a ideia do povo uno que alicerça o sistema totalitário; com base nessa representação, a sociedade configura um todo homogêneo que denega toda fratura. A única cesura aceitável concerne à exterioridade, ou seja, nada que evoque a diversidade deve eclodir dentro de suas fronteiras. O outro, sempre externo, atualiza os fantasmas da diferença e da pluralidade que ameaçam a integridade e o sucesso dessa representação de uma sociedade que se pretende transparente a si mesma: "Tudo se passa como se o corpo devesse assegurar-se de sua identidade própria, expulsando seus dejetos, ou como se devesse fechar-se novamente sobre si mesmo subtraindo-se ao fora, exorcizando a ameaça de arrombamento que a intrusão de elementos estranhos faz pesar sobre ele".[13] Daí que esse corpo se encontre inexoravelmente pressionado pela necessidade do combate. Impregnando esse embate sem tréguas com uma tônica delirante, ele enfatiza sua uniformidade, não apenas obstando a invasão do que vem de fora, mas, inclusive, desconfigurando as potenciais tendências do múltiplo e da diferença que, por ventura, possam irromper em seu próprio interior. O empenho sistemático na exclusão, o incansável estado de alerta contra toda alteridade maléfica, anseia por preservar uma suposta consonância entre o pensamento e o ser, a qual essa ordem alucina ter alcançado. Ilusão que impõe o erradicar de tudo o que

---

13 Lefort, 1987, p. 113.

restaure o incômodo da cisão, e que, em última instância, tem como corolário inequívoco o terror.

Ora, como não vislumbrar, nessa fundamentação acerca da experiência totalitária, o horizonte apontado por Camus, qual seja, a revolta que se evade da tensão e mergulha em fantasias fundamentalistas de completude? A análise lefortiana esclarece: o totalitarismo, instaurando uma representação outra de corpo, logra atualizar e consumar a nostalgia de unidade da qual a sociedade moderna e democrática não logra escapar. Inversamente, esse sistema, assevera Lefort, nutre-se da experiência democrática, aniquilando-a e, simultaneamente, alongando-a num delírio. Ademais, o enlace entre democracia e totalitarismo parece coadunar-se com a afirmação camusiana que ecoa pelas últimas páginas de O Homem Revoltado: em última instância, nenhum sistema de governo permanece compatível com as exigências da revolta. Lembremos: a revolta, mesmo quando incita à prática transformadora, só se mantém fiel a si mesma quando, em nome da pluralidade, desconfia de toda univocidade e – por que não dizer?– de toda esperança, de todo ideal, de toda utopia. Sem dúvida, Camus é um autor moderno. Para ele, o desejo de um mundo justo e livre é legítimo, mas deve ser perseguido com uma honestidade desencantada, que insiste na dignidade humana ante um mundo que nos ultrapassa. Ou seja, a persecução de um mundo outro, que harmonize a consciência e o real, deve dar-se sob a égide da tensão entre a nostalgia da unidade e a lucidez, a qual faz da solidariedade um valor moral imprescindível, e se inscreve no âmbito de toda revolta genuína. Em seu afã por uma ordem que se coadune aos seus desejos, a consciência, para permanecer coerente com a revolta, deve estar alerta aos apelos recônditos da loucura unificante que a habita, a qual clama pelo gozo do absoluto, pela recusa do outro e pelo fluxo ilimitado das pulsões de morte. A eclosão desta fantasia aponta para a superação de todo limite, para a negação mesma do homem. Nessa senda, as análises camusianas o demonstram, o texto de Lefort elucida-nos: a sedutora fantasia da completude que erradica toda falta e flerta com representações totalitárias exige uma resistência hercúlea. O tênue equilíbrio entre o sim e o não propiciado pela experiência da revolta pode atuar como um anteparo, pode talvez contê-la, mas não logra erradicá-la jamais. Isto porque a nostalgia da unidade se traduz em signo do absurdo e persevera impunemente seja no coração de todo homem, seja em toda e qualquer cultura.

Bibliografia

ARENDT, Hanna. *Da Revolução*. São Paulo: Ática, 1988.

CAMUS, Albert. *O Mito de Sísifo*. Rio de Janeiro: Record, 2004.

_____. *O Homem Revoltado*. Rio de Janeiro: Record, 2003

CHAUÌ, Marilena. Apresentando o livro de Lefort. In: Lefort, Claude. *A Invenção Democrática*. São Paulo: Brasiliense, 1987.

LEFORT, Claude. A imagem do corpo e o totalitarismo. In: _____. *A Invenção Democrática*. São Paulo: Brasiliense, 1987.

Foucault: tempo mascarado e em explosão

Yolanda Gloria Gamboa Muñoz [1] *(PUC/SP)*

Desde uma determinada janela microfísica, neste caso aquela constituída pelo pensador contemporâneo Michel Foucault, tentaremos vislumbrar uma das formas em que a "atualidade" recolhe determinadas reflexões da tradição filosófica sobre o tempo. A referida janela temporal é raramente utilizada por considerar-se o espaço o elemento privilegiado por seu pensamento. Porém, da mesma forma que Foucault dedica uma conferência à *Pintura de Manet* analisando, entre outras telas, *Le Bal Masqué à l'Opéra*, queremos aproximar-nos do baile do pensamento foucaultiano indicando como a problemática do tempo – na forma do passado filosófico e do futuro prognóstico – surge mascarada nas figuras de Ariadne e Artemidoro, mas explode, final e explicitamente, através do polêmico instrumento denominado "ontologia do presente".

Digamos de início que ao tentar lidar com figuras mascaradas, só será possível fazer uma aproximação destes dois personagens que esconderiam a problemática do passado e do futuro, de uma forma

---

1 Professora do Departamento de Filosofia da Pontifícia Universidade Católica de São Paulo.

oblíqua. Dessa maneira resgataremos determinados elementos de uma antiga reflexão vislumbrando de que forma Ariadne e Artemidoro constituiríam um casal transversal. Casal, de partida, dissociado e dissociante. Num extremo, a Senhora do Labirinto, Ariadne, possuidora do fio sonoro que acalma; possibilidade de conhecer o caminho, de ser guiado, de pôr ordem no caos. No outro extremo, Artemidoro trabalhando uma técnica ao alcance da mão; fios dos sonhos que se lançam ao futuro, fios que se tecem num presente (sonho), mas são lançados ao porvir através da dimensão prognóstica.

Um casal?

Talvez somente dois nomes. De um lado, Ariadne, máscara de "A" interpretação, "A" verdade, "A" moral. De outro lado, Artemidoro, indício de interpretações diversas, sonhos e fios premonitórios. Nomes que nunca vão juntos e não poderiam ser relacionais. Nomes, que pelo contrário, indicam a *ausência* de relação. Através da máscara de Ariadne, materializa-se o trabalho foucaultiano de desfazer nós de ligações ou tecidos de séculos. Através de Artemidoro mascarado, a procura de fios ainda não tecidos. Tratar-se-ia de evitar cruzamentos entre esses nomes e, por isso, os fios dos sonhos se lançarão de costas a Ariadne, numa direção outra que não coincide com o gesto que precede a filosofia.

Por que *nomes*?

Porque eles designam forças, acontecimentos, movimentos *antes* de designar personagens, mitos ou pessoas. Nomes para o movimento de *afastar* e *escolher*; mas nomes que, como uma rocha partida, podem ser preenchidos por outros casais. Assim, no romance que Foucault declarava ler por prazer (*Acima do Vulcão* de Malcom Lowry) o Cônsul e Ivonne constituem um casal de morte, em que não haverá triângulo, nem trilogia (não é possível deixar Hugh viver). Se Ivonne sonhava no futuro, exprimindo as próprias esperanças de Lowry nesse sonho, Lowry finalmente morria junto ao Cônsul ou como o Cônsul.

Ariadne/Artemidoro serão então *dobras*?

Podemos vislumbrar, apesar do mascaramento, a atenção e vigília de Ariadne, a necessidade de dobrar o mundo e evitar seus perigos constituindo um fio da vigília e vigilante.

Por outra parte e dissociadamente, podemos considerar os sonhos interpretados por Artemidoro como práticas dobradas, porém passíveis de rápidos desdobramentos, que não pretendem constituir um mundo onírico geral. Na interpretação de Artemidoro cada um tem seu mundo.

Lembremos que Ariadne dobra-se sobre si... Enforca-se na interpretação foucaultiana.

Já Artemidoro reúne e interpreta sonhos, mostrando de-sapego na forma de um desdobrar-se aos outros possibilitando novos modos de vida.

Aproximando-nos separadamente, talvez vislumbremos o gesto que se escolhe destacar em cada um. Diante das várias versões de Ariadne, é uma a interpretação escolhida por Foucault. Ariadne na sua relação com Teseu, o que determina sua forma aranha. Ariadne enforca-se como "A" interpretação e talvez por ser "A". Não é a figura mutante de Ariadne a escolhida; são os elementos novelo, labirinto e minotauro manifestando o jogo e a violência. O fio moral levava a um *centro* que, como tal, se auto elimina ou se suprime a si mesmo. Ariadne morre por seu próprio fio, junto ao labirinto interpretado como o caminho para se perder.

E a possível relação com Dionísio? O direcionamento dionisíaco da animalidade? O labirinto que se refaz como caminho que volta? São possibilidades enforcadas junto a Ariadne? No limite, a própria Ariadne desaparece ou fica na nova forma da desaparição?

Ao que parece, o fio transforma-se em múltiplos fios, o fio moral, com o qual se enforca, libera outros; pacotes de fios conseguem ficar soltos; gesto estratégico. Perde-se o *centro* e reencontra-se o *vazio*. Talvez a partir desse gesto de auto eliminação do "fio único", seja possível tentar pensar de outra maneira. Isso não significa cobrir o vazio; mancha branca em toalha branca, o fio sonoro é esse vazio e o gesto de Ariadne aponta também para a futilidade de cobrir o vazio com fios, teias e redes.

Na direção de Artemidoro encontra-se o gesto da reunião de sonhos. Reforça-se a transversalidade por excelência que é o sonho; a seletividade onírica procurando o fantasma que lhe convém. Abre-se o escolher a cada noite, diferencia-se entre sonhos e separa-se – sem muito ruído – o sonho que opera como vaticínio indutor. Exercício premonitor que é, ao mesmo tempo, o oráculo que habita conosco e o sentido propriamente *diagnóstico*. O sonho como profecia pronta e conselheiro infatigável e silencioso; nos sonhos premonitores, mântica e mania retomam talvez suas ligações. O oráculo acena na forma do poder do sonho indutor que não só anuncia, mas contribui para a realização do anunciado: trama-se com o destino. Mas não há segredo nem centro, trata-se de uma simples técnica que faz reviver o "cuida-te a ti mesmo", que teríamos recebido apagado por um "conhece-te a ti mesmo" posterior. Trilha-se assim um caminho de retorno.

Deixemos os gestos isolados e procuremos o casal Ariadne/ Artemidoro. Ariadne enforca-se, então, para reivindicar fios ao porvir, na forma de sonhos prognósticos indicados por Artemidoro? Ariadne renasceria assim em outra forma, como um *nome* cheio de gente? Como subjetividade?

Trata-se de *duplos* talvez, sim Ariadne/Artemidoro como figuras gêmeas, mas não superpostas. Os vulcões descritos por Lowry também eram dois, *duplos* ou começo de toda fragmentação.

Ariadne: mulher e deusa, ambiguidade radical. Duplicidade nos signos de Ariadne que mudam junto a Teseu ou Dionísio. Ariadne também uma rocha dividida do passado cuja morte possibilitará o reforço dos fios ao provir de Artemidoro. Assim é perigosamente situada, a partir do compromisso de dois pensadores que tentam pensar de outra maneira e selam esse enforcamento no cenário de um "*theatrum philosophicum*".

Dia e noite, Ariadne e Artemidoro, luzes lançadas no meio da noite. Como duplo, Artemidoro seria Ariadne com outro nome, jogando na direção futura o presente dos sonhos premonitórios. Lançam-se, assim, os fios ao acaso.

Ambas as presenças duplas têm que manter *distância*. Os perigos da absorção, comprometimento e confusão os rodeiam e, no limite, não se distingue se são guias ou prisioneiros.

Situemos Ariadne/Artemidoro no espaço da escritura, no des-centramento produzido pela lava vulcânica, ou melhor, pela duplicidade vulcânica reencontrando, assim, Ivonne que queria salvar o outro para que todos fossem salvos e, no entanto, morre. Reencontremos também o duplo minotauro que aparece num sonho de Borges: monstro de um monstro, duplicação do inimigo que precisa ser visto com lente de aumento.

As diversas duplas rompem a unidade, desdobram-se e multiplicam-se dando lugar à proliferação de outras: mesmo/ outro, narrador/companheiro, escritor/leitor, próximo/longínquo, aproximação/afastamento, sonoridade/silêncio.

Se com Foucault é preciso localizar-nos no meio da mur- muração discursiva, escutemos agora a duplicidade da sonoridade e do silêncio. O fio sonoro de Ariadne seria o avesso do conselheiro silencioso que é o sonho prognóstico. Assim como o crime podia ser cantado entre duas mortes (assassinato e execução), o fio sonoro podia ser a entrada e saída para matar. Era através do silêncio da morte que o canto podia se elevar e contar ao infinito a aventura dos heróis.

Pelo avesso, a promessa futura era silenciosa alquimia de verdade e mentira. O lançar fios ao futuro é gesto silencioso que se distingue da murmuração e do ruído. Se a própria escrita enforca-se a si mesma através das repetições sonoras, do barulho e das vozes superpostas, isso se dá porque é necessária a repetição ruidosa. A intensidade – mais silenciosa – torna-se insuportável e tem que ser dosada.

Nomes, duplos, dobras, casal de fios abrem assim a *novas medidas*. Não reparar no pequeno segredo sujo, volta por cima que inscreve o suicídio de Ariadne como uma arte que toma a vida toda. Suicidar-se a cada dia destruindo o fio cristalizado que nos atravessa (dando nomes, suicidar o fascismo, o sujeito burguês-cristão, talvez os diversos perigos vislumbrados num sonho premonitor); suicídio que esvazia a morte cotidiana como mortificação e libera esse mesmo cotidiano na repetição que quer a auto eliminação contínua de determinados fios. No sonho indutor, também nova medida, a de serem colocados diante do sério escolher um seguir ou não seguir os passos desses sonhos.

Novas medidas que irrompem *entre* o sério casal como riso, talvez como gargalhada. Rir cada vez mais, sobretudo entre os fios ao porvir e através de múltiplas saídas. Nova relação entre enforcar-se e gargalhada; gestos que se inscrevem corporalmente no mesmo lugar, mas reenviam a direções desencontradas. Gargalhada como um eco de tantas sonoridades, mas que num estalar de raio abafa os outros ruídos, transformando-se em um acontecimento. Rir do enunciado como um sonho, porque o próprio rir também é um enunciado que se dá no limite do vazio.

Sorriso desconfiado que apaga o âmbito futuro, evitando o *uso* pelo avesso, mas conserva o sonho indutor. Rir, sobretudo, através dos livros que numa rede de gargalhadas reencontram e nomeiam uma: a borgiana. Localizados de fora, digamos que para Foucault trata-se de fazer ressoar os aspectos cômicos que o ébrio Cônsul-Lowry faz questão de manter. De fora, digamos também que para nós trata-se de reparar nos risos de Felisberto ao descrever a dupla patroa-empregada, o ridículo de uma "recitadora" e o silêncio como um gato de cauda preta. Risos e gargalhadas que passam a formar parte da murmuração discursiva, mas podem sacudir a terra e quebrá-la.

Riso, portanto, como uma nova medida atual. *Situada entre o passado e o futuro* e dando a mão aos "talvez"; ginástica como pulos de diabos do pensamento, ao serviço do qual estariam os diversos *usos*.

Riso, também, como gesto que distingue, diagnostica e distancia-se da discursografia. E se quanto mais grave a situação mais exige o humor, recorramos finalmente à séria análise de Artemidoro que nos diz que sonhar com enforcar-se é não ter mais apoio, nem sustentação, pois o enforcado não tem os pés na terra, não há solo. Apagar-se, desprender-se, desapegar-se, suicídio a cada dia, erosão do chão, sinalização de vazios e buracos, teriam que ser medidos então junto às gargalhadas foucaultianas que talvez também mascarassem sua preocupação temporal.

Sem destruir nossa escrita sobre o baile de máscaras temporal (existem rumores segundo os quais Foucault haveria destruído o material de um livro sobre Manet) (Foucault, 2004, p.11), porém mudando necessariamente para um outro estilo, façamos agora uma referência explícita e resumida ao problema da *ontologia do presente*. Por intermédio dessa aparente fórmula, Foucault reunirá finalmente, de forma teatral e vulcânica, ambas as expressões: ontologia e presente. Daí que seja possível pensar que com essa expressão ele tenha encontrado um instrumento e também uma habitação para o tempo. É claro que continuará num silêncio forçado sobre o futuro, gesto que seria transversal aos seus escritos (nas *Palavras e as Coisas* praticamente não usaria os verbos nesse tempo), mas retomando a desacreditada e abandonada "ontologia" ele reencontraria um espaço ou um cenário em que o tempo irrompe na forma que lhe interessava sublinhar: como *presente*. A preocupação filosófica com o presente, no entanto, nunca foi abandonada em seus escritos. Ela já era destaque, por exemplo, no *"Theatrum Philosophicum"* nas complexas reflexões sobre o "eterno presente". Nelas Foucault referia-se ao "eterno presente", mas considerando o eterno sem plenitude e o presente sem unidade. Dessa maneira seria possível vislumbrar, acompanhando essa reflexão que enovelava problemáticas de Nietzsche e Deleuze, uma eternidade (múltipla) de um presente (deslocado) (Foucault, 1970, p. 892). E será mais simplesmente, mas sem abandonar o caráter ou capacidade de deslocamento que o presente reaparecerá no âmbito ético-estético-político como uma tarefa de "diagnóstico da atualidade"(Gamboa Muñoz, 1994, p. 56-63). Neste sentido, abrindo um espaço pontual para determinados intérpretes, digamos que não é um acaso que na reatualização veyniana de Foucault, a própria tarefa do filósofo seja a de fazer o diagnóstico dos *"possíveis atuais"*. Tarefa constante, uma vez que toda solução é imperfeita e um filósofo seria aquele que, diante de cada nova atualidade, diagnosticaria o novo perigo mostrando uma nova saída (Veyne, 1986, p. 938-940). Por isso, em nosso último trabalho publicado sobre Foucault, reatualizamos "o perigo da pastoral cristã no estado ocidental moderno" como exemplo de diagnóstico foucaultiano de um perigo considerado principal (Gamboa Muñoz, 2007, p. 1-22).

É após ter trilhado esses caminhos que interessa-nos destacar o caráter do trabalho filosófico na forma da *ontologia do presente*. Ontologia cujo "fundador" teria sido Kant, segundo as análises sobre a *Aufklärung* realizadas com consciente "infidelidade" por Foucault, mas que lhe permitiam criar um duplo solo ou cenário com história filosófica onde ele mesmo podia escolher e se localizar (Foucault, 1984, p. 39). Porém, a "séria localização" não deve impedir a percepção da diferença: a ontologia do presente foucaultiana esboçar-se-á com um trabalho em constante deslocamento e nomadismo e, dessa maneira, sem centro. Trabalho em que se abandona o "sonho antropológico kantiano" com a forma homem como central. Trabalho descentrado, porque o presente – que poderia ser considerado um novo centro que substitui a *forma homem* – configurar-se-á como uma multiplicidade de acontecimentos, em que é preciso escolher. Dessa forma, o já referido diagnóstico dos "possíveis atuais" seria um processo seletivo realizado num material cristalizado, num material que nos é dado (o presente), mas que, conjuntamente, lança fios ao porvir e trabalha com aquilo que está por acontecer (...) Terreno no qual reinará poderosa a experimentação ficcional com sua capacidade diagnóstica e, por que não, Artemidoro e os sonhos prognósticos, sem precisar de mascaramento.

Por outra parte, à margem de como seja entendida a distinção – muito mais deleuziana que foucaultiana entre presente e atualidade – cabe sublinhar que será o *presente* considerado como deslocado, descentrável e móvel, uma espécie de vulcão cuja lava abafa estrategicamente toda possível substituição da forma "homem" por um novo centro fixo. Referimo-nos dessa maneira a uma cara preocupação foucaultiana que parece ter sido reforçada em suas reuniões com físicos que, na ocasião, pensavam o presente (contável ou em configuração) como uma espécie de novo centro que dissimuladamente substituia o homem. Por isso, talvez não seja inocente sua opção por novas formas (como forças em *novas relações*) que se afastando da forma "além-do-homem" nietzscheana levam-no a apostar - material e discursograficamente - na *ontologia* (não essencial) *do presente* (vulcânico) constituindo assim uma nova duplicidade vulcânica. Vulcões que agora não seriam mais aqueles do cenário mexicano que Lowry relacionava simbolicamente ao casal Ivonne/Cônsul, nem tampouco os do cenário mítico-filosófico da Antiguidade referidos na dupla Ariadne/Artemidoro.Agora abandonam-se as duplas: rocha partida, passado/porvir e duplo minotauro. Dessa maneira não só será possível vislumbrar a dupla de vulcões no horizonte, mas observá-los de forma próxima e clara.

Reina a luz diurna, ou, o dia-claro e os vulcões formam uma dupla filosófica: ontologia/presente ou, talvez, espaço/tempo.

Bibliografia

ARTÉMIDORE. *La Clef des Songes*. trad. A.J. Festugière. Paris: J.Vrin, 1975.

BINSWANGER, L. *Le Rêve et l'Existence*. trad. par J. Verdeaux, Introduction et notes de M. Foucault. Paris: Desclée de Brouwer, 1954.

BORGES, Jorge Luis. *Livro dos Sonhos*. Trad. Cláudio Fornari. São Paulo: Círculo de Livro/Difel, 1987.

COLLI, Giorgio. *O Nascimento da Filosofia*. Trad. Federico Carotti. Campinas: Ed. Universidade Estadual de Campinas, 1988.

DELEUZE, Gilles. *Foucault (Six Études, Relativement Indépendantes)*. Paris: Éditions de Minuit (coll. Critique), 1986.

_____. "Mystère d'Ariane". *Philosophie*. Paris: Les Éditions de Minuit, 17: 67-72, hiver 1987.

_____. *Lógica do Sentido*. Trad. Luiz Roberto Salinas Fortes. São Paulo: Perspectiva (col. Estudos), 1982 (1ª ed. 1974).

FOUCAULT, Michel. *Eu, Pierre Riviere, que Degolei Minha Mãe, Minha Irmã e Meu Irmão: Um Caso de Parricídio do Século XIX*. Apresentado por M. Foucault, trad. Denie Lezan de Almeida. 3ª ed. Rio de Janeiro: Graal, 1984.

_____. *Herculine Barbin dite Alexina B*. Paris: Gallimard, 1978.

_____. *Le Souci de Soi, Histoire de la Sexualité*. Paris: Gallimard, 1984.

_____. "*Theatrum philosophicum*". *Critique* 282: 885-908, novembre 1970.

_____. "La pensée du dehors". *Critique* 229: 523-546, juin 1966.

_____. "Ariadne enforcou-se". Trad. Roberto Machado. *Folha de S. Paulo*, sob o título "Foucault inventa uma fábula para Deleuze". São Paulo: 13/08/1988.

_____."Rêver de ses plaisirs" (Sur l'Ornirocritique d'Artémidore), in *Recherches sur la Philosophie et le Langage*, t. 3. Université des Sciences Sociales de Grenoble, 1983, p. 53-78.

_____."Un cours inedit: Qu'est-ce que les Lumières?", (extraits du cours du Collège de France, 5 janvier 1983), *Magazine Littéraire* 207: 35-39, mai 1984.

_____.*La Peinture de Manet*, Paris: Seuil, 2004.

GAMBOA MUÑOZ, Yolanda Gloria. *Fios, Teias e Redes. O solo Foucaultiano*. Dissertação de Mestrado. São Paulo: Pontifícia Universidade Católica de São Paulo, 1994.

_____."Algumas relações entre diagnóstico e subjetividade nos percursos foucaultianos", Campinas, Unicamp, *Revista Aulas,* 3, dezembro 2006-março 2007, p. 1-22 in: http://www.unicamp.br/~aulas/index.htm.

GIANNINI, Humberto. *Sócrates o el Oráculo de Delfos*. Santiago de Chile: Universitária, 1970.

GRAVES, Robert. *Los Mitos Griegos*. Trad. Luis Echávarri. Buenos Aires: Editorial Losada, 2 vol., 1967.

HERNANDEZ, Felisberto. *Obras Completas*. 3 vol. México: Siglo Veintiuno Editores, 1983.

LOWRY, Malcolm. *Au-dessous du Volcan*. Trad. Stephen Spriel (avec collaboration de Clarisse Francillon et de l'auteur). Paris: Gallimard (coll. Folio), 1984.

_____. *Por Cima do Vulcão*. Trad. Pedro José Leal. Lisboa: Hiena Editora, 1991.

VEYNE, Paul. "Le dernier Foucault et sa morale", *Critique*, nº 471-472, 1986.

ESTE LIVRO FOI IMPRESSO NA
GRÁFICA VIDA E CONSCIÊNCIA
NO VERÃO DE 2010. NO CORPO
DO TEXTO FOI UTILIZADA A
FONTE SABON, EM CORPO 10,5
E ENTRELINHA 15.